Angelika Glöckner

Lieber Vater, liebe Mutter ...

HERDER spektrum

Band 4901

Das Buch

Solange der Friede mit den Eltern – sie mögen noch leben oder nicht – nicht gefunden ist, solange die innere Anklage, der innere Groll, die innere Unzufriedenheit mit ihnen nicht überwunden ist, bleibt auch jeder Erwachsene unfrei und in all seinen Lebensvollzügen gestört. Angelika Glöckner hat im Verlauf ihrer therapeutischen Praxis die Methode des „*rituellen Satzvollzugs*" entwickelt. Mit viel Erfahrung und Einfühlungsvermögen weist die Autorin einen Weg, aus der alten Verstrickung herauszufinden und sich in Achtung und Liebe von den Eltern abzulösen. Überzeugende und oft bewegende Beispiele verdeutlichen die einzelnen Schritte. Der Leser kann sie mit Hilfe dieses Buches selbst erlernen und anhand vieler Beispiele auf sich und seine Probleme anwenden.

Die Autorin

Angelika Glöckner ist langjährige Lehrtherapeutin der DGTA, sie verbindet TA (Transaktionsanalyse) mit systemischer Therapie. Pessotherapeutin und Familienaufstellungen nach Bert Hellinger. Systemaufstellungen aller Art. Praktiziert bei Heidelberg.

Angelika Glöckner

Lieber Vater,
liebe Mutter ...

Sich von den Schatten
der Kindheit befreien

Vorwort von Hans Jellouschek

Herder
Freiburg · Basel · Wien

Gedruckt auf umweltfreundlichem,
chlorfrei gebleichtem Papier

2. Auflage der Taschenbuchausgabe

Alle Rechte vorbehalten – Printed in Germany
© Verlag Herder Freiburg im Breisgau 2000
Satz: Rudolf Kempf, Emmendingen
Herstellung: fgb · freiburger graphische betriebe 2001
Umschlaggestaltung und Konzeption:
R·M·E München / Roland Eschlbeck, Liana Tuchel
Umschlagmotiv: © The Image Bank
ISBN 3-451-04901-5

Gewidmet in Liebe
meiner Zwillingsschwester
Gabriele Glöckner

*Nicht durch neue Maßnahmen ändert sich die Welt,
sondern durch neue Gesinnung.*

Albert Schweitzer

Inhalt

Vorwort

Liebe Leserin, lieber Leser!

Wenn Sie dieses Buch zu lesen beabsichtigen, kann ich Ihnen vorab schon eines versprechen: Es wird eine überraschende und ungewohnte Lektüre für Sie sein. Dies liegt zunächst an der Sprache der Autorin. Sie ist unkonventionell, unverbraucht, überaus plastisch: einfach „anders" als alles, was ich in der derzeitigen psychologischen Literatur finde. Ich kann dieses „Anders" gar nicht genau charakterisieren, es hat wohl zu tun mit Angelika Glöckners individueller, ganz und gar origineller Herangehensweise. Das bewirkt – und das ist das zweite Überraschende, das ich Ihnen versprechen kann –, daß man zu neuen und wesentlichen Erfahrungen geführt wird. Die Autorin versteht es, nicht nur den Kopf anzusprechen (diesen auch, denn sie ist in ihren Ausführungen ungemein klar und präzise), sondern vor allem auch das Herz und die Seele. Sie bringt mit dem, wovon sie spricht, unmittelbar in Kontakt. Man kann es kaum vermeiden, bei der Lektüre in einen intensiven Selbsterfahrungsprozeß hineingezogen zu werden. Um welche Art von Selbsterfahrung geht es dabei?

Angelika Glöckners Anliegen ist die Versöhnung mit der eigenen Vergangenheit, genauer das „Frieden finden mit den Eltern". In der Psychotherapie war es lange Zeit üblich, gegen verbreitete Idealisierungs- und Tabuisierungstendenzen Aufklärungsarbeit zu leisten über die „wahren Verhältnisse" in den Herkunftsfamilien und den Klienten zu helfen, sich aus Unterdrückung und Überanpassung zu befreien. Dabei bestand die Gefahr, in einer Art kindlicher Trotzhaltung steckenzubleiben, was lediglich Anpassung und Abhängigkeit mit negativen Vorzeichen bedeutete. Dem setzt Angelika Glöckner die Überzeugung entgegen, daß nur versöhnte Menschen ihre

Eltern loslassen und den Schritt in ihre eigene erwachsene Zukunft machen können. Wie diese Versöhnung zu bewerkstelligen ist, zeigt sie in diesem Buch an vielfältigen und immer wieder sehr berührenden Beispielen aus ihrer jahrzehntelangen reichen therapeutischen Erfahrung.

Dabei greift sie die Erkenntnisse auf, die sie auf ihrem Weg als Therapeutin gewonnen hat: aus der Transaktionsanalyse, ihrer therapeutischen Grundausbildung, bei Bert Hellinger und Al Pesso. Ihr ganz eigenständiger Beitrag besteht in ihrer speziellen Methode, ritualisierte Satzvollzüge therapeutisch zu nutzen. Sie hat diese Vorgehensweise auf eine sehr originelle Art ausgebaut und weiterentwickelt. Was das konkret heißt, läßt sich hier nicht in wenigen Worten wiedergeben. Beim Lesen werden Sie es an einer Fülle von Beispielen selbst lebendig miterleben.

Auf eines möchte ich Sie, liebe Leserin, lieber Leser, zum Schluß noch aufmerksam machen. Halten Sie sich immer vor Augen, daß die rituellen Sätze, die Sie im folgenden zitiert finden, in der Regel den kondensierten Abschluß jeweils einer ganzen Therapiephase darstellen. Darin verdichten sich wie in einem Brennspiegel die im Laufe dieses Prozesses gemachten Erfahrungen und verhelfen so zu einem Durchbruch, Abschluß oder Neubeginn. Dies zu beachten ist wichtig. Ritualisierte Sätze wirken ja – wie Rituale ganz allgemein – nicht durch ihren bloß äußerlichen Vollzug, sondern erst dann, wenn Geist und Herz des Sprechenden mitschwingen, die Person also im Satz gleichsam gegenwärtig wird. Dies setzt aber in der Regel einen inneren Prozeß voraus.

Wenn die Autorin Ihnen also Sätze als Übung zum Selbstvollzug anbietet, dann wird ein rein äußerliches Nachsagen allein nicht viel bewirken. Wenn Sie dagegen bereit sind, sich mit dem Herzen darauf einzulassen, so mögen Sie zweierlei erleben: Die Sätze haben dann vielleicht eine unmittelbar lösende und versöhnende Wirkung, oder/und Sie stoßen damit auf innere Barrieren. Dies könnte ein Zeichen sein, daß es für Sie „noch nicht an der Zeit" ist. Nehmen Sie sich dann die Zeit, die Sie brauchen, und vielleicht auch ein Stück therapeutischer

Begleitung dazu – bis hin zu jenem Punkt, an dem es möglich wird, die Sätze ungehindert aus Ihrem Inneren fließen zu lassen und mit dem Herzen zu sprechen.

Wie immer es Ihnen bei der Lektüre dieses Buches ergehen wird, auf jeden Fall werden Sie darin einer Fülle von Anregungen begegnen, die Ihnen auf gute Art ermöglichen, mit Ihrer Vergangenheit Frieden zu schließen und zu Ihrem ganz eigenen Leben zu finden.

Hans Jellouschek (Ammerbuch bei Tübingen)

Einleitung

Wir leben in einer Zeit, in der innere Ausgeglichenheit und Ruhe zu finden nicht einfach ist. Vielfältige Anforderungen des privaten und beruflichen Lebens beeinträchtigen zunehmend die Gestaltung eines friedlichen und erfüllten Alltags. Der Leistungsdruck unserer Gesellschaft und zwischenmenschliches Konkurrenzstreben machen die Entwicklung einer stimmigen und dauerhaften seelischen Balance zunehmend schwieriger. So suchen wir häufig nach Möglichkeiten, auch unter Belastung zufrieden und sinnerfüllt zu leben und Nischen persönlichen Freiraums für unsere Entfaltung zu nutzen.

Wo wir wichtigen Menschen unseres unmittelbaren Umfeldes gut und nahe verbunden sind, da gelingt die seelische Balance oft besser, und wo wir zugleich unserem familiären Hintergrund gut verbunden sind, da gelingt innere Ruhe und Frieden zusätzlich.

Nun bedingt aber meist das eine auch das andere: Wo wir in Unfrieden mit unserem familiären Hintergrund leben, da ist auch oft die Harmonie und Beständigkeit anderer sozialer Beziehungen beeinträchtigt (z.B. Partnerschaft und Freundschaft). Denn wir selbst wachsen auf dem Boden unserer persönlichen Geschichte heran und können uns ihrem Einfluß nicht entziehen. Ein versuchter Bruch mit seiner Geschichte hat dann häufig Brüche im Fortgang und im Gelingen späterer sozialer Beziehungen zur Folge.

Dies Buch soll nun dem erwachsenen Menschen Wege zum inneren und vielleicht auch äußeren Frieden mit dem wichtigsten Faktor familiärer Bindung aufzeigen: *den Eltern.*

In vielen Beispielen, die ausschließlich aus meinem beruflichen Alltag stammen, zeige ich, wie es möglich ist, aus Verstrickung und Gebundenheit herauszufinden und sich in Achtung und Liebe von den Eltern abzulösen. Auch wo Spannung und vielleicht Feindseligkeit problematische Verhaltensmuster entstehen ließen, ist Verbundenheit aus gesunder Distanz heraus eine mögliche Lösung.

Eine der meiner Meinung nach wirksamsten Arten, Lösung anzubahnen, ist der *rituelle Satzvollzug*. Hier wird sowohl die problematische als auch die lösungsorientierte Variante eines Themas in eine verdichtete sprachliche Form gegossen und hilft, Blockierungen auf dem Weg zu den Eltern aufzuspüren, ihrer bewußt zu werden und sie seelisch in Gewahrsam zu nehmen.

Wo die manchmal entstandene Last der Vergangenheit zum Bekenntnis *zu* einer solchen Vergangenheit führt und wo gewesenes Leid nicht verleugnet wird, da kann sich Problematisches im lebendigen Fluß eigener Entwicklung auflösen. So gelingt es, die Möglichkeiten einer uns gegebenen Gegenwart zu nutzen, wichtigen Menschen verbunden zu sein und dem Leben friedvoll und mit ausgeglichenem Herzen zu begegnen.

Zunächst möchte ich (Kapitel I.) zum Thema Grundfähigkeiten des Menschen (1.) und seinem psychologischen Entwicklungsbedarf (2.) im Laufe seiner persönlichen Geschichte mir Wichtiges sagen. Dann orientiere ich Sie zu den Auswirkungen unerfüllter Basisbedürfnisse (3.), auch hier, wie zuvor, mit entsprechenden Beispielen.

Für den interessierten Leser folgt ein ausführliches Kapitel (II.) zum Thema Rituale und rituelle Satzvollzüge, so daß Lösungen dieser Art für Sie verstehbar und nachvollziehbar werden.

Was es Kindern im Kontakt zu ihren Eltern häufig schwierig macht, erfahren Sie in Kapitel III. Danach geht es um den Weg vom Problem zur Lösung, auch hier wieder in Beispielen deutlich gemacht (Kapitel IV.).

Anschließend erfahren Sie etwas über die Wirkung des Schicksalhaften im familiären System, und wie sich diese Kräfte zum Guten wenden lassen (Kapitel V.), soweit es die Beziehung der Kinder zu ihren Eltern betrifft.

Eingangsbetrachtung

Wir alle sind Kinder unserer Eltern und unsere Eltern Kinder ihrer Eltern. Auch unsere Kinder sind oft schon oder werden vielleicht zukünftig Eltern sein.

So sind wir alle eingebunden in den immerwährenden Zyklus von Nehmen und Geben, von Empfangen und Weiterreichen.

Niemand hat tatsächlich eine Wahl, das Gereichte zurückzuweisen oder zu blockieren. Wir sind, ob wir zustimmen oder nicht, auf einem Boden gewachsen, den wir uns nicht aussuchen konnten, und meist sind auch wir selbst der Boden für eine weitere Generation, die ihrerseits keine Wahlfreiheit bezüglich ihres Urgrundes hat.

Nun ist Eltern-Sein eine der meist ausgeübten Tätigkeiten in jeglicher Gesellschaft, eine Tätigkeit, die in unserer Kultur wenig gelehrt und doch gekonnt sein will und soll.

Mein jahrelanger Umgang mit Menschen aller Art und jeden Alters hat mich gelehrt, daß bei genauer und einfühlsamer Betrachtung fast alle Eltern das jeweils ihrer Meinung nach Beste für ihre Kinder wollten und getan haben. Dennoch wissen wir alle, wie sehr eine solch gute Absicht nicht selbstverständlich ein gelingendes Resultat erzeugt: Eltern machen Fehler, geben weiter, worunter sie selbst gelitten haben, oder versuchen, es ganz bestimmt anders zu machen als *ihre* Eltern.

Bei alledem spielen jeweils gültige gesellschaftlich geprägte Normen und Werte eine Rolle, und diese werden u. a. zur Grundlage unserer Erziehungsprinzipien. Hinzu kommt unsere persönliche Geschichte mit wichtigen elterlichen Bezugspersonen: Zum einen sind wir durch unsere frühen und späteren individuellen Erfahrungen mit Eltern, Großeltern, Lehrern und anderen bedeutsamen Menschen geprägt. Zum anderen können auch schicksalhafte Ereignisse in der Familie wie Verluste, Krankheit oder Tod einen erheblichen Einfluß auf unsere persönliche oder soziale Entwicklung haben.

Sowohl durch die individuelle frühkindliche Prägung als auch durch unseren generationsperspektivischen Hintergrund sind wir, psychisch betrachtet, wachstumsförderlichen wie auch wachstumshemmenden Einflüssen ausgesetzt. Beides erfahren wir als stärkend oder oft auch als schwächend für unsere Entwicklung.

Tatsache aber ist in allen Fällen, daß wir mit dem gereichten „Material" ein ganz eigenes Strickmuster entwickeln, jeder seiner Persönlichkeit und seiner Art gemäß.

Niemand ist „schuld" an seiner Vergangenheit, denn niemand hat sie sich ausgesucht. Niemand aber ist frei von der Verantwortung für seine Gegenwart, denn wir selbst haben mitgestrickt, auch wenn wir die Natur des Strickmaterials nicht bestimmen konnten und keine Wahl hatten *nicht* zu nehmen.

Auf diese Weise – so bin ich fest überzeugt – ist eine gelingende Gegenwart letztlich auch das Resultat einer wohlwollenden und zustimmenden Rückschau auf Gewesenes und Nicht-gewesenes. Der freundliche und zuletzt nicht mehr zürnende oder klagende „Blick nach hinten" stärkt und läßt uns schließlich die Verantwortung für unser Leben oder seinen Fortgang gern und willig übernehmen.

Nicht zuletzt ist dies Buch auch ein Plädoyer „wider die Feindschaft und Anklage gegen die Eltern".

Ich meine, daß die Psychologie der letzten zwei Jahrzehnte in Teilbereichen immer noch ein Negativbild der Eltern geprägt hat und sie zu einem übergewichtigen Faktor für die Entwicklung des Kindes stilisiert hat. Eltern *haben* einen nicht zu unterschätzenden Einfluß auf das Werden ihrer Kinder, das ist sicher richtig! Doch was immer es sein mag, das wir als Kinder vermißt oder gelitten haben: Unsere Schau auf das Gewesene und unser Standpunkt und unsere emotionale Haltung dazu bewirken letztendlich, was als verwindbar, überwindbar und in unseren Lebensvollzug lebendig und förderlich integrierbar ist.

Und wenn der Leser nach dem Gang durch dieses Buch versöhnlich zurückblicken und frohgemut vorwärts schauen kann, dann haben meine nachfolgenden Ausführungen ihren Sinn erfüllt.

Danksagung

Sämtliche Beispiele von Klienten sind in Name und sonstigen Merkmalen genügend verändert, um eine Identifizierung unmöglich zu machen. Dennoch danke ich jedem einzelnen Klienten von Herzen dafür, daß ich durch sie oder ihn lernen durfte, zu verstehen, mich einzufühlen und hilfreich zu sein. Nicht zuletzt auch bin ich durch mein Tun als Therapeutin selber mitgereift.

Mein Dank geht weiterhin an:

meine 93jährige Mutter, an der ich über viele Jahre erlernt habe, alten Zorn und inneren Hader so vollkommen aufzugeben, daß ich sie heute von Herzen liebe. Mit der Beendigung der ersten Hälfte des Buches (30.06.98) ist sie im Alter von 94 Jahren gestorben. Ihrer werde ich mich zu jeglicher Zeit mit viel Zärtlichkeit erinnern.

Dann geht mein Dank an Klaus, meinen Lebenspartner, der mir mit Rat und Tat und mancher Formulierung zur Seite stand.

Gunthard Weber danke ich für seine Ermutigung, mich dem Schreiben überhaupt zuzuwenden.

Und meinem Lektor, Peter Raab, bin ich dankbar verbunden für sein anhaltend freundliches Durchsetzungsvermögen meiner damaligen Schreibhemmung gegenüber.

Bert Hellinger und Albert Pesso sind mir Leitbild in meinem Werdensprozeß gewesen, und ihr Gedankengut ist in manche Kapitel dieses Buches mit eingeflossen.

Und schließlich gilt mein ganz besonderer Dank meiner Sekretärin, Frau Renate Buchner, die mit nicht enden wollender Geduld meinen vielfachen Änderungswünschen nachkam und mir immer wieder „schwarz auf weiß" das Gewordene reichte.

I.   Unsere persönliche frühe Geschichte

1.   Wozu der Mensch von Natur aus fähig ist

Wächst ein Mensch unter weitgehend optimalen Bedingungen auf, so entwickelt er, je nach Persönlichkeitstyp, ein breites Spektrum von Fähigkeiten und Möglichkeiten, die er im Laufe seines Lebens ausreifen und gemäß seinen Lebensbedingungen mitzuformen vermag.

Wir alle wissen, daß solch optimale Bedingungen nicht selbstverständlich vorhanden sind:

In unserer Kultur und Gesellschaft sind die politischen und wirtschaftlichen Voraussetzungen für eine freie Entfaltung eher gegeben.

In manch anderen Kulturen und Ländern ist dies häufig nicht oder weniger der Fall. Aus psychologischer Sicht betrachtet muß jedoch durchaus berücksichtigt werden, wie sehr eine glückende und gesunde Entwicklung des einzelnen in seiner Familie wirtschaftliche und gesellschaftspolitische Bedingungen voraussetzt, die persönliches Wachstum überhaupt erst möglich machen.

Sind diese Voraussetzungen gegeben, und sind wir in einem Elternhaus aufgewachsen, das persönliche Entfaltung fördert oder nicht behindert, so können sich die folgenden Fähigkeiten und Qualitäten des einzelnen in seinem sozialen Gefüge entwickeln und entfalten:

1.1   Fähigkeit zur *Erfüllung* und *Zufriedenheit*, zu *Glück* und innerer *Ruhe*.

1.2   Fähigkeit, eigenes *Potential* und eigene *Talente* zu entdecken und etwas daraus zu machen (z. B. handwerkliche, musikalische, sportliche und intellektuelle Begabungen).

1.3   Die Fähigkeit, im *Gefühlsbereich* wahrzunehmen und, wo gewollt und angebracht, damit expressiv zu werden: z. B. das Ausdrücken von Freude, Liebe, Lust (auch sexuelle), Schmerz, Trauer, Wehmut, Angst und Zorn.

1.4   Die Fähigkeit, unser Denkvermögen in *Einklang* mit unserem Gefühls- und Tatleben (oder: Verhalten) zu bringen und Harmonie und Stimmigkeit zwischen den drei Bereichen anzustreben und zu erleben.

1.5   *Kontaktfähigkeit* ist die Bereitschaft und Fähigkeit, mit Menschen unserer Wahl (und nach Notwendigkeit) in stimmiger Weise Verbundenheit und Nähe herzustellen und zu gestalten.

1.6   *Kommunikationsfähigkeit* meint das in besonderer Weise wertvolle Talent zum sprachlichen und nichtsprachlichen Austausch zwischen Menschen: Hier geht es darum, Sachverhalte, Interessen und Anliegen in Austausch zu bringen und auf Lösung und Gelingen hin anzulegen.

1.7   *Leistungsfähigkeit* meint die Befähigung, mit eigenem Können und Geschick beizutragen und im Rahmen eigener Möglichkeiten erfolgreich zu sein und Freude an seiner Tätigkeit zu haben (z.B. Berufsausübung oder soziales Engagement).

1.8   *Friedensfähigkeit*: die grundsätzliche Fähigkeit, auch aus Streit und Unstimmigkeit heraus Frieden anzustreben und sich für dieses Ziel einzusetzen.

1.9   *Sinnfähigkeit*: die Begabung, gemäß unseren Zielen und Wertsetzungen Sinn in unserem Leben suchen und finden zu können und aus Quellen zu schöpfen, aus denen dieser Sinn uns erwächst (z.B. Werte, Ideale oder auch geistig-religiöse Bezüge).

1.10   *Verantwortungsbewußtsein*: die Fähigkeit, Verantwortung zu übernehmen, und die Willigkeit, die Folgen unserer Taten zu überblicken und in Kauf zu nehmen.

Ausdrücklich sei angemerkt, daß das Heranwachsen unter Entbehrung, Belastung und auch anders geartetem Leid häufig ein unvermutet reiches und ausgeformtes Wachstum der Persönlichkeit zur Folge haben kann. Die Idee also, daß dort reife Entwicklung am meisten geschieht, wo die Voraussetzungen entsprechend günstig gegeben sind, diese Idee ist sicher richtig und vertretbar. Nur kann eben leidvolle Erfahrung durchaus Teil dieser Voraussetzungen sein.

Wo immer sich unsere heutigen Lebensbewältigungsstrategien aufgrund einer belasteten oder unverkraftbaren Vergangenheit als wenig effektiv erweisen, da sind auch Schwächen oder Einschränkungen im Bereich der Grundsatzpotentiale eines Menschen zu erwarten (Punkt 1. 1.1 – 1.9). Hier kommt es zu einer weitgestreuten Vermischung möglicher Faktoren.

Für mich ist es erfreulich und beeindruckend, über viele Jahre meiner Arbeit als Psychotherapeutin immer wieder beobachten zu dürfen, wie sich ursprüngliche Schwächen und Belastungen der Menschen in vorhandenes Potential einbinden und, nach und nach, ihre Virulenz verlieren.

Dieses Buch soll u. a. helfen, dies Potential zu stärken und an der eigenen Entwicklung Freude zu haben.

2. Was Menschen für ihre Entwicklung brauchen (Basisbedürfnisse)

Zu einer gelingenden Entwicklung des heranwachsenden Kindes trägt die Erfüllung gewisser Basisbedürfnisse bei. Sicher sind diese nicht stets und auch nicht immer optimal zu befriedigen. Es geht hier um eine weitgehend „genügende" Bereitstellung der genannten Faktoren.

Winnicott nennt das: „good-enough-mother" (gut-genug-Mutter).

Die wichtigsten Basisbedürfnisse sind diese:

2.1 Einen Platz haben
Meint das Geborensein und Aufwachsen unter dem Vorzeichen des Gewollt- und Gewünscht-Seins. Eine entsprechend seelisch wirksame Haltung könnte, in Sprache gebracht, lauten:

Du darfst auf Erden sein und deinen Platz haben und einnehmen. Du hast auch einen Platz in unserem Herzen, und wir
sind froh, daß es dich gibt.

2.2 Raum zur Entfaltung
Menschen brauchen von Anfang an einen ausreichenden Spiel-
raum, um ihrem Bewegungsdrang, ihren Aktivitäten und ihren
Interessen nachgeben zu können.

Die entsprechend seelisch wirksame Haltung lautet:

Du darfst dich nach deinen Möglichkeiten (und unseren Gegebenheiten) entfalten und deinen Spielraum gestalten und
nutzen. Wir freuen uns, wenn du deine Möglichkeiten nutzt
und deine Freiheiten erkundest.

2.3 Respekt
Meint eine achtungsvolle Haltung der Person und Persönlichkeit des Kindes gegenüber. Er meint auch die Akzeptanz seines
So-oder-anders-Seins (als Eltern es zuweilen wollen) und einen
achtungsvollen Abstand zu Art und Wesen des Kindes.

Desgleichen meint Respekt eine *realitätsgerechte* Ein-
schätzung der kindlichen Fähigkeiten und Potentiale: Hier soll
gelobt und bestätigt werden, wo angebracht, hier soll aber auch
angemessen und fair Kritik vermittelt werden. Schädlich dagegen ist das „Überlobigen", d. h. die unangemessene Anpreisung
von Taten und Leistungen des Kindes. Ein solches Verhalten
verzerrt die spätere Selbsteinschätzung des Kindes, so daß zuweilen als Erwachsener Größenvorstellungen (Verfälschung
des Selbstbildes) das Ergebnis sein können (z. B. „ich schaffe alles", „mir kann keiner", „mich mag niemand").

Eine entsprechend seelisch wirksame Haltung lautet:

Wir werden deine Wünsche und Impulse gelten lassen und
berücksichtigen. Wir werden deine Art und dein Wesen respektieren und Andersartiges zulassen. Wir werden deine Lern-
schritte ermutigen und deinen Neigungen förderlich sein (was
in bestimmten Fällen nicht heißt, daß Eltern sämtliche Einstellungen und Handlungen ihrer Kinder mögen sollten).

2.4 Fürsorge
Bezieht sich auf unser Interesse an und unsere angemessene
Sorge um die Belange unserer Kinder: Dazu gehört natürlich

auch die Erfüllung der Grundbedürfnisse nach Nahrung und Wärme, ebenso aber auch verschiedene Aspekte des „Wohlbehütetseins" wie liebevolle Zuwendung, Anregung, Verständnis, Ermutigung, Bestätigung, Anerkennung, Akzeptanz und das altersgerechte Übertragen von Verantwortung.

Eine entsprechend seelisch wirksame Haltung kann hier so lauten:

Wir sorgen für dich, und deine Bedürfnisse (physisch und psychisch) liegen uns am Herzen. Wir sind für dich da, wenn du uns brauchst, und auf uns kannst du zählen. Wo du selbst zuständig bist, werden wir deine Verantwortung nicht beschneiden.

2.5   Schutz

Meint eine altersadäquate Bereitstellung von Obhut, Geborgenheit und „Beschirmung": Im Kleinkindalter vor allem auch bezogen auf Gefahr, Schrecken und Risiko (Außenwelt und Innenwelt des Kindes gemeint), weiterhin dann tröstender, angstreduzierender und stärkender Beistand in verschiedensten Lebenslagen: beim Spiel, bei Auseinandersetzungen mit anderen Kindern, sich einsetzen für das eigene Kind, wo angebracht (z. B. es verteidigen, wenn Unrecht geschieht), und sich zur Verfügung stellen als Basis und „Fluchtpunkt".

Eine seelisch wirksame Haltung kann sich beispielsweise so vermitteln:

Wir werden dich (soweit möglich und in unserer Macht liegend) vor Gefahr und Risiko schützen, wir werden dir beistehen, wenn du Trost und Stärkung brauchst, und wir werden dir Fluchtpunkt und Ruhepol sein.

2.6   Halt und Unterstützung

Meint eine physische und seelische Verfügbarkeit der Eltern, die das Kind versichert, geborgen, aufgehoben und „umfaßt" (containment) zu sein: Dies gilt vor allem für starke Emotionen, die sich ihren Weg bahnen und aufgefangen sein möchten. Hier bedarf es der körperlichen und emotionalen Präsenz der Eltern, um dem Kind Boden unter den Füßen zu geben.

Desgleichen meint es die Bereitschaft, dem Kind in seinen Strebungen und Stärken hilfreich zu sein, Beistand und Bekräftigung zu geben und seinen jeweiligen altersgemäßen Reifungsschritten angemessen zum Durchbruch zu verhelfen (im Denken, Fühlen, Wollen und Tun).

Die hier seelisch wirksame Haltung kann man – versprachlicht – so beschreiben:

Du sollst von uns getragen, gehalten und gefördert sein, wo immer nötig und angebracht. Wir werden dich stärken und dir helfen, wo du es brauchst. Wir sind dir eine gute Kraft in deinem Rücken, und du darfst deinen ganz eigenen Weg suchen und finden.

2.7   Erlaubnis

Darunter kann man eine gewährende und wohlwollende Haltung verstehen, die auf vielen Ebenen und Altersstufen entsprechende Entwicklungen bestätigt und fördert.

Seelisch wirksame Haltungen dazu sind z. B. diese:

Du darfst deinem Alter entsprechend sein (Kind, wo du Kind bist, und erwachsen werdend, wo du erwachsen wirst), du darfst Mädchen oder Bub sein (dein Geschlecht sein), du darfst eigene Ideen, Wahrnehmungen und Gedanken haben, deine Gefühle erleben und ausdrücken, dich wichtig nehmen, dich spüren und deinen Körper mögen, Hilfe brauchen, wenn nötig, den Weg deiner Wahl gehen, herausfinden, wer und wie du sein möchtest, und auf deine, dir eigene Art erfolgreich sein. Du darfst andere Menschen kennenlernen, dich ihnen verbinden und dich mit ihnen wohl und zufrieden fühlen. Du darfst deine Phantasien haben, kreativ und schöpferisch sein und das dir Mögliche im Leben verwirklichen.

2.8   Orientierung

Dies heißt, eine sich vor den Augen des Kindes langsam entfaltende Welt angemessen zu erklären und Fragen altersgemäß und ernsthaft zu beantworten (z.B. bei Fragen nach Sexualität und Kinderkriegen nicht auf den „Klapperstorch" zu verweisen).

Orientierung geben meint auch, dem Kind richtungweisend und Wahlmöglichkeiten aufzeigend zur Seite zu stehen und es in keinerlei Richtung zu zwingen. Wichtig ist es ebenso, Beständigkeit und ein gewisses Gleichmaß in Verhalten, Einstellung, Anforderung und Erlaubnis anzubieten. Das Kind muß wissen, „wie es dran ist", was gilt und Richtschnur ist (Eltern sollten z. B. bezüglich gleicher Dinge nicht Widersprüchliches kundtun oder verlangen).

Die seelisch wirksame Haltung kann hier so vermittelt werden:

Wir werden dich wissen lassen, wie wir die Dinge der Welt sehen und beurteilen. Wir lassen dir, wo angebracht und altersgemäß, eine eigene Wahl, eigene Gedanken und eigene Entscheidungen. Wenn du dich mit unserer Hilfe orientieren möchtest, sind wir für dich da. Wir erklären dir, wie *wir* die Welt sehen, und du finde heraus, wie *du* sie sehen möchtest. Was wir sagen und anweisen, gilt und hat auch morgen noch Bestand und Sinn. Wir helfen dir, dich zurechtzufinden!

2.9   Begrenzung

Dies halte ich für eine der wichtigsten Faktoren gelingender menschlicher Reifungsprozesse. Begrenzung meint die Fähigkeit und Bereitschaft der elterlichen Personen, innerhalb eines angemessenen Freiheitsspielraumes Grenzen zu setzen. Es geht um die Begrenzung verschiedenster psychischer Impulse wie Trotz, Aufbegehren, Protest und um das Begrenzen überzogener Anspruchlichkeit („ich will aber sofort haben" u. ä.).

Grenzen setzen heißt auch, eine Begrenzung in Liebe und Entschiedenheit zu ermöglichen, die guten „Aufprall" (impact) zuläßt, ohne Schaden anzurichten. Dies gilt auch bei der gekonnten Begrenzung physischer Impulse wie Toberei im Trotzalter und Angriffigkeit aller Art auch auf weiteren Altersstufen. Dort kann also durchaus nachhaltige körperliche Auseinandersetzung (Ringen, Kämpfen, Festhalten) bedeutsam sein. Es versteht sich von selbst, daß solch physische Auseinandersetzungen frei sein müssen von jeglichen Aspekten zerstörerischer Gewalt (wie z. B. Brutalität, Zynismus, Triumph, Schlagen). Auch heftige und „überfließende" Emotion sollte von klein auf bis ins jugendliche Alter angemessen abgefangen und in Begegnung gebracht sein. Dazu gehört z. B.: Wut, Rage, Schmerz, Angst und auch Liebe (z. B. wenn Kinder sich allzusehr um das Wohl ihrer Eltern kümmern wollen oder sich allzu mitfühlend auf die Seite *eines* Elternteils schlagen).

Die seelisch wirksame Haltung dazu kann sich so vermitteln (hier wiederum versprachlicht):

Wir sind dir gewachsen und haben Kraft genug, um deinen Kräften und Impulsen zu begegnen und ihnen Stand zu halten. Wir freuen uns, wenn du deine Kräfte zeigst, und wir können deine starken Gefühle abfangen, dich damit geborgen machen und dich aushalten. Wo du angemessene Grenzen überschreitest, werden wir dir Einhalt gebieten und dir ruhig und entschieden deine Grenzen abstecken. Wo du dich zu sehr in unsere Belange einmischst (z.B. Streit der Eltern), werden wir dein Anliegen begreifen und dich zugleich liebevoll begrenzen.

3. Wenn Basisbedürfnisse unerfüllt bleiben

In diesem Kapitel möchte ich nun die Fragen erörtern, die sich aus der Nichterfüllung, der unter 2. erwähnten Faktoren ergeben *können*. Es versteht sich von selbst, daß resultierende psychische Gegebenheiten miteinander verkettet sind und weder regelhaft oder stets, noch in jeweils gleicher Folge (Punkt 1–9) auftreten. Häufig sind Mangelerlebnisse Mischungen der verschiedenen Faktoren und das wiederum in verschiedenster Ausprägung: Es gibt leichte bis schwerwiegende Defizite, verkraftbare oder durchaus auch stabilisierende Auswirkungen der Mangelerlebnisse und destabilisierende Auswirkungen derselben. In allen erwähnten Fällen ist das erlebbare Spektrum beteiligter Gefühle groß: von Trauer über Schmerz bis hin zu Verlorenheitsgefühlen und depressivem Erleben, von Ärger und Wut bis hin zu Rage und Haß, von Ängstlichkeit über Angst bis hin zur Panik, von leichten Selbstwertschwächen bis hin zu massiven Minderwertigkeitsgefühlen.

Ebensogut können sich aufgrund erlebten Mangels auch Stärken „auskristallisieren", die ohne diese Erfahrungen vielleicht nicht zur Ausreifung gekommen wären: Das Spektrum ist hier ebenso groß: eine hohe Schmerztoleranz (d. h., es kann viel Schmerz erlebt werden, der letztlich stärkt und seelisches Geschehen vertieft), desgleichen eine gute Handhabung im Umgang mit Zorn und Ängstlichkeit. Ebenso formt sich zuweilen ein besonders gut abgegrenzter Selbstwert aus, wenig labil und wenig anfechtbar.

Mir liegt also sehr daran, festzustellen, daß erlebte Defizite sowohl Ressourcen etablieren können als auch Fähigkeiten zur

Handhabung (coping-mechanism) aufbauen und stabilisieren. Zugleich ist richtig, daß Mangelerlebnisse einen schwächenden und destabilisierenden Effekt haben *können.*

Mit entscheidend wichtig für den Einfluß unserer geglückten oder weniger geglückten Kindheit auf unser weiteres Leben ist unsere Einstellung und Meinung zu den Geschehnissen der Vergangenheit. Wohl ergeben sich solche Einstellungen wiederum auch aus der Prägung durch unsere persönliche Geschichte, doch haben wir Menschen in der Regel im Verlauf unseres Lebens einen großen Einfluß auf unsere Ansichten und Haltungen: *Diese können wir zeitlebens verändern, unsere Geschichte nicht.*

Nachfolgend finden Sie zu Punkt 1–10 Beispiele zum Thema „unerfüllt gebliebene Basisbedürfnisse". Sie finden ebenso die dazugehörigen „*Lösungssätze*", wie sie im Verlauf meiner Therapien je nach Situation und Eigenart der Klienten Anwendung finden.

Hier handelt es sich bereits um die später gründlich erörterten „rituellen Satzvollzüge". Sie werden in Abstimmung mit dem Klient gesucht und verifiziert.

Richtig in Kontakt gebracht und in Stimmigkeit mit der seelischen Situation des Klienten verkürzen sie den gesamten therapeutischen Prozeß und erleichtern mögliche Lösungen. Bei den Lösungssätzen habe ich jeweils entscheidend wichtige aus dem Gesamtverlauf ausgewählt.

3.1   Keinen eigenen Platz haben

Ist ein Kind insgesamt wenig willkommen oder auch unerwünscht, hat es das Gefühl, generell im Wege zu sein oder zu stören, so kann dies die folgenden Auswirkungen haben (früh und als Erwachsene):

Unruhe, Rastlosigkeit, ungestillte Sehnsüchte und/oder das Gefühl nicht gewollt bzw. überflüssig zu sein. Nicht selten kann es auch zu einer intensiven und übermäßigen Beschäftigung mit dem Thema Tod kommen, zuweilen auch zu Selbstmordgedanken oder Suizidversuchen.

Beispiel 1):

Sabine, 38 Jahre alt, unverheiratet, das sechste von sechs Kindern. Sie ist im Abstand von fünf Jahren nach ihrem Bruder geboren. Die Eltern hatten zu dieser Zeit eine schon länger andauernde problematische Beziehung und waren maximal belastet durch Arbeit und Finanznöte (ein schleppend gehender Baubetrieb, der dem Vater gehörte und in dem die Mutter widerwillig mitarbeitete). Für die Tochter war aufgrund dieser Bedingungen keine freundliche Umgebung möglich, sie wurde als „eine zuviel" gesehen und ebenso behandelt. Die Mutter zeigte sich meist ausgelaugt, gereizt und ungeduldig, der Vater überaus streng, zum Teil gewaltvoll und zurückweisend. Während sich wesentlich eine ältere Schwester um Sabine kümmern mußte, litt sie zutiefst unter dem Gefühl, unerwünscht, zurückgewiesen und ohne Geborgenheit zu sein.

Die Therapie erlaubte der Klientin, ihre starken Selbstmordimpulse zu entdecken („besser, es gäbe mich nicht"), ihren Unwertgefühlen zu begegnen („ich bin für nichts gut") und ihren Hunger nach liebevoller Zugewandtheit zu entdecken („vielleicht will mich sogar jemand").

Ritueller Lösungssatz nach länger dauernder Begleitung in einer Therapiegruppe (beide Eltern leben noch, und Mitglieder der Gruppe stehen stellvertretend für sie):

„Liebe Mutter, lieber Vater,
meinen Platz bei euch und in der Welt
konnte ich nicht finden.
Es hat mir weh getan,
und ich fühle mich oft so verloren.
Jetzt will ich euch nehmen, wie ihr seid,
und nicht länger warten (darauf, daß alles anders gewesen wäre).

Jetzt werde ich mich meinen
Platz finden lassen,
werde mich in der Welt zeigen
und mich wert erachten.
Ich nehme das Leben zu mir
und will es achten und nutzen (der letzte Satz erfolgt mit einer entsprechend nehmenden Geste der Hände, die über dem Herzen zusammengeführt werden).

Schaut freundlich auf mich,
wenn ich das Meine tue und bin."

3.2 Ungenügender Entfaltungsspielraum

Haben Menschen in früher oder späterer Kindheit kaum oder keinen Raum zu ihrer freien Entfaltung, so können sie ihre Möglichkeiten (Bewegung, kreatives Erforschen der Umgebung, sich ausstrecken nach dem, was interessiert) nicht nutzen und ihre Talente wenig entfalten.

Die Auswirkungen (früh und als Erwachsene) können sein: Mangel an Interesse und Initiative, ebenso Passivität und Lustlosigkeit im Umgang mit sich und anderen. Eventuell das Gefühl des Eingeengtseins und übermäßiger Freiheitsdrang, zuweilen „raumgreifendes" Verhalten oder auffällige Zurückgezogenheit.

Beispiel 2):

Ludwig ist 56 Jahre alt, geschieden, ohne Kinder. Seine Eltern wurden aus dem heutigen Polen vertrieben und mußten sich ihre gesamte Existenz neu aufbauen. Da sie im Westen in ihrer neuen Umgebung starke Ablehnung erfuhren, wurde Ludwig (damals 3 Jahre alt) und seine beiden drei und fünf Jahre älteren Geschwister unter extrem einschränkenden Bedingungen aufgezogen. In einer ohnehin nur winzigen Wohnung mußten sich alle drei Kinder ein Zimmer teilen und wurden in ihrem Bewegungs- und Freiheitsdrang nachhaltig eingeengt („seid leise, seid brav, geht nicht mit anderen Kindern spielen, stört die Nachbarn nicht, macht uns keine Schande"). Ludwig lernte bald, sich möglichst unauffällig zu machen, und wurde ein stilles, zurückgezogenes Kind ohne Initiative und Interesse. Da beide Eltern für den Unterhalt der Familie aufkommen mußten, wurde bereits mit neun Jahren die Schwester als „Hüter" ihres Bruders eingesetzt. Sie reichte Verhaltensweisen der Eltern ihr gegenüber (einsperren und Strafe) bald an den Bruder weiter und wurde am Abend ihrerseits unter Sanktionen gestellt, wenn der Bruder bei der Heimkehr der Eltern noch „aufmüpfiges" Verhalten zeigte (der Versuch, lebendig zu sein).

So war Ludwig auch zu Beginn der Therapie ein eingeengter, undurchschaubarer und schwer zugänglicher Mensch. Er wußte sich wenig in Kontakt zu begeben, wirkte gedrückt und wie ohne eigene Wünsche und Antriebe (er nannte das „öde").

Angebote der Gruppe (Zugehörigkeit, Interesse und Anregung) ließen ihn langsam aus seiner seelischen Erstarrung erwachen. Nach Phasen starker Emotionalität (Angst, Haß und Schmerz) gelang es ihm, seine Eltern nicht länger unter Anklage und Zorn zu stellen.

Einer seiner wesentlichsten Lösungssätze war dieser (In der Gruppe imaginär an die Eltern gerichtet. Die Mutter lebt noch, der Vater starb

vor ein paar Jahren an Krebs.):
Liebe Mutter, lieber Vater,
ihr habt es schwer gehabt,
und es tut mir leid für das,
was ihr gelitten habt   (Vertreibung, Verlust von
                                          Heimat und Besitz).

Ich aber war ein Kind
und wollte lebendig sein.
Doch war ich eng gehalten,
und die Enge und Leere ("Öde")
habe ich lange in meinem Herzen getragen.
Jetzt will ich mich
strecken und weiten . . .   (unterstützt durch eine
                                          wiederholte Öffnungsgeste
                                          derArme von innen nach
                                          außen),
und ihr   (die Gruppe und die Welt
                                          draußen)
sollt wissen, wer ich bin
und wohin ich will.
Mit meiner Lebendigkeit,
liebe Eltern, will ich euer gedenken,
ab und zu!

3.3   Respektlosigkeit erfahren

Eltern (oder deren Stellvertreter) glauben zuweilen, es sei gut,
Kinder „nach Maß" anzulegen und auf ihre eigenen Vorstellungen hin zu formen. Obwohl es sinnvoll ist, Kindern Richt-
linien an die Hand zu geben, so ist es doch unklug, Linientreue
zu erzwingen.

Wird das sich entwickelnde Wesen des Kindes mit seinen
Anlagen, Begabungen und Eigenarten nicht wertgeschätzt und
gefördert, und versuchen elterliche Personen statt dessen eigene Wünsche, Träume und Vorstellungen in der Entwicklung
des Kindes zu verwirklichen, so hat dieses es schwer, sich zu
entfalten. Häufig kommen als Zeichen mangelnden Respekts
auch Grenzüberschreitungen dazu, die als Einmischung in den
persönlichen Raum des Kindes verstanden werden können.
Das alles hat die verschiedensten Auswirkungen (früh und als
Erwachsene):

Übersensibilität bis „Allergie" auf Versuche der Einflußnahme oder auch bei Übergriffigkeiten aller Art, Überabgrenzung

auch in sonstigen Lebensbereichen (z. B. Freundschaft oder Ehe), Identitätsschwierigkeiten („wer bin ich, wenn ich dauernd ,irgendwie' sein soll"), Minderwertigkeitsgefühle und z. T. Schuldgefühle (ich sollte anders sein, ich tauge nichts, so wie ich bin).

Beispiel 3):

Geraldine ist mit damals 5 Jahren das jüngste von drei Geschwistern. Die beiden sieben und neun Jahre älteren Brüder leben nach der Scheidung der Eltern auf eigenen Wunsch hin meist beim Vater.

Die ohne Partner lebende Mutter versucht von Anfang an, Geraldine in ihrer Entwicklung auf die eigenen Wünsche hin zu prägen: Ihre Neigungen zum Künstlerisch-Musischen darf sie nicht ausleben, die Mutter möchte „kein labiles Kind". Später soll sie etwas „Handfestes, Intelligentes" lernen, am liebsten soll sie Ärztin (Chirurgin) werden. Sie soll „groß rauskommen" und damit die erlebten Entwicklungsdefizite der Mutter ausgleichen (regelmäßig wird sie „überlobigt" in Dingen, die es nicht adäquat erscheinen lassen).

Als die Jugendliche Tagebuch schreibt, liest die Mutter dieses heimlich und bricht auch sonst in die persönliche Sphäre der Tochter ein (ihr Zimmer wird ungefragt betreten, das Bad darf nicht abgeschlossen sein, über die Freunde werden Erkundigungen eingeholt).

Mit zwanzig Jahren verläßt die Tochter unter schweren Vorwürfen die Mutter und zieht zu einer Freundin.

Bei Beginn der Therapie ist Geraldine 26 Jahre alt, hat ein Jurastudium begonnen und abgebrochen („nicht meins, ist ihrs" (Mutters Wunsch) und hat eine handwerkliche Ausbildung abgeschlossen (Juwelierin). Sie leidet darunter, sich von anderen „hereingeredet" zu fühlen, wird schnell trotzig bis „pampig" und erlebt Menschen insgesamt eher als „nervig" oder fordernd. Nachdem sie bald versteht, daß sie in vielen Aspekten des Lebens ihre Mutter wiederbelebt („die wollen mich alle dauernd anders, als ich bin"), steht nach einiger Zeit dieser Aspekt der Lösung im Vordergrund:

Ritueller Lösungssatz an die Mutter (eine Teilnehmerin der Gruppe steht symbolisch für sie):

„Mutter („liebe Mutter" gelingt ihr nicht),
du hast mich nach deinem Maß gemessen,
nach deinem Wunsch sollte ich sein.
Dir war es nicht möglich:
Was *du* nicht konntest, *ich* sollte es sein ...
Ich hatte Zorn, und es hat geschmerzt,
ich habe gerungen und mich spät gefunden,
jetzt bin ich bei *mir*,
und für dich tut es mir leid"   (sie hat der Mutter gegen-

über Schuldgefühle, weil sie
„anders" geworden ist) . . .

Später dann:
„Ich bin nicht du,
und deins ist nicht meins"   (eine Geste mit den Händen
unterstützt die Aussage).

3.4   Unbehütet aufwachsen

Ein Kind braucht nicht nur angemessen Zeit von den Eltern,
sondern vor allem ein qualitatives Angebot, das es wissen läßt,
daß es gern gesehen ist, mit seinen Anliegen willkommen ist
(z. B. erzählen, fragen, kuscheln, rangeln, etwas gemeinsam
tun) und sowohl Geborgenheit als auch Bestätigung erfahren
darf. Dazu gehört das Interesse an der Entwicklung des Kindes
und das freudvolle Zustimmen zu und Fördern seiner Reifungsschritte. Ist die Versorgung des Kindes physisch (z. B.
Nahrung, Kleidung, Körperkontakt) und psychisch (Fürsorge)
in wichtigen Bereichen nicht gesichert (Abwesenheit der Eltern, Vernachlässigung der Kinder oder komplette Überforderung durch entsprechend soziale Situationen), so können die
Folgen z. B. so aussehen:

Erleben von innerer Leere, Unersättlichkeit (bzgl. Zuwendung), Unbefriedigtheit bis Gier, Vernachlässigungsgefühle
(Schmerz, Wut, Angst), Unsicherheiten bezüglich des eigenen
Wertes bis hin zu massiven Selbstwerteinbrüchen („niemand
sieht mich, keinem bedeute ich etwas, wozu bin ich überhaupt
da?") und zuweilen Verweigerungsdynamiken („ich habe wenig
bekommen, also gebe ich auch nichts . . ."). Auch Verlassenheit, Einsamkeit oder Verwahrlosung sind häufige Folgen.

Beispiel 4):

Samuel, heute 34 Jahre alt und Feinmechaniker, ist als Einzelkind im
Spannungsfeld elterlicher Konflikte aufgewachsen. Der Vater arbeitete viel und „ging am Abend meist fort", weil er seine ständig fordern-
de und unzufriedene Ehefrau nicht ertrug. Diese wiederum fühlte sich
chronisch von ihm vernachlässigt und zeigte ihm stets „die kalte
Schulter". Im Sohn lehnt die Mutter schon sehr früh den Ehemann ab,
dieser weiß sich (aufgrund *seiner* Geschichte) seinem Kind kaum zuzuwenden und „gibt bald auf". So flohen beide Eltern voreinander, er
bald „in die Kneipe", sie zu Verwandten, die ihr gegen den Mann bei-
standen. Der Junge wurde häufigst allein zu Hause gelassen und erinnert sich „endlos" geschrien zu haben. Kam die Mutter oder der Vater

schließlich heim, so wurde er zwar physisch versorgt, erfuhr aber emotional fast nur negative Zuwendung (durch die Mutter: Abwertung, Schimpfen, Strafe und seelische Kälte, durch den Vater Ignoranz, Unbeholfenheit und Zurückweisung).

In der Therapie zeigt sich Samuel als kindlich gebliebener „Junge", vordergründig scheu und still, im Hintergrund zuwendungshungrig und aggressiv. Er weiß in negativer Weise auf sich aufmerksam zu machen (unterbricht, wertet ab und manipuliert) und hat bald die Gruppe gegen sich. Wohl am meisten durch die Arbeit der anderen Teilnehmer begreift er schließlich das Ausmaß seines Zuwendungshungers: Er gesteht sich Gier und Eifersucht zu, zeigt sich phasenweise „rüpelhaft" und hat „einen Haß" auf mich („alle kriegen alles, nur ich nicht"). Allmählich erlebt er, wie wenig wert und wie wenig berechtigt („ich bin das letzte hier") er sich fühlt. Über seine Ängste vor Zurückweisung und durch das Eingestehen seiner Einsamkeit findet er allmählich Zugang zu den Gruppenteilnehmern. Er wird sympathischer, und sein Wesen beginnt sich herauszuschälen (Witz, Humor, Klugheit, Hilfsbereitschaft und Kontaktfähigkeit).

Einer seiner wichtigsten rituellen Satzvollzüge war dieser (wiederum an einen Mann gesprochen, der stellvertretend für den Vater steht):
„Lieber Vater,
so *sehr* hast du mir gefehlt,
so *wenig* warst du für mich da;
es war schwer für mich,
und meine Liebe zu dir blieb unverstanden.
Nimm mich als deinen Sohn
und lehre mich, Kind, Sohn und Mann zu sein.
Ich bitte dich: Sei mir Vater und gib mir deine Kraft . . ."

Ein Satzvollzug an die Mutter (ein Gruppenmitglied steht für sie):
„Liebe Mutter,
du warst fern von mir,
und deine Liebe kenne ich nicht.
Du warst bitter,
und deine Kühle hat mich im Herzen
lange Zeit stumpf sein lassen.
Noch fühle ich Haß   (auf dich),
und ich gebe mir   (damit)
noch eine kleine Weile" . . .

Später dann:
„Nimm mich jetzt als deinen Sohn
und sei mir liebevoll zugetan.
Lehre mich, Menschen zu brauchen
und ihnen gut zu sein . . ."   (Hier wird Samuel sehr still

und nach innen gewendet,
und man spürt, daß etwas
Wichtiges sich auftut.)

3.5 Ungenügender Schutz

Kinder wollen behutsam und einfühlsam in den Kontakt mit
der Welt eingeladen werden. Wo sie sich fürchten, müssen sie
Verständnis und Gesprächsbereitschaft antreffen, wo sie scheu
und befangen sind, brauchen sie adäquaten Schutz, und wo sie
klagen oder sich beklagen, Interesse und liebevolle Zuwendung. Werden sie in die Welt „gestoßen", beschämenden Situationen ausgesetzt, oder wird Ängstlichkeit negiert oder verachtet, so verlernen sie, etwas wagen zu wollen, werden
überängstlich oder zu wagemutig (sog. „kontraphobische" Neigungen: Die Angst wird übergangen und in unangemessener
Waghalsigkeit zu überwinden gesucht).

Die Konsequenzen für das Kind sind häufig diese: Hilflosigkeit, überhöhte Sensibilität, Schreckhaftigkeit, übersteigerte
Ängste, Verletzlichkeit, Labilität, Scham und zuweilen Groß-
spurigkeit (zur Vermeidung von Angst), ebenso „Überoffen-
heit" (sich zu verletzlich machen, sich naiv oder zu gutgläubig
zeigen) und Auslieferungsängste und/oder -neigungen.

Beispiel 5):

Christiane ist eine 32 Jahre alte und unverheiratete Frau (Kindergärt-
nerin). Die Mutter hat sie früh bei kleinsten „Vergehen" bestraft, hat
sie schon als Kind gezwungen, allein im Dunkeln auszuharren (abends
im Bett und zur Strafe), und sie wies sie zurück, wenn sie weinend
den Schutz der mütterlichen Arme suchte. Sie nannte sie viel zu früh
„die Große" und ließ sie bereits mit zehn Jahren auf den dreijährigen
Bruder aufpassen. Kleine Mißgeschicke betitelte sie mit Dummheit
und Unfähigkeit, und in Anwesenheit von Verwandten und Nachbarn
setzte sie ihr Kind herab durch Belobigung anderer Kinder („schau dir
die mal an") und Herabsetzung des eigenen („wenn du nicht so stur
wärest . . .", „so was passiert nur dir" und ähnliches). Zu Beginn der
Therapie ist Christiane eine höfliche, angepaßte und ungewöhnlich
fragile Frau. Sie hat eine starke Selbstwertproblematik („ich glaube,
ich kann fast nichts") und scheut extrem vor jeglicher „Anforderung"
zurück (etwas sagen in der Gruppe, sich anderen anschließen nach der
Gruppe). In Kontakt zu sein mit anderen heißt für sie beschämt werden („wer bin ich schon, ich kann mit niemandem mithalten") und
sich bemerkbar machen heißt gegen die anderen (im Vergleich) zu ver-

lieren. Lange Zeit bleibt sie eher schweigsam und verschlossen, wirkt fast unscheinbar. Dann sind es wohl wesentlich die Erlebnisse mit den anderen Gruppenteilnehmern, die sie aus der Reserve locken: Diese behaupten sich, haben Wünsche und offenbar auch Selbstwert. Schließlich findet sie zu folgenden rituellen Satzvollzügen:

„Mutter,
ich bleibe lieber im Verborgenen,
denn vor der Welt
hast du mir Angst gemacht.
Die anderen sind besser,
und ich kann nur verlieren. (Hier wird sie jedesmal sehr emotional: tiefer Schmerz und Wut im Wechsel.)

Mein Rückzug ist mir Schutz . . ."

Später dann:
„Mutter,
du hast mich klein gehalten,
doch sollte ich groß sein (Verantwortung tragen für den Bruder).

Ich habe dich gebraucht,
und du warst nicht da.
Bitte Mutter, sei lieb zu mir . . ."

Drei Sitzungen (laufende Gruppe) später (inzwischen ist klar, daß die Mutter an der Tochter ihre eigene schlimme Geschichte wiederholte):
„Liebe Mutter,
jetzt nehme ich hin (meine Geschichte),
was war,
alle Klage lasse ich los . . .,
es tut noch eine Weile weh . . .,
jetzt mache ich mich in der *Welt*
aufgehoben und geschützt . . .
dich aber lasse ich in Ruhe . . ." (mit Vorwürfen)

3.6 Haltlosigkeit und Mangel an Unterstützung

Spreche ich von Halt und „Unterstützung", so meine ich jene sehr spezifische „Vorhandenheit" der Eltern, die stärkt, kräftigt, ermutigt, aufrichtet, bestätigt, abfängt und auffängt. Wenn diese Formen des liebevollen „Angefaßt- und Umfaßtseins" nicht gegeben sind, so können die Auswirkungen so aussehen:
ein generelles Gefühl der Instabilität und/oder Schwächung, Unsicherheit im Umgang mit sich und anderen, u. U. Balance-schwierigkeiten („wackelig auf den Beinen"), das Gefühl der

Bodenlosigkeit oder des Fallens (auch in Träumen), Verunsicherung im Umgang mit dem Selbstausdruck (was sage ich, was zeige ich?) und oft Sehnsüchte nach stabiler physischer Präsenz und Festigkeit (gut und fest gehalten sein). Auch Stimmungsschwankungen sind zuweilen Teil des Gesamtbildes.

Beispiel 6):

Jasmin, 32 Jahre alt (in laufender Gruppe), zeigt sich labil und unsicher in Verhalten und Emotion. Ihre Fröhlichkeit wirkt oberflächlich, und schnell „stürzt sie ab" in Traurigkeit und das Gefühl, entmutigt zu sein. Fragen der Teilnehmer oder von mir verunsichern sie schnell, und wo immer andere Gruppenteilnehmer physisch Kontakt haben, schaut sie sehnsüchtig hin und „will doch niemand brauchen, ich bin mir selbst schon genug" (Last).

Sie war als einziges Kind früh mit dem Tod ihrer Mutter konfrontiert (als sie drei Jahre alt war), die gleich nach ihrer Geburt an Krebs erkrankte und daran starb. Bald danach lebte sie unter Einfluß einer fordernden Stiefmutter, die sie hinsichtlich der Bewältigung des Todes der Mutter keineswegs unterstützte oder ihr beistand (Halt gab). Der Vater heiratete die zweite Frau bereits ein halbes Jahr nach dem Tod seiner Frau (die Ehe war von Anfang an unglücklich) und hatte für die Tochter und ihr Erleben des Verlustes weder Verständnis noch Einfühlung. Körperkontakt vom Vater gab es kaum, ihre wenigen Versuche, durch ihn Rückhalt zu bekommen (sie klagte z. B. zu Recht über das Verhalten der Stiefmutter), brachten ihn in Loyalitätskonflikte („ich kann nicht gegen meine zweite Frau sein"), und er wies die Tochter (sowohl als Kind als auch als Jugendliche) zurück und gebot ihr Schweigen.

So hatte Jasmin durch die Krankheit ihrer Mutter diese kaum überhaupt erlebt, und Stiefmutter und Vater konnten ihre Gefühle (Verlust der Mutter) weder verständnisvoll entgegennehmen, noch erfuhr sie physischen und seelischen Halt (Umarmung, Trost, Ermunterung). Ihr fehlte von Vater und Stiefmutter „tragender Boden".

Folgende rituelle Sätze werden im Laufe ihres Prozesses bedeutsam (Ausschnitt bezogen auf leibliche Mutter und Vater).

An die Mutter (symbolisch repräsentiert durch eine Frau der Gruppe): „Mama,
du fehlst mir so

(sie hat noch eine schwache Erinnerung an sie),

sei du mir Boden unter meinen Füßen,
sei du mir Halt in meinem Rücken

(eine andere Frau der Gruppe hat ihre Hand stützend im oberen Steißbereich von Jasmin)

und stärke mich in meinem Herzen . . ."

Ein anderes Mal an den Vater (durch einen Mann der Gruppe symbolisiert):

„Vater,

es ist mir schwer mit dir	(sie erinnert seine Härte und Verschlossenheit),
laß du mich bitte zu dir kommen	(jetzt weint sie, und ihr wird schwach)
und gib mir deine starke Hand	(sie faßt die Hand des Mannes mit der ihren und hält sie lange, dann energetisiert sie sich langsam, und ihr Körper strafft sich) . . .

3.7 Fehlende Erlaubnis

Menschen brauchen im Verlauf ihres Aufwachsens das Gefühl, den Segen der elterlichen Personen für ihre Reifungsschritte zu haben. Der hier gemeinte „Segen" meint das Wohlwollen, den freundlich zustimmenden Blick und jene bejahende und liebevolle Haltung, die man mit „du darfst" umschreiben kann.

Fehlt Erlaubnis, oder stehen Kinder „unter Verbot", so engen sich ihre Möglichkeiten der Entwicklung ein, je nach einschränkender Ursache und je nach Wirkung bei der betroffenen Person. Anbei ausschnittsweise Beispiele.

Beispiel 7a):

Gernot, heute 22 Jahre alt, sehr empfindsam und still, hat früh gespürt, daß seine Eltern nur die Fassade einer guten Beziehung aufrechtzuerhalten versuchten. Die streng religiöse Mutter fürchtete die Entdeckung des Unglücklichseins mit ihrem Ehemann durch Nachbarn und Freunde und vertraute sich kaum jemandem an. In freundlicher Absicht verbarg sie dem Sohn (und seiner jüngeren Schwester) jegliche Differenz mit ihrem Mann und spielte ihm „heile Familie" vor. Von früh an negierte sie die kindlichen Wahrnehmungen des Sohnes: Dieser spürte Spannung und Zwist zwischen den Eltern und stellte Fragen (z. B. beim gemeinsamen Essen):

„Warum schaut der Papa uns nicht an?" „Bist du traurig, Mama?" „Papa, hast du die Mama gern geheiratet?" Die Reaktion der Mutter auf solche und ähnliche Fragen war diese: „Der Papa denkt nach, laß ihn in Ruhe." „Ich bin nicht traurig, was du immer siehst . . ." und (weil der Vater sich schweigend verhielt): „Natürlich hat er mich gern geheiratet, sonst heiratet man ja nicht . . ." Tatsache war, daß der Vater sie damals auf ihre Forderung hin heiratete, weil sie mit Gernot schwanger war, damals löste der Vater sich aus einer ihm wichtigen Nebenbeziehung mit einer anderen Frau. Den Sohn mochte er dann sehr, aber die Frau blieb ihm stets „ein Buch mit sieben Siegeln".

Der Sohn wurde von der Mutter, wenn auch aus guter Absicht heraus, vor allem mit dem Verbot „denk nicht (klar) und nimm nicht wahr" bedacht. Sie negierte seine Gedanken und Eindrücke und erklärte sie für ungültig. So lernte Gernot seinen Wahrnehmungen nicht zu trauen und geriet auch später im Leben in Konflikte, wenn er damit rang „was stimmt und was nicht stimmt".

Die symbolische Begegnung mit der Mutter (Teilnehmerin der laufenden Gruppe steht für sie) im symbolischen Satz sah z. B. so aus:
„Liebe Mutter,

ich sehe klar und spüre deutlich	(daß ihr euch nicht verstehet),
du willst mir gut	(mich schützen),
doch es *tut* mir nicht gut . . .,	(die Lügen)
nimm mich doch an und sieh,	
daß ich sehe . . ."	(Bitte um Erlaubnis, wahrnehmen zu dürfen)

Während dem letzten Satz gerät Gernot in Vibration, zittert und schluchzt. Er erinnert sich an eine Szene, in der er im Alter von 12 Jahren seine Mutter weinend vorfand (der Mann ging immer wieder fremd) und wissen wollte, warum sie weint. Sie aber sagte nur: „Laß nur, es ist nichts." Ich lasse ihn hier diesen Satz anschließen: „Mutter, ich spüre und weiß: Es ist *doch* was, ich kann dir nicht helfen, denn ich bin ein Kind, doch mein Blick ist klar, und mein Gespür ist gut . . ."

Beispiel 7b):

Kathrin, 47 Jahre, zwei Kinder im Alter von 15 und 20 Jahren, geschieden, hat eine vergleichsweise sehr belastende Geschichte hinter sich:

Beide Eltern führten ein Weinlokal, tranken selbst erheblich und über Jahre, waren mit vier Kindern (alles Mädchen, sie ist die erste) eher überfordert und maßregelten wesentlich mit Geschrei und Schelte. Auf ihre Geschwister hatte sie früh aufzupassen und den Vater des Nachts (ab 14 Jahre) wiederholt aus der Kneipe nach Hause zu holen (wenn er nach Lokalschluß getrunken hatte und „nicht mehr konnte"). An eine wenigstens teilweise unbeschwerte Kindheit erinnert sie sich nicht: Früh (ab 9 Jahre) übernahm sie Verantwortung für Geschwister und Eltern: Wenn letztere stritten oder der Vater tätlich wurde, griff sie ein und versuchte Geschwister und Mutter zu schützen bzw. den Vater von Schlimmerem abzuhalten. Dabei wurde sie z.T. selbst geschlagen und erwarb geradezu Geschick, den tobenden Vater auf sich „umzulenken". Vor allem der Vater hätte gerne einen Sohn gehabt („schon wieder ein Mädchen") und pflegte unter Alkohol Mutter und Töchter zu beschimpfen (z.B. „nicht mal ein Mann im Haus, nur Weiber, aus denen (Töchter) wird doch nichts . . .“). Als Kathrin mit 18 Jahren ihr Abitur machte, verboten die Eltern ihr radikal ein Studium und erzwangen (mit Demütigung und Gewalt) eine kaufmännische Ausbildung. Wie eh und je blieben ihre Wünsche und Gefühlsäußerungen ohne Resonanz („was *du* willst, ist eins, getan wird, was *wir* dir sagen“).

So durfte sie nicht Kind sein (sei kein Kind), wurde in ihrer Weiblichkeit nicht bestätigt (ein Sohn wäre uns lieber gewesen), ihre Gefühle wurden mißachtet (fühl nicht, was du fühlst, es gilt nichts) und ihr Weg vorgezeichnet ohne eigenes Mitspracherecht. (Du sollst nicht wollen, halt dich zurück mit deinen Berufswünschen, du bist *nur* eine Frau.)

Darüber hinaus wurde atmosphärisch ein „du bist nicht wichtig“ (was du schon willst . . .) verhängt und ein „sei nicht glücklich“ (das Leben ist hart und schenkt niemandem etwas).

Die Therapie dauerte mehr als 3 Jahre, in denen sie Schritt für Schritt aus ihrem Leid heraustrat und sich in *die* Frau hinein verwirklichte, die sie schon immer in sich getragen hatte (stark, talentiert, ehrgeizig, fähig, froh, hilfsbereit und mit viel, zum Teil etwas „beißendem“ Humor ausgestattet).

Dies sind Beispiele ritueller Satzvollzüge der drei Jahre:

An die Mutter (symbolisiert durch ein Gruppenmitglied):

Anfangs:

„Dir verzeihe ich nicht,
wo warst du, als er schlug?   (der Vater, sie und die
                                               Geschwister)

Ich bleibe dir böse . . .“   (Angst, Verzweiflung
                                               und Wut)

Später dann:
„Ohne dich kann ich nicht,
Mutter, ich brauche deine Liebe“   (Verzweiflung und
                                               Schmerz).

Im dritten Jahr:
„Mutter,
mein Leben ist das meine,
eures kann ich nicht tragen,
es tut mir leid für euer Schicksal.“   (Der Vater starb vor einigen
                                               Jahren am zweiten Schlag-
                                               anfall, die Mutter ist alt und
                                               krank und trinkt nach
                                               wie vor. Hier weint Kathrin
                                               erschüttert.)

Im gleichen Jahr später:
„Es war viel Leid für mich,
doch ich stimme zu . . .,

ich mache das Beste daraus,
Mutter, schau auf mich,
es ist gut ausgegangen"

(sie lächelt, nickt und
kräftigt sich).

An den Vater (symbolisiert durch ein Gruppenmitglied):
Anfangs:
„Ich weise deine Schläge zurück

(entschiedene Geste
der Zurückweisung), es
hat mich geschmerzt,

warum hast du uns das angetan? . . ."   (Unglück, Schmerz, Rage)

Später:
„Du bist mein Vater,
und ich nehme dich als meinen Vater,
ich lasse alle Folgen

(des schlimmen Umgangs
mit der Familie)

bei dir . . .,
nimm mich an als dein Kind,
und schau, ich bin eine Frau"

(heftiges Weinen, tiefer
Schmerz, kindliche
Gefühle auf verschiedenen
Altersstufen).

Zuletzt an ihre „Gegenwart" (eine Frau steht symbolisch):
„Ich nehme dich mit all deinen
Möglichkeiten . . .,
was nicht war und nicht ist,
lasse ich los

(sie hätte gerne Philosophie
und Germanistik studiert),

jetzt will ich sein, wer ich bin,
und werden, was ich kann ."

(Gerührtheit, Kraft,
Zustimmung, Neugierde,
etwas Unsicherheit)

3.8   Orientierungsmangel

Wenn Kinder aufwachsen, ohne genügend klare Hinweise, Information und Aufklärung über „die Dinge der Welt" zu erhal-
ten, so kann das vor allem im seelischen Bereich, aber auch im
intellektuellen Bereich Verunsicherung auslösen.

Kinder wollen fragen dürfen, neugierig sein und sich in der
Vielfalt dessen, was es zu erfahren und zu verstehen gibt, orientieren können. Damit ist nicht gemeint, daß Eltern allseits und
allzeit verfügbar sein müßten, um „Hinweisschilder" in der
Welt aufzustellen, wohl aber sollten sie dem Kind eine gewisse

An- und Übersicht über ihre Sichtweisen und Haltungen zum Leben geben und dergestalt kommunizieren, daß Sinn daraus gemacht werden kann.

Die Orientierungsfähigkeit eines Kindes wird da am meisten eingeschränkt, wo Informationen so uneindeutig oder mehrdeutig gegeben werden, daß sie jederzeit auch anders interpretierbar sind und folglich zum klaren kommunikativen Austausch untauglich sind (sie meinen „nichts und alles und alles nicht"). Hier ist es durchaus möglich, potentiell „verrückt" zu machen (z. B. A: „Liebst du mich?" – B: „Ja!" – A: „Auch wenn ich anders bin, als du mich möchtest?" – B: „Auch dann." – A: „Aber gestern wolltest du, daß ich anders bin." – B: „Ja ..." – A: „Also liebst du mich auch nicht ..." und vieles ähnliches).

Werden Kinder über längere Zeiträume und wiederholt einer solchen „Mißkommunikation" oder widersprüchlichen Informationen ausgesetzt (wo das eine zum anderen nicht paßt), so geraten sie bezüglich ihrer Wahrnehmung in Schwierigkeiten und sind nur ungenügend in der Lage, sich zu orientieren.

Die Folgen können dann neben der genannten generellen Verunsicherung diese sein:
Verwirrung im Bereich Denken und Fühlen (beides läuft sozusagen „quer zueinander" und nicht nebeneinander her), Richtungslosigkeit (wo lang, ist es falsch – richtig?), Konzeptlosigkeit (wo ich auch anfange, woanders hätte es besser sein können) und „Schwäche" im Umgang mit den Anforderungen der Realität (sogenannte „coping-mechanisms": meint das „Umgehenkönnen mit . . .").

Beispiel 8):

Cäcilie, 32 Jahre alt, verheiratet, drei Kinder und von Beruf Arzthelferin, ist unter entbehrungsreichen Bedingungen aufgewachsen (Eltern Heimatvertriebene, finanziell stets am Existenzminimum, beide von ihrer Geschichte her sehr belastet). Die Mutter war ihrerseits bei einer als psychisch krank geltenden Mutter aufgewachsen und war von Anfang an im Umgang mit ihren drei Kindern (Cäcilie war das zweite Kind) inkonsistent in Gefühl und Verhalten: Sie zeigte sich mal freundlich zugewandt, dann abrupt und nicht nachvollziehbar verschlossen oder abgewendet. Was sie heute anwies (z. B. Aufgaben im Haushalt übernehmen), galt morgen als nie gesagt, und egal, was die Tochter in jungen Jahren und später tat: Es war nicht richtig, hätte an-

ders sein sollen, war anders gemeint gewesen (doppelbödige Kommunikation).

Cäcilie wußte nur, was falsch war, was richtig war, wußte sie
nicht. Alles Nachfragen endete in desorientierter Information („ich
hab dir doch (nicht) gesagt . . ., was machst du denn schon wieder . . .?,
wehe, es ist nicht wie *ich* meine"). Der Vater zeigte sich schwach und
hatte in großen Abständen massive Wutausbrüche, die von der Mutter
kühl ausgeschwiegen wurden, während die Kinder „sich, so gut sie
konnten, verzogen".

Ansonsten stand der Vater wie auch die Kinder unter der irritie-
renden Kuratel der Mutter und versuchten „irgendwie" zurechtzu-
konnen und es „irgendwie" recht zu machen. Richtungweisend oder
stabil zeigten sich beide Eltern kaum: Rat oder Beistand der Eltern zu
bekommen war aufgrund der Verunsicherungen beider nicht oder fast
nicht möglich.

Cäcilie wagte zu Therapiebeginn (laufende Gruppe) kaum Äußerungen zu tun. Sie fürchtete, wie ihr ganzes Leben lang, das Falsche zu
tun, nicht das Richtige zu fühlen und zu denken. Jede ihrer Wahrnehmungen zweifelte sie vorausnehmend gleich selbst an („kann sein, das
stimmt nicht"). Es ging ihr psychisch schlecht, und sowohl privat als
auch beruflich war sie unsicher und instabil. („Was soll ich tun? Ob
mein Beruf der richtige ist? Ich weiß nicht, was los ist . . .")

Nachdem sich Cäcilie in der Gruppe genügend orientiert hatte
(„ich muß wissen, wie das alles geht"), wurde sie auch sicherer, sich
und ihre Ängste zu zeigen. Bezogen auf das Thema „Orientierung"
hier zwei Beispiele ritueller Vollzüge:

An die Mutter (ein Gruppenmitglied steht symbolisch für sie):
„Mutter,
du bist mir fremd und oft so fern   (davon erzählte Cäcilie
                                        oft, daß die Mutter ihr
                                        auch heute noch die kalte
                                        Schulter' zeige und
                                        ‚konfus' kommuniziere),

als meine Mutter achte ich dich,
doch will ich nicht wirr werden an dir
und werde meinen klaren Blick
nicht trüben lassen . . .   (atmet tief, sagt das
                                         letzte nochmals, dann
                                         Weinen)
Später: An Mutter und Vater (symbolisch dafür steht eine Frau und ein
Mann der Gruppe, sie stehen nebeneinander):
„Ihr habt mir keinen Weg gewiesen
und keine Richtung gezeigt,
es fehlt mir sehr . . . ,

ich habe mein Bestes versucht,
es konnte nicht glücken

(weil *nichts* recht war,
egal was) . . .

Jetzt mache ich selbst
einen Sinn aus den Dingen,
und meinen Weg gehe ich
mit klarem Verstand . . ."

(Die Mutter sagte oft:
,Du bist ja nicht bei
Verstand.')

3.9   Fehlende Begrenzung

„Begrenzung" geben heißt letztlich mit der eigenen Autorität
und Stärke angemessen wohlwollend und kraftvoll „dagegen-
zuhalten".

Während „Halt geben" (Punkt 2.6 und 3.6) eher „umfangen
und gut halten" meint, geht es bei der Begrenzung um das
Abfangen und Eindämmen vorhandener „überschüssiger" oder
„flutender" Energie.

Dies kann auf der Verhaltensebene sowohl das rebellisch-
trotzige Aufbegehren des Kindes im Trotzalter meinen als auch
Zornesgeschrei verschiedenster Altersstufen. Jähzorn z. B. ist
häufigst ein Zeichen dafür (in jeder Altersstufe), daß zur Zeit
des Heranwachsens zu wenig Gegenhalt und notwendige Begegnung mit den Willens- und Emotionsbekundungen des Kindes stattfand. Auch Jugendliche brauchen Begegnung in Form
von Begrenzung für den kraftvollen Ausdruck ihrer Impulse,
damit diese in gute Bahnen fließen können und nicht ins Zerstörerische „umkippen".

Wo es schließlich zu Bedrohung und Gewalt kommt (z. B.
erschreckend stark an vielen Schulen verbreitet), läßt sich ahnen, daß hier in verschiedensten Zusammenhängen (nicht nur
Elternhaus, sondern auch gesellschaftlich gesehen) ein Mangel
an gelungener Begrenzung vorliegt. Begrenzung heißt dann eben
auch, den anstehenden Kräften und Entwicklungen ein „Flußbett bieten, in das hinein sich die Wasser ergießen können".
Ebenso sollten stark anbahnende Emotionen abgefangen und
begrenzt werden. Dazu gehört: Wut, Rage, Haß, auch Angst,
Schmerz, Verzweiflung und Scham.

Wenn durch elterliche Personen im Übermaß oder Unmaß
Begrenzung geschieht (z. B. negative Gewaltanwendung verbaler
oder physischer Art) oder wenn positiv wenig oder gar nichts

geschieht, so kann das verschiedene Folgen haben. Die mir wichtigsten sind hier aufgeführt:

„Überschüssigkeit" im Gefühlsbereich: Das Empfinden von Angst vor Überwältigtwerden durch eigene Emotionen (von innen). Das kann alle Gefühle, wie oben genannt, meinen, ebenso auch oft unbegrenztes Mitgefühl (ein Aspekt der Liebe) oder auch unbegrenzte Sexualität, die niemand bestätigt, gutgeheißen, erklärt und mit *abgegrenztem* Wohlwollen zur Kenntnis genommen hat (sexueller Mißbrauch ist ein typisches Beispiel *nicht* begrenzten Umgangs mit Sexualität, soweit dies Eltern-Kind-Beziehungen meint).

Ebenso kann es „überschüssige" Ideen von sich selbst geben bezüglich eigener Fähigkeiten, Leistbarkeiten und Machbarkeiten (sogenannte Größenvorstellungen). Dazu kann auch die Überbewertung der eigenen Person hinsichtlich ihrer Wichtigkeit oder Bedeutsamkeit gehören: Jemand gilt übertrieben ichbezogen, unangemessen anspruchlich oder maßt sich mehr Bedeutung zu, als ihm zusteht.

Desgleichen kann sich fehlende Begrenzung im Bereich der adäquaten *Handhabung* von Gefühlen äußern (= sogenannte mangelnde Impulskontrolle) und dann in Wutanfällen, Angriffigkeit oder physischer Gewalt (schlagen oder auch bis hin zu Mord) enden.

Andere Zeichen, die auf einen notwendigen Begrenzungsbedarf hinweisen, sind diese: physische Unruhe bis Rastlosigkeit, hektische Betriebsamkeit und/oder Anspannungen der Muskulatur als Folge gestauter Emotion (Rücken und Nacken z. B. im Versuch „an sich zu halten", „sich zusammenzureißen"). Auch starkes Zittern kann Zeichen sein, daß Impulse und Gefühle einen Weg suchen, sich in gute Bahnen „ergießen" zu können (in der Regel bedarf es hier physischen Kontaktes).

Auf der Verhaltensebene finden wir als Folge des Mangels an Begrenzung neben Ausagieren auch rigide und massiv angepaßte Verhaltensmuster, die dem Versuch der Selbstkontrolle dienen („bloß nichts falsch machen, bloß aufpassen").

Beispiel 9a):

Hans-Peter ist 38 Jahre alt, unehelich geborenes Einzelkind und aus reichem Hause. Er lebt allein. Seine Mutter trennte sich von seinem Vater, als der Sohn ein Jahr alt war, als Grund gab sie seine Depressio-

nen an („er war ein schwacher, lebensuntüchtiger Mann"). Der Vater
hatte in seiner vorausgegangenen Ehe die Frau durch schwere Krankheit verloren, sich danach entschieden „nie mehr zu heiraten". Den
Sohn zeugte er zwei Jahre nach dem Tod seiner ersten Frau. Die Mutter wiederum entschied sich nach der Trennung, „keinen Mann mehr
zu brauchen". Der Vater sah seinen Sohn in großen Abständen, konnte ihm aber nicht viel anbieten, da er selbst eher lebensunfroh und
kraftlos geworden war (nach dem Tod der ersten Frau). Die Mutter er-
zog das Kind liebevoll, aber stark überbehütend („alles, was du brauchst,
kriegst du von mir") und isolierte es eher von Altersgenossen („bleib
lieber bei mir") und tat meist, was er „befahl" (seine Beschreibung!). Er
erinnert sich an ihr wohlgefälliges Lächeln, wenn er schon als Kind
„auf die Pauke haute" und schrie, bis er sich durchgesetzt hatte. Im
Sohn sah sie (im Gegensatz zum Vater des Jungen) früh den „starken
Mann" und verpaßte in jeder Hinsicht, ihm in jungen Jahren seine
Grenzen aufzuzeigen. Auch fehlte natürlich der Vater als reife Identifi-
kationsfigur, die ihre Kraft liebevoll gegen die des Sohnes gesetzt hätte.

Auch mit den heranreifenden sexuellen Regungen des Kindes und
jungen Mannes wußte der Vater nicht umzugehen, und die Mutter för-
derte eher und liebäugelte mit seiner verführerischen Seite.

Hans-Peter hat einige Therapieseminare besucht. Er zeigte sich von
Anfang an als von Kraft strotzend, etwas „aufgebläht" und scheinbar
sehr selbstbewußt. Wo er konnte, machte er sich „gebraucht" (wie die
Mutter ihn gebraucht hatte), wirkte aber zugleich zuwendungshungrig, isoliert und etwas einsam. Seine Emotionen und Wünsche zeigten
sich „prall" und schnell aufwallend: Er redete anderen rein, erklärte,
was sie wohl fühlten, und erzürnte sich heftig, wenn er „kontra" bekam. Dann stieg seine Anspannung (auch physisch-muskulär), und
man konnte beobachten, wie er sich zusehends energetisch auflud (mit
Wut, „dahinter" Angst und Kränkung). Es dauerte längere Zeit, bis er
überhaupt erkannte, daß andere sein Gebaren schwierig fanden. Dann
signalisierte er selbst Unbehagen, und die eigentliche Arbeit begann.

Hier Ausschnitte aus dem Gesamtprozeß, soweit es ritualisierte
Lösungssätze betrifft:

Situation: Er hat sich ins Verhältnis zu Mutter und Vater gestellt.
Den Vater erlebt er absolut schwach und fühlt sich ihm weit überlegen
(er erlebt das zwiespältig: Unsicherheit und Triumph wechseln). Zur
Mutter hin erlebt er Dankbarkeit (sie hat ihm viel ermöglicht), aber
auch Wut (ich nenne das Abgrenzungswut).

Ritueller Satzvollzug an die Mutter:

„Mutter,
es war zuviel   (an Zuwendung, Nähe
                                           und materiellen Gütern),

und es war zu wenig . . .   (an Gegenhalt und
                                           Begrenzung).

Laß mich nicht immer tun,
wie *ich* will, gebiete mir Einhalt"   (wenn ich schreie, tobe,
                                         fordere).

Ritualisierter Satz an den Vater:
„Vater,
ich bedarf deiner Kraft,
um an der deinen die meine zu spüren,
sei du stark und mir gewachsen,
damit ich mein Maß finde   (an angemessener Kraft).
Ich nehme dich als meinen Vater,
und ich bin dein Kind und Sohn . . ."

In Zusammenhang mit beiden Vollzügen (an Mutter und Vater) mobilisiert sich sein Kraftpotential, und er ist hochenergetisiert. Er zittert und wirkt wie vor einem Ausbruch (bedrohlich). Hier gebe ich ihm unter der Mithilfe der Gruppenteilnehmer *reale* physische Begrenzung, so daß sich Protest, Wut und Kraft unter geschützten Bedingungen Bahn brechen können und sein „Begrenzungshunger" gestillt wird.

Beispiel 9b):

Ein Beispiel zu Begrenzung ganz anderer Art:
  Eine junge Unternehmerin, Jutta, 32 Jahre alt, verheiratet, führt seit zwei Jahren mit ihrem Mann erfolgreich ein kleines Unternehmen. Beide Eltern leben noch, der Vater (Handwerker) ist seit Jahren krank und leidend, die Mutter, 58 Jahre, arbeitete bis vor kurzer Zeit, versorgte ihren Mann und pflegt ihn nun ganztags zu Hause. Die Mutter hat ihrerseits eine leidvolle Geschichte, wollte die einzige Tochter „ganz nach ihrem Willlen" und widerspruchslos fügsam und verkraftete letzlich die von ihren Vorstellungen abweichende Entwicklung der Tochter nicht. Die Mutter wurde strengstens und unter massiven Entbehrungen und Züchtigungen aller Art aufgezogen und gab vieles davon weiter (erniedrigendes Strafen, „Eiseskälte" und emotionale Abwendung und „Aushungerung").
  Im Verlauf des therapeutischen Geschehens wird deutlich, wie sehr es für Jutta auch später schwer gewesen ist, sich gegen die Wünsche der Mutter und nach ihren *eigenen* Vorstellungen zu entwickeln (Studium, späte Heirat, keine Kinder, beruflich erfolgreich).
  Jutta hat schon von klein auf das Unglück ihrer Mutter gespürt, dies auch in Zusammenhang mit deren Ehe, die nur am Anfang glücklich war. Die Zuneigung des Vaters zur Tochter erlebte die Mutter konkurrierend und stets als Zurückweisung. So wurde die Ehe schlechter, je größer die Tochter wurde, und der Ehemann hielt sich wegen der Eifersucht seiner Frau schließlich von Frau *und* Tochter fern. Erst die Krankheit des Mannes (Krebs) brachte die Eltern einander wieder et-

was näher. Beide haben dennoch nur wenig vom Leben gehabt und sind entsprechend bitter geworden. Auch der Vater war der Tochter nur in den ersten drei Jahren liebevoll zugewandt, er spürte, daß die Mutter es später nur mit Feindseligkeit sah, wenn er sich mit Jutta beschäftigte (sie neidete dem Kind die Zuwendung des Vaters und schlug sie oft danach). So hat Jutta gelernt, mit ihren Gefühlen allein zu sein, sich abzuschotten und zu beherrschen.

Schließlich bricht in den Therapiestunden (laufende Gruppe) die Qual des Gestraft- und Gepeinigtseins massiv auf, und Gefühle des Schmerzes überwältigen sie. Dieser Schmerz war *auch* von der Mutter übernommener Schmerz: Sie hatte sich von früh auf mit dem erlittenen Leid *ihrer* Mutter identifiziert und war folglich überfrachtet mit doppeltem Leid. Desgleichen mobilisierte sich wie in einer Flut das Mitgefühl *für* die Mutter, und dieses mußte wie auch der Schmerz physisch (durch körperliches Halten und Gegenhalten) begrenzt werden (sonst hätte sie die Gefühle nicht verkraften können).

Rituelle Satzvollzüge (Ausschnitt), die in Zusammenhang mit dem Thema Begrenzung wichtig waren, sind diese:
„Mutter,
es war furchtbar für mich,
jetzt kann ich nicht mehr an mich halten,
sei lieb zu mir, wenn ich weine, es tut so gut . . ." (Gruppenmitglieder halten sie „zusammen" an Armen, Rücken und auf dem Brustbereich, damit sie den Schmerz erträgt)
Ebenso:
„Mutter,
ich trage *deine* Schmerzen aus,
ich habe es lange getan . .
Es tut mir so leid für dein Schicksal   (Gefühlsansturm in
                                                  Form von Mitgefühl und
                                                  Schmerz) . . .

Jetzt will ich das meine verschmerzen,
das deine lasse ich bei dir . . ."   (Geste des behutsamen
                                                  „Zurückgebens").

Jutta hat übrigens kaum je Wut auf ihre Mutter verspürt, was aus der starken Identifikation mit deren Leid herrührte. Der Leser möge nicht der Idee anhängen, daß Wut in solchen Fällen eine notwendige Bedingung zur Heilung sei, sie ist es zuweilen und oft nicht.

4. „Was kann denn *ich* dafür?":
Zur Frage von Verantwortung und Schuld

Zu Anfang des Buches (Eingangsbetrachtung) sprach ich bereits davon, wie sehr wir alle durch unsere Kultur, durch Gesellschaft und in ihr geltende Normen und Werte geprägt sind. Desgleichen haben wir eine spezifische Geschichte, auf deren Grundlage wir uns entwickeln und entfalten. Hinzu kommen unsere davon vielleicht auch unabhängigen Eigenarten, Talente, charakteristische Merkmale und unsere Art, das uns gegebene Leben zu nutzen und zu gestalten.

Auf diese Weise ist unsere Entwicklung das Ergebnis eines hochkomplexen und nicht leicht zu durchschauenden Prozesses, in dem Wachstumsfaktoren der Vergangenheit eng mit dem uns gegebenen und von uns entwickeltem Gegenwartspotential verwoben sind.

Wenn z. B. jemand in sogenanntem „gutem Hause" aufgewachsen ist, gleichzeitig aber stark verwöhnt und überbehütet wurde, so hängt die weitere persönliche Entwicklung von der ihm eigenen Wesensart, von Charakter, von Anlagen und seiner momentan vorhandenen Motivations- und Interessenlage ab. Hier greift Vergangenheit, Gegenwart und vielleicht sogar unsere Vorstellung von einer möglichen Zukunft in unseren Werdeprozeß ein, und das eine bedingt das jeweils andere in einer Art von nie endendem Zirkelschluß. Nun wäre es meiner Meinung nach ein folgenschwerer Irrtum, die Vergangenheit als *verantwortlich* für unsere heutige Lebensgestaltung zu betrachten. Natürlich hat sie mit ihrem Einfluß unsere Sichtweisen, Verhaltensweisen und unser „So-Sein" mitgeprägt.

Daß sie für Aspekte unseres Lebenskonzeptes mit verursachend sein mag, heißt aber *nicht*, daß ihre Bedingungen und dazu gehörige Menschen unserer Geschichte „schuld" an der von uns eingeschlagenen Entwicklung wären (nach dem Motto: „Was kann denn ich dafür, wäre es anders gewesen, so wäre ich anders ...").

Selbstverständlich haben unsere Eltern zuweilen Fehler gemacht, natürlicherweise gibt es Zeiten, wo wir die Folgen schlimm oder unzumutbar erlebten und erleben. Wir müssen auch keineswegs alles „richtig" gefunden haben, doch ist der

Weg von „es war nicht gut, es hat mir weh getan" bis hin zur bleibenden Anklage ein sehr weiter und unnötiger.

So sehr es wahr sein mag, daß die Grundlagen unserer frühen Geschichte qualitativ nicht ausreichend oder ungenügend gewesen sein mögen, so wahr ist auch, daß wir selbst in den meisten Fällen einen entscheidenden Einfluß auf unser „Sein und Werden" haben. Diesem Sein und Werden sind wir verpflichtet, und kein anklagender Blick auf die Bedingungen und Menschen unserer Vergangenheit hat je dauerhaft zur Lösung eines Problems oder zu konstruktiver Lebensgestaltung beigetragen.

Was uns hingegen wesentlich die Basis, auf der wir gewachsen sind, nutzen läßt, ist dies:

1. Begreifen, daß unsere Eltern eine eigene Geschichte haben, für die sie ebensowenig oder ebensoviel verantwortlich sind wie auch wir für die unsere. (Dabei ist zu bedenken, daß die Geschichte unserer Eltern in vielen Fällen von mehr Leid und Schicksal geprägt ist als die unsere: Dies gilt zumindest für die heute bis 50jährigen, die keinerlei Weltkriege erlebt haben.)

2. Verstehen lernen, daß selbst da, wo in unserer Vergangenheit Unrecht und/oder Leidvolles eine Rolle gespielt haben mag, wir kein Recht auf Anklage und Verurteilung haben. Wir können dankbar und freudig feststellen, wenn es „gut gewesen" ist, wo aber nicht, ist es ratsam, „unser Bestes zu geben, um das Beste daraus zu machen".

3. Begreifen, daß dauerhaftes Grollen, Übelnehmen, Nachtragen, rächerisches Hadern, Ablehnung oder Schuldzuweisung weder uns noch unseren Eltern gut tut und zuweilen auf beiden Seiten Schaden anrichten kann (z. B. habe ich oft Menschen erlebt, die ihren Eltern gegenüber hartnäckig unversöhnlich blieben und selber fast oder tatsächlich daran krank wurden).

4. Begreifen, wie sehr wir für unsere „Strickmuster" selbst zuständig und verantwortlich sind: nämlich das Material der Vergangenheit derart zu „bearbeiten", anzuschauen und zu

nutzen, daß ein gelingendes „Lebensstrickmuster" daraus werden kann.

5. Begreifen, daß dies Muster zu fast jeder Zeit unseres Lebens variierbar ist und wir Möglichkeiten und Fähigkeiten haben, darauf Einfluß zu nehmen.

6. Begreifen, daß wir trotz eines hohen Maßes an Einflußnahme Begrenzungen haben und uns unseren persönlichen Gegebenheiten, Bedingungen und Realitäten stellen und fügen müssen: sowohl auf früher (Kindheit) bezogen als auch auf unser Erwachsenwerden und -sein bezogen.

7. Anerkennen, daß Ähnlichkeiten mit unseren Eltern ihre Natürlichkeit haben und daß ein Motto wie „bloß nicht werden wie sie" kontraproduktiv ist. Sobald Sie Ihre Seele wissen lassen, wie sehr „aus der Tradition leben" eine Kräftigung bedeuten kann, hören Sie auf, diese zu bekämpfen. Ungute Aspekte dieser Tradition lassen sich „auswaschen" und auf Dauer ins Positive kultivieren.

8. Begreifen, daß der wohlwollende oder versöhnliche Blick auf Vergangenheit und wichtige Menschen darin uns *stärkt*, auch dann (oder gerade dann), wenn manches darin vielleicht schwer oder wenig verkraftbar und/oder gelungen war.

Insgesamt geht meine Überzeugung dahin, daß wir uns willens und fähig machen können, die genannten Punkte zu bedenken und zu beherzigen. Tun wir es, so festigen wir sehr wahrscheinlich das Fundament, auf dem wir stehen, und kräftigen uns für die Herausforderungen eines gegebenen Lebens und seiner Möglichkeiten. Insofern übernehmen wir auch Verantwortung: Die englische Version davon heißt „response-ability" und weist in besonderer Weise darauf hin, daß wir in unserer „Fähigkeit, Antwort zu geben", gefragt sind.

Verhaften wir uns der Vergangenheit in unguter Weise, so blockieren wir meines Erachtens die uns mögliche Entwicklung: Wir verweigern Antworten und vertun Chancen. Und hier wäre dann schließlich zu fragen, ob wir uns vielleicht selbst schuldig machen:

an einer Entwicklung, wie sie möglich gewesen wäre und uns gemäß, und die wir doch nicht wahrgenommen und in Anspruch genommen haben.

Wir wissen alle, daß niemand von uns vollkommen ist, doch ist es möglich, voll*ständig* zu werden:

Dann nämlich, wenn wir uns erlauben, den wichtigen Menschen unserer Vergangenheit einen Platz in unserem Herzen zu geben, statt sie daraus zu verdrängen. Wir sind fähig, ungute *Ge*bundenheiten an die Vergangenheit in *Ver*bundenheit aufzulösen und uns damit sowohl mit der Vergangenheit zu versöhnen, als auch in eine Gegenwart hinein zu wachsen, die erfüllt und frei von Hader mit unseren Eltern ist.

5.   Wie und warum wir manches wiederholen

Wer kennt nicht die Erfahrung, seine Geschichte in Aspekten zu wiederholen oder sich in ähnlichen Abläufen wiederzufinden?

Im optimalen Fall lernen wir von unseren Eltern, wie die Dinge des Lebens zu handhaben und zu bewältigen sind und wie wir unsere Gegebenheiten und Möglichkeiten nutzen können und damit zufrieden werden. Wenn es einigermaßen oder gar sehr gut gegangen ist in bezug auf unsere Kindheit, dann haben Mutter und Vater (oder Personen in elterlicher Funktion) uns auch gezeigt, wie man miteinander nah ist, Freunde gewinnt, erfolgreich ist und sich in soziale Zusammenhänge einbindet, die einem wertvoll und sinnvoll sind.

Insofern fällt es uns wenig auf oder nur in angenehmer bis dankbarer Weise, wenn wir Ähnlichkeiten feststellen: wir z. B. mit unseren Kindern ähnlich liebevoll, stützend oder geduldig umgehen, ähnlich geschickt im Umgang mit anderen Menschen sind oder uns auf ähnliche Weise beruflich erfolgreich zeigen. Hier lernen wir natürlich „vom Modell", wir übernehmen Bewährtes und profitieren von den Erfahrungen uns vorausgegangener Menschen.

Ebenso häufig aber – und meist, wenn wir eher in schwierigen Verhältnissen groß geworden sind – entdecken wir Eigenarten und Verhaltensweisen an uns, die wir gar nicht mögen oder akzeptabel finden: So zeigte eine Klientin im Umgang mit ihren Kindern ähnlich übergriffiges Verhalten, wie ihre Mutter dies mit ihr getan hatte:

Sie wollte Details der Freundschaften ihres Sohnes wissen, wollte in unangebrachter Weise ständig einbezogen werden und „spionierte" ihm teilweise nach. So hatte sie Anteil an dessen Leben, ohne selbst ihr Leben aktiv gestaltend in die Hand zu nehmen

Andere Beispiele zeigen, wie die Tochter es sich z. B. schwer macht, den „richtigen" Mann zu finden, und damit fast zeitgleich wie ihre Mutter „viel zu spät den Richtigen gefunden hat" (Aussage der Mutter über sich). Oder Bernhard: Er hatte darunter gelitten, daß seine Eltern sich trennten, als er noch klein war, und lebte dann eine Ehe, die ähnlich problematisch wie die seiner Eltern war: Auch er trennte sich, als sein Sohn vier Jahre alt war, und der Sohn litt ähnlich wie er damals. Ebenso kann es sein, daß jemand seine Kinder ähnlich ungeduldig zum Lernen antreibt, wie die Eltern das mit ihm taten: in beiden Fällen aus der Angst heraus „aus dem Kind könne womöglich nichts werden".

Bei alledem stellt sich die Frage, wieso solcherlei Wiederholungen geschehen und wie sie sich vermeiden lassen oder ungute Aspekte des Kreislaufes unterbrochen werden können. Abgesehen davon, daß wir in manchen Verhaltensweisen einfach keine alternativen und funktionstüchtigeren Vorbilder hatten und deshalb mehr oder weniger „blindlings" nachmachen, was uns vorgemacht wurde, sind dies die häufigsten Gründe, die ich gefunden habe:

Solange unsere eigenen Kindheitserfahrungen nicht bewältigt und in uns bereinigt sind, neigen wir dazu, Menschen unserer nahen Umgebung (nicht nur unsere Kinder, zuweilen auch Partner und andere) *das* anzutun, was uns selbst angetan wurde: Wir sind vielleicht abwertend und ungnädig zu ihnen, wenn wir glauben, sie genügen nicht, oder wir weisen ihre Liebe zurück, wie auch die unsere zurückgewiesen wurde. Die Psychoanalyse spricht hier von „Wiederholungszwang" und meint damit jene schwer durchschaubare seelische Dynamik, die uns, ohne daß wir es wollen, vergangene Erfahrungen wiederholen läßt. So geht z. B. Erich in seiner Ehe fremd und ahmt auf diese Weise das Verhalten des Vaters nach und bringt damit Leid über seine Familie, wie auch der Vater Leid über die seine brachte.

Besonders wichtig ist mir festzustellen, daß solche „Zwänge" nichts damit zu tun haben, daß wir uns – oder andere – unglücklich machen wollen. Sie haben mit einem tiefen „Erlösungshunger" zu tun: Unbewußt machen wir auf das Nicht-Erledigte aufmerksam und drängen damit auf Lösung hin. Bei Erich (Beispiel zuvor: fremdgehender Sohn) war es z. B. so, daß er heimlich wünschte, seine Frau möge es herausfinden und ihm „Einhalt gebieten". Das genau hatte seine Mutter mit dem Vater nie getan, wenn er „die Neue mit nach Hause brachte".

Nicht selten auch geschieht es, daß wir in anderen Menschen *die* Gefühle auslösen, die wir selbst früher hatten und die oft ungesehen oder unversorgt blieben. Dann wenden wir uns zu und sind für die anderen die „besseren Eltern".

Ein Beispiel: Eine Klientin erzählt, wie sie lange zum einen unter den ständigen lauten Streitsituationen ihrer Eltern litt und zum anderen in sadistischer Weise von ihrem Vater gepeinigt wurde („schrei ruhig, dich hört niemand", „du bist so sehr ein nichts, daß man nicht hinschauen braucht" . . .). Hatte sich der Vater ausgetobt, verfiel er zerknirscht in Reue und bat Frau und zuweilen die Tochter (als sie älter wurde) in pathetischer Weise um Verzeihung.

Die Klientin nun stellte im Verlauf der Therapie mit Schrecken fest, daß auch sie (wenn auch in weniger krasser Form) *ihren* Mann mit kleinen Gemeinheiten aller Art quälte, um sich ihm *danach* liebevoll zuzuwenden und ihn zu trösten. Sie erkannte ihre Art des Trostes als genau den, den sie gern von ihrem Vater gehabt hätte, wenn sie nach seinen Ausbrüchen „am Boden zerstört" auf Hilfe wartete. Sie selbst bekam sie nicht, ebensowenig wie die Mutter. Sah der Vater das Leid von Frau und Kind, so verfiel er sehr bald wieder in Härte und Zurückweisung. Hier wiederholte der Vater Aspekte *seiner* Geschichte und die Tochter der ihren. Überdies hatte sie Gelegenheit, ihrem Mann ein liebevoll zugewandter Mensch zu sein (*nach* ihren Gemeinheiten) und ihn „aufzurichten": also zu geben, was ihr vom Vater gefehlt hatte.

Erst das Begreifen dieses „Wiederholungszwangs" machte ihr das wiederkehrende Muster durchsichtig genug, um damit aufhören zu können: Jetzt stieß sie auf ihr *eigenes* Leid, ohne es in anderen auslösen zu müssen, und jetzt konnte sie es auch in sich bewältigen und versorgen (z. B. sich trösten lassen, wo sie Bedarf hatte).

Es kann auch geschehen – und geschieht oft –, daß wir mit unseren Schwierigkeiten Treuedynamiken zu unseren Eltern ausleben und aufrechterhalten. Diese werden meist sehr im Verborgenen gelebt und sind nicht immer leicht zu entdecken.

Ein junger, sehr begabter Mann z. B. stand kurz vor dem Abschluß seiner Prüfungen als Jurist. Sein Vater wäre gern Jurist geworden (hatte das Studium aber nicht durchgehalten). Den Sohn hingegen hatte er nie zu diesem Studium gedrängt. Mit zunehmender Erfolgsaussicht (Beendigung des Studiums, auch eine Stelle war ihm angeboten worden) geriet der Sohn in Konflikt: Jahrelang hatte er gespürt, wie sehr der Vater darunter gelitten hatte, seinen Wunschtraum nicht erfüllt zu haben, und dieses Leid aktivierte sich jetzt im Vater angesichts des „drohenden" Erfolges des Sohnes: So sehr der Vater sich am Sohn freute, so sehr war er auch an seine „verlorene Möglichkeit" erinnert, und den Erfolg des Sohnes fühlte er als erneuten Verlust seines „nicht gelebten Lebenstraums". Unbewußt also fing der Sohn an, sich zu boykottieren, lernte nicht genug, vernachlässigte Termine mit seinen Betreuern und verpaßte Prüfungstermine: Der Sohn blieb seinem Vater „treu" und wollte ihm (unbewußt) das Leid seines Erfolgs „ersparen". Hätte er schließlich nicht bestanden, wären sie sich im Gefühl des Versagens nah gewesen, und der Sohn hätte seinem Vater „nicht weh tun müssen".

Ich fasse zusammen. Drei wesentliche Gründe lassen Menschen die Erfahrungen ihrer Vergangenheit wiederholen:

1. Der Hunger nach Lösung und Bewältigen alter unbewältigter Erfahrungen und Gefühle der Vergangenheit: Wir wiederholen, um auf das nicht abgeschlossene aufmerksam zu machen und im Bedürfnis nach „*Er*lösung".

2. Wir wiederholen, um im Gegenüber *das* zu versorgen, was in uns selbst nicht versorgt wurde: Wir verhalten uns – wie unsere Eltern mit uns – in nicht zuträglicher Weise und zeigen uns dann als die Eltern, die wir nicht hatten, aber gern an unserer Seite erlebt hätten. Somit kommt es zu einem

durchaus lohnenden Ausgleich: Wir geben, was wir selbst gebraucht hätten (manchmal dann wiederum im Übermaß).

3. Und schließlich wiederholen wir aus Loyalitätsgründen: Vermeintlich oder tatsächlich begründet meinen wir, unsere Eltern vor unseren Schritten in Erfolg, Liebe und Glück schützen zu müssen, um nicht Leid, Eifersucht oder Unglück in ihnen anzuregen. Das kann sowohl Erfolg im Beruf als auch Erfolg in Beziehungen und „Glück in der Liebe" meinen.

Im Kapitel V werde ich einen weiteren seelischen Mechanismus genauer beschreiben, den der „Identifikation".

In dem hier genannten Zusammenhang ist damit eine Form des Ähnlich- oder Gleichwerdens gemeint in Wiederholung von Schicksalen wichtiger Menschen unserer Vergangenheit. Auch dies eine Art, die persönliche Geschichte zu wiederholen.

Was können wir tun, um Wiederholungstendenzen dieser und ähnlicher Art unnötig zu machen?

Zunächst einmal können wir uns fragen, *ob* wir mit Aspekten unserer Lebensgestaltung Teile oder Begebenheiten unserer Geschichte wiederholen. Dazu gehört Achtsamkeit und Ehrlichkeit uns selbst gegenüber, denn ohne diese wache Aufmerksamkeit für uns selbst werden wir Wiederholungsneigungen nicht entdecken.

Die nächste Frage lautet dann: *Wenn* ich den Eindruck habe, etwas zu wiederholen oder nachzuahmen, was ist es? Wiederhole ich etwas im Verhalten? (z. B. in Dreiecksbeziehungen leben, Erziehungsstil den Kindern gegenüber oder die Art zu kommunizieren). Wiederhole ich Gefühle, die ich von anderen kenne? (z. B. unwirsch wie der Vater, überbehütend wie die Mutter oder streng zurückweisend wie einer der Eltern).

Weiterhin: *Wenn* ich in Verhalten, Einstellung und/oder Gefühlen schon Bekanntes wiederhole, führt das zu Schwierigkeiten für mich und/oder andere?

Wenn ja, dann ist zu fragen: Wen kopiere ich, oder was wiederhole ich? Kann ich zu den Wiederholungsmustern stehen und damit leben? Oder möchte ich Verhalten, Einstellung und entsprechendes Erleben ändern?

Wenn Sie etwas ändern wollen, dann beantworten Sie sich diese Fragen:

– Auf was wollen Sie mit Ihrem Verhalten aufmerksam machen? Was drängt in Ihnen zur Lösung? Wie könnte diese aussehen?

– Neigen Sie dazu, zu geben, was Sie selbst zu wenig hatten? Wenn ja, ist dies Verhalten Ihnen und Ihren Mitmenschen (vor allem Ihren Kindern) zuträglich und wohltuend? Wenn *nicht*, sollten Sie sich klarmachen, daß Sie im Gegenüber *sich selbst* versorgen und dann wahrscheinlich wenig wahrnehmen, was der/die andere (Kind z. B.) *tatsächlich* braucht. Kehren Sie dann zu sich zurück, und spüren Sie nach, welcher „Hunger" in *Ihnen* ungestillt ist. Mag sein, dies festzustellen erzeugt Traurigkeit oder Unbehagen, aber es lohnt sich, hier wachsam zu sein.

– Gibt es Zeiten, wo Sie in anderen Gefühle auslösen, die Ihnen dann Gelegenheit geben, *die* guten Eltern zu sein, die Sie selbst nicht hatten? Wenn ja, ist dies für alle Beteiligten zuträglich? Wenn *nicht:* Ist es gut zu wissen, daß Sie auch hier Sehnsucht nach „den guten Eltern" haben, die es für Sie nicht gab, und Sie sich nun in Situationen hineinmanövrieren, die Ihnen Gelegenheit geben, diese Eltern zu „inszenieren".

Auch hier gilt: zu sich zurückkehren und nachspüren, wie sehr gern man jene „guten Eltern" gehabt hätte und worin der Gewinn liegt, zu geben und zu sein, wovon man selbst zu wenig bekam. Realisieren Sie dann *Ihren* Bedarf, und stehen Sie dazu: Auch wenn es wehmütig oder zunächst befremdlich sein sollte. Danach kann man damit rechnen, daß Sie das „Ersatzgebeverhalten" nicht mehr nötig haben.

An dieser Stelle ist nur wichtig zu sagen, daß ein „ersatzweises" Geben in jeder Hinsicht *dann* in Ordnung ist, wenn die Beteiligten daran Gewinn erleben und gestärkt oder zufrieden daraus hervorgehen.

– Gibt es Aspekte in Ihrer privaten und/oder beruflichen Lebensgestaltung, wo Sie dazu neigen, sich zu boykottieren, weniger Erfolg zu haben, als Sie könnten, oder mehr Scheitern oder Unglück „einfädeln", als das Leben uns zuweilen eben zuteilt? (Womit ich klarstellen will, daß nicht jeder Mißerfolg in einer persönlichen Problematik liegen muß: siehe z. B. die heutige Arbeitsmarktlage.)

Wenn die Antwort auf diese Frage „ja" lautet, dann fragen Sie sich, ob es für Sie im Angesicht der Lebensbedingungen und Lebensschicksale Ihrer Eltern in Ordnung ist, „es zu schaffen" (was immer Sie schaffen möchten, privat oder auch beruflich).

Lassen Sie sich im inneren Bild an Ihre Eltern gerichtet sagen (es macht keinen Unterschied, ob diese noch leben oder nicht):

„Auch wenn ihr nicht konntet, ...

durftet, ...

wolltet ...

ich lasse mich ...   (z. B. Erfolg haben, der
                                                   Liebe zustimmen:
                                                   nehmend und gebend
                                                   usw.),

und ich will
euer gedenken
mit Freundlichkeit und
Achtung ...
Ich nehme das Glück,
das mir möglich
und gegeben ist ..."

Lassen Sie sich die Sätze langsam und konzentriert sprechen, und achten Sie darauf, *ob* und wenn „ja", welches Echo es in Ihnen gibt. Überlassen Sie sich dem Erleben, wiederholen Sie die Sätze, und lassen Sie Ihre Gefühle ruhig ausschwingen.

II. Zum Thema Rituale und ritueller Satzvollzug

Im folgenden möchte ich eine Einführung zu diesem Gedankengut machen. Mir Bedeutsames zum Thema Rituale will ich Ihnen nahebringen, Ihnen helfen, das Verständnis für rituelle Vollzüge zu vertiefen und den persönlichen Gebrauch (im Verlauf des Buches) zu erleichtern. Den heilenden Effekt über das geschriebene Wort spürbar zu machen ist nicht unbedingt leicht, doch wo Sie späterhin vielleicht den Mut haben, angebotene Sätze selbst auszusprechen, wird Ihnen die Wirkung begreifbar werden.

1. Was ist ein Ritual? (Definition)

Ganz allgemein betrachtet ist ein Ritual ein menschliches Widmungsverhalten, das in verschiedenen Zusammenhängen und für verschiedene Zwecke Übergänge symbolisiert und Veränderungen markiert.

Ein solcher Brauch besteht aus einer regulären Abfolge von Schritten, am rechten Ort und zur rechten Zeit getan. Ein Ritual geschieht in Worten, Gesten und/oder Handlungen und verbindet den Ausübenden mit bestimmten Werten, Idealen, Absichten und Seinsebenen.

1.1 Bestimmte Begrüßungsrituale der Japaner, z. B. Teezeremonien markieren den Übergang vom Nichtkennen des Gegenübers zum Kennenlernen und sind oft mit einer Geste der Würdigung (Verbeugung) verbunden. Sie erleichtern z. B. den Übergang zu einer sachbezogenen Diskussion in gesellschaftlichen Zusammenhängen und bereiten durch die Ritualisierung des Wertes „Höflichkeit" das Klima für eine fruchtbare Zusammenarbeit.

1.2 Danksagungsritual

In einer Therapiegruppe wird eine Familienkonstellation aufgestellt. Der Klient stellt sein Gegenwartssystem mit seiner Frau und den beiden gemeinsamen Kindern (einige Gruppenmitglieder stehen für die Beteiligten). Hinzu kommen 4 Kinder aus der 1. Ehe des Mannes (zum Zeitpunkt des Stellens 6–14 Jahre alt). Nach dem Tod der 1. Frau (Krankheit) übernahm die 2. Frau die Kinder und versorgte sie zuverlässig und engagiert. Es stellt sich heraus, daß der Mann ihren Einsatz zu wenig zu würdigen wußte, und diese seit Jahren ausgebliebene Würdigung wird im Ritual nachgeholt und vollzogen. Der Mann steht seiner jetzigen Frau gegenüber und sagt zu ihr: „Du hast für meine Kinder gesorgt und mich unterstützt. Ich danke dir und will deinen Einsatz achten und beachten, dies jetzt und in Zukunft."

Hier wird, wie auch oft bei Ritualen anderer Art, eine Absicht im Kontakt lebendig gemacht und durch langsames und konzentriertes Aussprechen bekräftigt.

Mann und Frau (für letztere steht ein Gruppenmitglied) sind beide bewegt, und der Mann findet Tage später einen Weg, seiner 2. Frau auch real zu danken.

2. Formen des Rituals (wichtige Unterschiede)

Es gibt ein weitgefächertes Spektrum möglicher Rituale. Sie unterscheiden sich sehr in Absicht und Auswirkung.

2.1 Das „entleerte" und das „gefüllte" Ritual

Manche Rituale haben über die Zeit ihren Gehalt eingebüßt und sind „leer" geworden: Ihre Bedeutung ist verlorengegangen, und die Seele bleibt bei ihrem Vollzug unberührt. So kann in der „modernen" Welt ein religiöser Brauch wie Abendmahl – Kommunion – eine entfremdete und gewohnheitsmäßige Handlung geworden sein („entleertes" Ritual) oder auch von tiefgreifender seelischer Wirksamkeit sein: Dann verbindet sie den jungen Menschen seiner religiösen Neigung und nimmt ihn in die Gemeinschaft der Gläubigen auf („gefülltes" Ritual).

2.2 Das nicht-magische und magische Ritual

Beim nicht-magischen Ritual geht es häufig um den Austausch von Förmlichkeiten, Gewohnheiten und Zweckmäßigkeiten: z. B. das zuvor erwähnte Teetrinkritual der Japaner, der tägliche Abschiedskuß der Partner beim morgendlichen Auseinandergehen oder auch Alltagsrituale wie Gutenachtgeschichten für Kinder. Solcherlei Rituale helfen oft den Tag zu strukturieren, vermögen durch ihre regelmäßige Wiederholung Ruhe in den Ablauf der Tage zu bringen, und sie können recht bedeutsam für die Seele sein, soweit sie „gefüllt" und nicht „entleert" sind.

Das magische Ritual geht über die Einflußsphäre des gewöhnlichen Bewußtseins hinaus und verbindet den Menschen anderen Seinsebenen: Es berührt die Welt des Übersinnlichen (das, was über die Sinne hinaus geht).

So wissen wir z. B. von indianischen oder auch afrikanischen Stämmen, daß sie die Geisterwelt anrufen oder sich die Kräfte der Natur (Wind, Regen, Feuer) zugänglich machen.

2.3 Das „unreine" und „reine" Ritual

Wo auch immer auf Erden Rituale vollzogen werden, immer spielt die einhergehende Gesinnung und das damit verbundene Ziel eine Rolle.

Bei der sogenannten „schwarzen" Magie (als „unreines" Ritual) handelt es sich um das potentielle Wirken zerstörender Kräfte. Dazu gehören Satansmessen ebenso wie der Einsatz übernatürlicher Kräfte zum Schaden von Menschen (z. B. die „Hexerei", wenn sie versucht, Krankheit oder Tod über jemanden zu bringen). Jede schwarze Magie ist licht- und schöpfungsfeindlich.

Anders dagegen verbindet sich die „weiße" Magie (als „reines" Ritual) dem Ziel des Aufbaus und des Erhalts der Schöpfung. Die weiße Magie sucht die Verbindung zu lichten Welten und wird *niemals* zu egoistischen Zwecken eingesetzt. Ob die Begegnung mit Engeln ein magischer Akt, welcher Art auch immer, ist, will ich in diesem Zusammenhang dahingestellt sein lassen.

Es dürfte leicht nachvollziehbar sein, daß die jeweilige Geisteshaltung, aus der heraus wir ein Ritual initiieren, darüber bestimmt, ob das Ziel unreiner oder reiner Absicht ist. Nicht umsonst wird in vielen Kulturen von der Verbindung einerseits mit der Welt der Dämonen gesprochen, andererseits steht die Verbindung mit der Welt der Geister oder des Geistes in seiner höchsten Form (Gott) im Vordergrund.

3. Wozu dient ein Ritual (Funktion)?

Rituale kennzeichnen Übergänge bzw. „Schwellenüberschreitungen". Hier wandelt sich etwas oder jemand von einem Zustand in einen anderen (z. B. Jahreszeitenübergänge oder Übergang von Kindheit zu Pubertät). Im persönlichen Bereich (individuell und zuweilen kollektiv) bedeutet die Schwellenüberschreitung häufig auch die Überwindung einer Klippe auf dem Weg zu einem neuen Entwicklungsschritt und/oder Status: Bei bestimmten indianischen Kulturen hat sich der werdende Mann durch das Bestehen von Mutproben zu beweisen und muß spezifische Aufgaben bewältigt haben.

In der westlichen Kultur wählen immer mehr Menschen traditionelle Hochzeitsrituale und kennzeichnen damit den Eintritt in eine neue Lebensphase und neue Lebensaufgabe.

Rituale dienen ebenso in sehr heilsamer Weise der Krisenbewältigung: z. B. beim Abschied von einem gestorbenen Kind oder beim Tod eines Elternteils kanalisiert das Ritual den sich anbahnenden Schmerz und läßt die Schwelle von Leben zu Tod und Tod zu Leben leichter nehmen.

Insgesamt erfüllt das Ritual auf drei verschiedenen Ebenen eine Funktion:

3.1 Individuell: Hier dient es der Überschreitung einer Schwelle auf den nächst anliegenden Wachstumsschritt hin. Teil davon kann die Bewältigung einer persönlichen Krise meinen: Versöhnungsrituale nach Streitsituationen oder Wiedergutmachungsrituale, wo getanes Unrecht symbolisch oder/und auch tatsächlich ausgeglichen werden soll.

3.2 Gesellschaftlich: Hier erfüllt das Ritual die Funktion des Einbindens oder Wiedereinbindens in den sozialen oder gesellschaftlichen Rahmen. So gibt es z. B. afrikanische Kulturen, in denen Handlungen außerhalb der geltenden Gesetzesnormen dadurch geahndet werden, daß erst nach erfolgter Sühne eine Wiedereingliederung möglich wird und dann auch offiziell rituell vollzogen wird.

3.3   Kosmisch: Bereits Konfuzius war der Meinung, daß ritualisierte Verhaltensweisen aller Art zur kosmischen Harmonie beitragen können. Dies will richtig verstanden werden und darf nicht überinterpretiert werden:

Je nach eigenem Seinszustand und je nach angesprochener Seinsebene (z. B. Heilungsritual, Versöhnungsritual oder Gebet) verbinden wir uns den Kräften, nach denen wir uns ausrichten: Beim innigen Gebet oder bei rituellen Achtungs- und Würdigungsgesten gegenüber Mensch und Natur rufen wir eine hohe Schwingung auf, die sich kosmisch auch umsetzt und auf die Erde zurückstrahlt.

Beispiel:

Bestimmte tibetanische Mönche etwa meditieren seit langer Zeit einzig und allein auf den Weltfrieden hin und zum Ausgleich destruktiver Energie. Sie verbinden sich Kräften, die das Zerstörerische neutralisieren.

4.   Vom Wesen des Rituals

Die meisten Rituale weisen eine bestimmte Abfolgeordnung auf: beginnend mit der „Ablösung", gefolgt von der „Umwandlung" und abschließend mit der „Angliederung".

Die „Ablösung" kennzeichnet den beginnenden Übergang von diesem zu einem neuen Zustand (z. B. Heilritual: von „krank" zu „gesund"). In der „Umwandlung" wird der erstrebte Veränderungsschritt realisiert und bestätigt (z. B. ein neues Bewußtsein), und in der „Angliederung" ordnet sich der Mensch in die gewünschte Gemeinschaft, Situation oder Zustand ein (z. B. Konfirmation = Angliederung an eine religiöse Gemeinschaft und ein neuer „gottesgegenwärtiger" Bewußtseinszustand).

Wichtig ist, festzustellen, daß fast alle in guter Absicht vollführten Rituale aufgrund ihrer besonderen Kraftwirkung gewaltdeeskalierend sind, sowohl individuell als auch gesellschaftlich betrachtet.

Wären in unserer Kultur mehr Rituale gebräuchlich, um z.B. Jugendliche ins Erwachsensein zu begleiten, so würde hier viel Energie kanalisiert und müßte nicht ins Zerstörerische umschlagen. Im übrigen binden rituelle Vollzüge Kraft und Potential in einem sinngebenden Rahmen ein. Zugleich sind sie positiv charakterbildend, individuellem Wachstum förderlich, sozial stärkend und integrativ (d.h., sie fördern Zugehörigkeit zu einer Gruppe *und* das *Gefühl* des Dazugehörens und Eingebundenseins).

5.   Das therapeutisch wirksame Ritual

Das Folgende soll Ihnen eine Vorstellung von der Wirksamkeit des gesprochenen Wortes als rituellen Vollzug geben.

In vielen Beispielen erläutere ich, wie schwierige oder problematische Situationen auf Lösung hin angelegt werden können und wie im Herzen des einzelnen Ausgewogenheit und Frieden angebahnt werden.

Im weiteren Verlauf des Buches haben Sie dann Gelegenheit, solcherlei Sachvollzüge selbst zu erproben.

5.1   Was ist ein therapeutisches Ritual? Beschreibung
Das in diesen Zusammenhängen gemeinte gesprochene Wort als ritueller Vollzug ist eine einfache Zeremonie in Geste und Sprache, die vorwiegend unbewußte Aspekte der Seele anspricht und sie letztlich ermutigt, eine Entwicklungsschwelle zu nehmen und sie auf ein Neues hin zu überschreiten. Das ritualisiert gesprochene Wort gibt darüber hinaus die Möglichkeit, wichtige psychische Inhalte verkürzt und verdichtet in eine passende Form „zu gießen" und die Seele daran ihre augenblickliche Wahrheit finden zu lassen. Dies hat einen bewußtheitsfördernden, klärenden und reinigenden Effekt und erlaubt die Sammlung auf das Wesen(tliche) hin.

Beispiel:

Im Seminar stellt mit Hilfe der Teilnehmer ein 26 Jahre junger Mann die Beziehung zu Vater und Mutter. Die Mutter hatte laut ihren eigenen Aussagen „nur wegen dem Kind" geheiratet, zerstritt sich bald nach der Geburt des Sohnes mit dem Ehemann und trennte sich, als das Kind 4 Jahre alt war. Der Vater fühlte sich von Anfang an massiv zurückgewiesen und brach bald den Kontakt zum Sohn ab. Die Mutter „versagte" sich die Beziehung zu einem weiteren Partner über viele Jahre, band statt dessen den Sohn eng an sich und „verpflichtete" ihn quasi als Ersatz für den Ehemann oder Partner (der Sohn lebte bis vor 2 Jahren noch im Haus der Mutter).

Im Moment des Familie-Stellens war klar, daß der Sohn starke Schuldgefühle hatte („ich kann meine Mutter doch nicht allein lassen, wegen mir hat sie geheiratet") und sich im *Augenblick* psychisch nicht von ihr abzulösen vermochte.

Der hier und zu diesem Zeitpunkt passende Satzvollzug des Sohnes an die Mutter lautet:

„Mutter,
ich bin dir sehr nah,
und ich wage es nicht

(mich deinem Wunsch nach Nähe zu entziehen).

Ich weiß, ich soll bleiben,
und ich füge mich."

(Starke Emotion zwischen Irritation und Protest, dann heftiges Kopfnicken, dann fügt er hinzu „*noch* füge ich mich" und weint leise.)

Hier geht es um „die Wahrheit des Augenblicks", der Sohn „nimmt wahr", daß er unter Einfluß seiner Schuldgefühle lange blieb und *noch* willens ist zu bleiben. Bereits in diesem Vollzug bahnt sich ein neuer Schritt an: der auf Ablösung hin. Doch gilt es, stets das dem Wesen *momentan* Naheliegendste („noch füge ich mich") zum Ausdruck zu verhelfen.

Beispiel:

In einem Therapieseminar erfahre ich, daß ein heute 27jähriger erfolgreicher Geschäftsmann (Jörg) bis zu seinem 24. Lebensjahr seinen Pflegevater für seinen leiblichen Vater hielt. Die Mutter hatte Gründe gehabt, den unehelich geborenen Sohn als Kind des zweiten Mannes auszugeben, und klärte ihren zweiten Mann erst spät auf, ihm Schweigen gegenüber ihrem Sohn abverlangend. Dieser geriet massiv in Konflikte und klärte schließlich den Pflegesohn heimlich auf. Erst ein halbes Jahr später kam es zum Eklat zwischen Sohn und Mutter und dem 2. Mann und ihr (Jörg war zu diesem Zeitpunkt 26 Jahre und wollte „nicht mehr den Rand halten"). Jetzt konfrontierte der Sohn die Mutter wegen ihrer allseitigen Verleugnung des leiblichen Vaters, schaffte es aber zu diesem Zeitpunkt nicht, sich auf die Suche nach dem Vater zu machen (Loyalität der Mutter gegenüber).

In der Gruppe geht es jetzt um die Begegnung mit dem Vater (symbolisch durch ein männliches Gruppenmitglied gestellt).

Der rituelle Satz, zu dem der Sohn mit meiner Hilfe findet, ist dieser:
„Lieber Vater,
bis jetzt warst du fern –
und ich wußte dich nicht.
Jetzt laß mich dir nah sein
und nimm mich als deinen Sohn.
Gib mir von deiner Kraft"   (Rührung auf beiden Seiten,
                                             Sohn weint erschüttert).

Zwei Wochen später hatte er die Adresse seines Vaters ausgemacht und ihn besucht. Die Begegnung war für Sohn und Vater bewegend und veränderte beider Leben in vielfältiger Weise.

Während das Beispiel zeigt, wie erst symbolisch (in der Gruppe) und dann tatsächlich (im realen Leben) Begegnung zwischen Vater und Sohn möglich wird, geschieht zugleich noch etwas anderes: Im therapeutisch wirksamen Ritual wird ein gegebener „Seinszustand" in einen anderen überführt: Es wird einem psychischen Geschehen gleichsam transformatorisch auf ein anderes und entwicklungsförderliches Niveau verholfen.

In obigem Beispiel: Bevor der Sohn in der Lage und willens war, zu dem genannten rituellen Satz zu finden, wallte noch einmal Empörung und Protest gegen die Mutter auf (sie hatte gemeint, den Sohn vor dem leiblichen Vater „schützen" zu müssen). Dann folgte heftiger Schmerz über den nie erlebten Vater und über die jahrelange Täuschung. Nachdem sich solcherlei Gefühle Bahn gebrochen hatten, konnte ein Neues beginnen und der Schritt auf den Vater hin angebahnt werden. Dieser Schritt kräftigte den Sohn und stabilisierte sein psychisches Gleichgewicht. Er fand zu seinem Frieden mit den Eltern.

5.2   Absicht und Wirkung des Sprachrituals

Wie alle Rituale zeichnet sich auch das therapeutische Ritual nicht allein durch seine Methode aus, sondern vor allem durch seine Ausrichtung und Absicht.

Auch hier vollziehen sich innerseelische Ideale und Werte, und der Kraftzufluß für die ausübende Person kommt aus diesen Werten und Idealen und bestätigt sie.

Der Wertgehalt für den Sohn bestand in der jetzt gefundenen Verbindung zum leiblichen Vater und in der Erkenntnis, daß dieser in sein Leben gehört und nicht ausgeklammert sein darf.

Nachdem ich lange und wiederholt über die Frage nachgedacht habe, was die starke seelische Wirkung der rituellen Vollzüge ausmacht, bin ich zu folgendem Schluß gekommen:

Das in guter Absicht gesprochene Wort spricht eine Sprache, die auf einer bestimmten seelischen Ebene kollektiv gültige Prinzipien anspricht:

nämlich die Sehnsucht des Menschen nach seelischer Ruhe, Ausgewogenheit, Frieden, Versöhntheit und Liebe. Und all das gelingt nur, wenn eine, mindestens innere, Verbindung zu den Eltern vorhanden ist und gelebt wird: als achtungsvolle *Ver*bundenheit.

Darüber hinaus verbindet sich das Ritual offenbar einer bestimmten feinstofflichen Ebene hoher geistiger Qualität und ermöglicht so dem Ausführenden die Verbindung mit den Kräften dieser Ebene: Wo ich ernsthaft um Vergebung bitte, wird sie vielleicht gewährt, wo die Seele darum bittet, angenommen zu sein (wie der Sohn beim Vater), geschieht auf seltsame Weise ein Angenommensein, das mehr ist, als nur das Angenommensein durch den Vater.

Hier wirken Kräfte, die wir als heilsam spüren und die von der Seele unmittelbar genommen und „verstanden" werden. Doch ist dies mit der Verstandeskraft allein nur sehr begrenzt zu fassen.

Beispiel:

Eine Frau (Annette 44 Jahre, 2 kleine Kinder 8 und 10 Jahre) in der Kindheit über Jahre mißhandelt und vernachlässigt. Im Bereich menschlicher Kontakte hatten sich daraus verschiedenste Schwierigkeiten ergeben (Isolation, Depression, Kritikunfähigkeit, hohe Verletzlichkeit).

Am Anfang ihres Therapieweges verschloß sie sich zunächst sehr, um dann immer wieder von Schmerz, Wut und Angst fast überwältigt zu werden. Haß und Rachegelüste tauchten auf, und ich half ihr verschiedenste Male beides zu spüren und frei zu geben.

An dieser Stelle des Prozesses habe ich u. a. häufig ritualisierte Sätze angeboten. Sie betreffen noch nicht die eigentliche Lösung, sind aber reinigende Schritte auf dem Weg zur Lösung.

Ausschnitte davon:

An die Mutter (Alkoholikerin, meist unberechenbar und lieblos im Verhalten, schlug, wann immer sie Überforderung erlebte):

„Mutter,
es war sehr schwer für mich,
ich bin dir böse,
und ich möchte mich rächen.
Du sollst leiden, wie ich litt . . .,
und ich werde keine Ruhe geben." (Die Tochter entzog sich jedem Kontaktangebot der jetzt leidvoll alternden und um sie bittenden Mutter und „strafte" sie mit Ignoranz und Zurückweisung.)

Einige Zeit später sagte sie:
„Ich will noch eine kleine Weile zürnen,
dann soll es gut werden dürfen
zwischen uns . . ." (Dieser Satz war von heftigster seelischer Erschütterung und Tränen begleitet.)

Die Formulierung einer „Zwischenlösung" hat einen bemerkenswerten Effekt: Das Zugeständnis starker Gefühle wie Wut und Rache läßt diese Regungen aufsteigen und macht ein „Abfließen" derselben möglich. Man kann diesen Prozeß fast als Reinigung bezeichnen: Auch hier werden Kräfte mobilisiert, die in der Seele wie eine „Befriedung" wirken: Bei entsprechender Offenheit der betroffenen Person fließen dieser Kräfte zu und stärken die Persönlichkeit in Ziel und Anliegen.

Bei Annette hieß dies Ziel zunächst: „Mit Haß und Wut fertig werden und Menschen nicht mehr aus dem Weg gehen oder sie feindselig zurückweisen." Wochen später lag ihr daran, „sich nicht selbst zu vergiften" (mit dem ausdauernden Haß), „frei zu werden und Frieden zu haben in sich und mit anderen."

Annette realisiert auch nach einer Zeit des Leids und des inneren Ringens diesen Satz:

„Liebe Mutter,
ich nehme dich jetzt als meine Mutter,
und du darfst mich haben als deine Tochter.
Ich will von meiner Anklage ablassen
und Frieden mit dir haben.
Ich bitte dich:
„Sei du mir gut . . ."

Ein solcher Wunsch („sei du mir gut") aus reiner Absicht heraus ausgesprochen, richtet sich an eine bestimmte feinstoffliche Ebene oder Wirklichkeit und wird auf dieser Ebene als Bitte verstanden. Soweit solche und ähnliche Sprachrituale ehrlich gemeint und seelisch vollzogen werden, verbinden sie sich zugleich mit Kraftfeldern geistiger Bereiche (vielleicht könnte man hier „geistig" mit „spirituell" gleichsetzen). Diese wirken auf den Menschen zurück und haben einen bewußtseinsfördernden, belebenden und heilsamen Effekt. Heilsam ist dabei die Schwingung, „aus der man kommt, zu der man geht und die auf einen zurückwirkt".

Annette sagte gegen Ende ihres therapeutischen Prozesses:
„Ich kann und möchte jetzt nicht mehr hassen, sie (Mutter) tut mir leid und hat viel mitgemacht; ich bin jetzt woanders (Menschen generell verbunden), und oft ist es still in mir und friedlich . . . Meine Kinder sollen jetzt gern bei ihr (Mutter) sein."

Es sei nochmals zusammengefaßt:
Im Ritual beleben wir eine Wirklichkeit, die unserem Alltagsbewußtsein übergeordnet ist. Deshalb bewirkt der Sprachvollzug mental und emotional eine Anbindung an Welten, die unsere Absicht und Neigung aufnehmen und mit ihrer Kraftwirkung bestätigen, bestärken und festigen.

Der rituelle Vollzug wirkt über unser Alltagsbewußtsein hinaus und im Umkehrschluß in es hinein.

Er reinigt und stabilisiert seelisch wertvolle Aspekte und Dynamiken und legt den Menschen auf etwas über sich selbst Hinausweisendes hin an.

Es verbindet mit den „wahrhaftigen" Aspekten unseres Wesens und führt uns in die Mitte unserer möglichen und augenblicklichen Selbstheit.

5.3 Zum Hintergrund und Gebrauch des rituellen Satzvollzugs

Wenn Menschen therapeutische Hilfe suchen, so tun sie es meist, weil sie Verständnis, Unterstützung, Kräftigung und Anregung suchen. Es gibt Themen in ihrem Leben, die ihnen lohnend erscheinen zu besprechen, und Ziel ist häufig, besser „zurechtzukommen", froher und zufriedener zu sein und dem Leben mehr Sinn und Erfüllung abzugewinnen.

Da für dieses Buch der Frieden mit den Eltern vorrangig thematisiert ist, habe ich meine Beispiele hauptsächlich zu diesem Bereich gewählt. Doch sind rituelle Sätze für mich auch in fast allen anderen möglichen Problemzonen üblich und effektiv (z. B. im Umgang mit dem Partner, Kindern und Freunden, in der Alltagsbewältigung, im Leistungsbereich [Beruf] und in Zusammenhang mit Sinnfragen).

Häufiger werden Anliegen von Hilfesuchenden so formuliert: Sie möchten erzählen, verstanden werden, recht haben (im Streit mit dem Partner z. B.), etwas überwinden (z. B. Scheu, Scham, seelische Blockaden), loswerden (z. B. bestimmte Gefühle wie Jähzorn oder Tiefstimmungen), möchten hinter sich lassen (z. B. belastende Erinnerungen) und bewältigen (z. B. Schmerz als Resultat von Verlusten).

All diese Anliegen haben ihre Berechtigung und einen guten Grund: Menschen erhoffen sich Entlastung und mehr Lebensfreude und -fülle.

Nun glaube ich, daß die Kräfte der Seele nur zu oft dadurch strapaziert und „verzehrt" werden, daß wir bestimmte psychische Gegebenheiten und Prozesse nicht „wahrhaben" wollen, sie also unterdrücken, verdrängen oder auch verleugnen.

Ein therapeutischer Prozeß dient nun meiner Meinung nach u.a. dazu, der Persönlichkeit die Chance zur Wahrhaftigkeit zu geben: d. h. dasein zu lassen, was da *ist* (sei es schlechte Laune, Ungeduld, Wut, Zorn, Rachegefühle oder Fluchttendenzen).

Dann gilt es, das Erleben mit wohlwollenden Augen betrachten zu lernen und zu verstehen, wozu es dient(e) und nutzt(e). Die Dinge aus dem Schatten unserer Persönlichkeit herauszuheben und sie dem „Licht" (unserer und anderer Erkenntnis) anzuvertrauen ist vielleicht die vornehmste Aufgabe gelingender therapeutischer Aktivität. Hier ist es vonnöten, einen solchen Prozeß derart zu begleiten, daß er zumutbar und verkraftbar bleibt, immer wieder auch Freude macht und trotz Leidvollem hier und da auf Dauer spürbar Stärkung und Reifung bewirkt.

Rituelle Satzvollzüge sind für mich häufig die prägnanteste und eleganteste Form, seelisch ausgeklammerte und isolierte Aspekte der Persönlichkeit zu realisieren und aus dem Schatten heraus ins Licht zu stellen. Hier können problematische Dynamiken zu ihrer Auflösung kommen und sich in konstruktive und effektive Muster der Lebensgestaltung wandeln. Zugleich verbinden wir uns den tieferen Schichten unserer Seele (dem, was ich „Kernselbst" oder „Wesenskern" nenne).

Zwei Dinge sind bei der Gestaltung eines rituellen Satzes immer wieder wichtig:

a)   Die *Ritualisierung* des Sprachinhaltes führt zu einer Verkürzung und Verdichtung des Wesentlichen.

b)   Die bei mir häufig vorkommende *Rhythmisierung* des Sprachinhaltes läßt die Seele in besonderer Weise mitschwingen und macht sie – anders als das alltäglich gesprochene Wort – zu einem Resonanzkörper für „Kern- und Schlüsselsätze" (also Sätze mit besonders wichtigem Inhalt).

Ein kleines Beispiel:

Ruth erzählt viel und ausgedehnt über die Aversion ihren Eltern gegenüber, wie sehr sie diese nicht mag, langweilig findet und den Kontakt nicht mehr aufrechterhalten möchte . . . Sie könnte „ewig" darüber reden. Die Ritualisierung verdichtet das Erzählte auf das Wesentliche, die Rhythmisierung hilft ihr die entstehende Aussage als Schwingung auch zu *spüren und zu fühlen:*

„Ich mag euch nicht,
und ich will nicht mehr,   (den Kontakt)
ihr seid nicht die Meinen,
und leer ist es mit euch . . ."   (langweilig)

Hier geht es noch um die Ritualisierung der *Un*-lösung, doch ist der Effekt bei Unlösung und Lösung der gleiche: Verdichtung und Potenzierung der Wirkung.

5.4 Der Ablauf des rituellen Satzes und sein Vollzug im therapeutischen Rahmen

Wann immer Seminare stattfinden, in denen persönliche Schwierigkeiten und Lebenskonstellationen aller Art Thema werden, ist auch das gesprochene Wort als ritueller Vollzug von Bedeutung (dies gilt auch für Einzeltherapien, dort setzt er sich technisch etwas anders um).

Sätze dieser Art werden langsam und konzentriert gesprochen, zugleich fördern sie die Zentrierung auf das eigene Wesen und auf das Wesentliche hin.

Meist richten sich die Sätze an eine Person, die real existierte oder noch existiert. Für eine solche Person steht jemand aus der Gruppe symbolisch: d. h., sie/er steht als *Repräsentant* für z. B. Mutter, Vater, Schwester oder wer immer darzustellen ist.

Es ist selbstverständlich, daß es einer gewissen Vorbereitungszeit bedarf, bevor jemand zu „seinem" stimmigen Satz findet. Voraus geht eine Phase der Befragung durch mich, um mich in der Welt des Klienten zu orientieren, Wesentliches zu verstehen und das Anliegen zu erfassen. Wenn auch mein Gegenüber spürbar in Kontakt zum Anliegen ist (Absicht und Ziel) und wenn wir eine gewisse gemeinsame „Schwingungslage" erreicht haben, dann kann oft schon die Suche nach der „Verdichtung" und „Konzentration" auf das Elementare hin beginnen.

Dies geschieht dadurch, daß ich die möglichen Sätze aus meinem Inneren auftauchen lasse, sie im stillen auf Stimmigkeit hin meinerseits teste (fühlt es sich *richtig* an?) und sie dann an den Klienten „weiterleite". Dieser hat grundsätzlich schon zuvor die folgende Information von mir (als Einführung im Seminar):

Alle angebotenen Sätze sind „Testläufe". Sie mögen stimmig sein oder nicht, Wirkung zeigen im Innern oder nicht. In jedem Fall dienen sie dazu, das Anstehende zu orten, zu differenzieren, zu spüren und das Wesentliche vom Unwesentlichen zu unterscheiden. Jeder der von mir angebotenen Sätze kann, muß aber keine Resonanz erzeugen (Information Ende).

So findet der Klient unter meiner Mithilfe zu Sätzen, die den jetzt anstehenden Seelengehalt am besten abbilden und „in Form gießen". Dies kann ein paar Minuten dauern und erfordert sensibles Gespür auf beiden Seiten. Sobald der Satz *stimmig* in Vollzug geht, ist es für jeden im Raum deutlich erfaßbar. Die Atmosphäre wird dicht, die Energien versammeln sich auf die Absicht hin (Begegnung aller Art, z. B. auch Ausdruck von Liebe, Leid oder zuweilen Frustration), und Kraft konzentriert sich in den Beteiligten (vor allem auch im Klienten und mir).

Dies ist der Augenblick, in dem auch die Verbindung mit Kraftquellen anderer Bewußtseinsebenen geschieht. Dies wurde im allgemeinen Teil über Rituale beschrieben. An dieser Stelle möchte ich darauf verzichten, erneut darauf zurückzukommen. Letztlich bleibt es ein Stück Geheimnis, und wir sollten das Unantastbare nicht über eine bestimmte Grenze hinaus entschleiern oder „entzaubern" wollen.

Es bleibt jedoch für jeden, der sich mit Ritualen oder rituellen Vollzügen befaßt, durchgängig wichtig zu realisieren, daß die Kraftwirkungen durch uns *hindurch* geschehen, nicht aber *wir* deren Erzeuger sind: Hier wirkt immer wieder etwas „über uns hinaus" und „in uns hinein", die Kraft bedient sich unserer Person, und nicht zuletzt ist hier ein hoher Grad an Bescheidenheit angemessen und empfehlenswert.

Was entstehende Lösungen betrifft, so will ich nochmals darauf hinweisen, daß entweder Teilschritte ritualisiert werden (ich nenne das „Ritualisierung der momentanen Unlösung") oder/und die Lösung selbst. In beiden Fällen kommt es auf das Passende, das Stimmige und auf die resultierende Kraftwirkung an: Was sich im Klienten als „wahrhaftig wahr" umsetzt, hat stets eine emotionale Resonanz: Es berührt, es erfüllt, es bestärkt und kräftigt.

Es ermöglicht im übrigen, emotionale Regungen „abfließen" zu lassen, d. h. sie in Bewegung zu bringen und in Kontakt zu einem Gegenüber.

Das „Abfließen-Lassen" ist stets ein Teil der Reinigung und kann zeitweise auch „stürmisch" sein: Manche Regungen *brechen* sich Bahn oder geschehen fast explosiv, dies muß jeweils mit viel Gespür abgefangen und reguliert werden. Ebenso können Emotionen sehr im stillen geschehen und dennoch hohe Intensität und großen Gehalt haben (es gibt eine Besinnlichkeit oder auch Tränen „nach innen", dies heißt noch lange

nicht, daß „unterdrückt" wird oder nichts Wichtiges geschieht).

Noch etwas Weiteres ist wichtig: Wenn man über Lösungen
nachdenkt, so entsteht die Frage, welche auch in der Langzeit-
perspektive wirken und nicht nur vorübergehende Entlastung
darstellen. Hier ist vor allem eins wichtig: *Gehaltvolle und
dauerhafte Lösungen kommen aus uns selbst und sind Resultat einer ureigenen Einstellung und Entscheidung.* Sie sind *nicht*
Resultat von Anklage, Ansprüchlichkeit, Überheblichkeit und
Forderung. Sie sind auch nicht Resultat ewigen Wartens (z. B.
auf „irgendwas", das noch „passieren" soll).

Heilung ist auch Resultat davon, daß wir Altes, Belastendes
und Überholtes frei geben und uns nicht mehr daran binden.
Heilung geschieht aus offenem und lösungsbereitem Herzen,
und sie geschieht, wenn und weil wir sie ersehnen, aber auch
als eine Art Gnadenvollzug an uns.

Beispiel:
Eine Frau (Ines, 45 Jahre) entdeckt im Verlauf der Therapie, daß sie sich
„zeitlebens ungesehen, unverstanden und ungeliebt" fühlte.
   Sie ist voller Vorwurf gegen ihre Eltern und recht unversöhnlich
gestimmt. Diese Unversöhnlichkeit lasse ich sie in einem Satz rituali-
sieren, um ihr die seelischen Folgen vor Augen zu stellen (sie ist voller
Wut und Protest).
   Das Satzritual ist dies:
„Mutter, Vater . . .
Beide habt ihr mir viel versagt,
ich wollte mehr, und es hat nicht gereicht.
Ich werde warten, bis ihr mir endlich gebt . . ."
Ines spürt Zorn aufwallen, Frustration über die schon sinnlos gewar-
tete Zeit, sie empfindet Sehnsucht und über die Unerfülltheit ihrer
Anliegen ist sie empört („ihr seid übel drauf gewesen . . .").
In einem nächsten Schritt ist der Satzvollzug so:
„Ihr werdet mich lieben,
ich bestehe darauf,
ihr werdet stolz sein   (auf mich),
ich will es so,
ihr sollt mich sehen,
ich verzichte nicht . . ."   (Beharren, Wut)
Jetzt spürt Ines mehr denn je ihren Schmerz über das, was die Eltern
tatsächlich nicht zu geben vermochten, spürt die Verbissenheit jahre-
langen Ringens um die Zuwendung der Eltern und die Enttäuschung

über Nichtgewesenes und verlorene „Liebesmüh" ihrerseits. Als schließlich Tränen kommen und Berührtheit aufsteigt, findet sie über meine Vorschläge zu diesem Satz:

„Liebe Eltern,
so wie es war, nehme ich es.
Vieles hat mir nicht gutgetan,
und ich habe euch lange gezürnt.
Ich nehme euch jetzt als meine Eltern
zum vollen Preis, den es mich gekostet hat.
Schaut freundlich auf mich,
wenn es gut ausgeht,
ich mache das Beste daraus,
euch zu Ehren."

Beim letzten Satz wandelt sich ihr Energiesystem endgültig: Sie wird weich und zugewandt, schaut die Eltern (stellvertretende Symbolik) inniglich an und verliert jede Ausstrahlung von Feindseligkeit und Anklage. Sie wiederholt oft das „schaut freundlich auf mich . . ." und weint sich aus. Danach ist sie offen, berührt und zufrieden.

Hier zeigt sich, daß gute Lösungen wie ein zu bergender Schatz in der Tiefe der eigenen Seele ruhen. *Wir* erbitten den freundlichen Blick, das Wohlwollen oder den Segen. Damit heben wir den Schatz und machen ihn uns zugänglich. Solange wir fordern, beanspruchen oder gar richten, bleibt es bei der *„Un*lösung", die erst ritualisiert Teil der Lösung werden kann. Solange wir „Anklage erheben" („ihr hättet sollen . . ., müssen . . ., wieso nicht . . .?"), bleibt unser Energiesystem verhärtet, schaden wir uns auf Dauer oder werden wir gar krank.

5.5 *Die Konsequenzen für „das Leben draußen"*

Hier möchte ich abschließend die Frage nach den Folgen für den alltäglichen Lebensvollzug außerhalb einer Therapie oder eines andersgearteten seelischen Prozesses stellen. Die Auswirkungen sind vielfältig: Fast immer tragen sie nachhaltig zur Klärung und Neueinstellung seelischer Inhalte bei. Gleichzeitig machen sie die Seele stiller und „Ungehaltenheiten" aller Art lösen sich auf. Durch die rituellen Vollzüge nehmen Eltern einen Platz in unserem Herzen ein, ganz gleich wie gut oder weniger gut sie uns in unserer Kindheit und später getan haben.

Wir anerkennen sie als die Quelle unseres Daseins, aus ihnen sind wir geworden, und sie bleiben allezeit unser Fundament und Urgrund.

Mit der Versöhntheit, die der rituelle Sprachgebrauch anbahnt, festigen wir diesen Urgrund, und unser Standvermögen
im täglichen Lebensvollzug verbessert sich.

Sehr häufig verbessert sich aber auch die reale Beziehung zu
den Eltern. Dies auch ohne jedes Gespräch mit ihnen. Klienten
berichten immer wieder, daß nach einem Seminar die Begegnung mit den tatsächlichen Eltern anders und manchmal ver-
blüffend anders war: z. B. „diesmal waren sie richtig freundlich,
offen, wollten wissen, wie es mir geht" und vieles Ähnliches.
Offenbar kann sich der seelische Vollzug über die eigene
Umstellung hinaus auswirken: Er scheint zuweilen auf ge-
heimnisvolle Weise die Eltern (das familiäre System) zu erreichen und Friedvolles anzuregen. Eltern „spüren" unbewußt,
wenn Kinder aus Anklage und Nachtragen heraustreten, und es
erlöst sie (unter anderem oft von ewig mitgeschleppten Schuldgefühlen). In vielen Fällen verbessert sich die Beziehung zu den
noch lebenden Eltern spontan, und fast unerklärlich einfach
entsteht oft Nähe, Verbindung und innige Liebe (auf beiden
Seiten).
Zuweilen helfe ich Menschen auch während der Seminare,
ihre rituellen Vollzüge in eine real-mögliche Begegnung mit den
Eltern umzusetzen: was sie sagen, fragen, ausdrücken und in
Kontakt bringen können, möchten und zuweilen sollten, falls
und wenn ein Treffen mit den Eltern oder mit einem Elternteil
ansteht.
Immer wieder geht es zunächst und an erster Stelle um eine
Neuorientierung im eigenen Herzen: *Hier* ändern wir unsere
Sichtweise von den Dingen, *hier* erkennen wir an, was ist, und
hier lassen wir uns fühlen, was immer not-wendig ist, um uns
„vollständiger" werden zu lassen.

Oft wirken die Dinge in die Ferne und tun ihre Wirkung. Es ist
aber nicht an uns, darauf Einfluß nehmen zu wollen. Rühren
wir zu sehr am Geheimnis, so zieht es sich vor uns zurück und
verliert seine positiv magische Kraft.

III. Was es Kindern schwierig macht: Wie Eltern binden oder zurückweisen

1. Bindung und Verbundenheit

Es lohnt sich, darüber nachzudenken und nachzuspüren, welche Gegebenheiten oder Faktoren den inneren und/oder tatsächlichen äußeren Frieden mit den Eltern blockieren. Hier ist natürlich von Bedeutung, ob die Eltern noch leben: In diesem Fall steht meist die Frage der augenblicklichen und dauerhaften Beziehungsgestaltung im Raum, und wie man sich damit immer wieder auch gut und stimmig fühlen kann.

Leben die Eltern nicht mehr, so ist die Frage des „inneren Bezugs" bedeutsam: Bin ich im Herzen mit ihnen versöhnt, bin ich ihnen wohlwollend oder z. B. eher grollend verbunden, oder fühle ich mich durch Schuldgefühle, ungelöste Konflikte oder sonstigen Hader gebunden.

Bindung selbst ist ein in der Psychologie häufig verwendeter Begriff, der ursprünglich von Bowlby geprägt wurde. Er meint heute in seiner positiven Variante ein Sich-Verbinden und Verbundenfühlen mit sowohl primären wichtigen Bezugspersonen (z. B. Geschwistern, Eltern, Großeltern), als auch uns bedeutsamen Menschen im persönlichen und sozialen Umfeld (Partner, eigene Kinder, Freunde).

Bindung zwischen Eltern und Kindern wird erst dort problematisch, wo Konfliktpotential die Nachkommen entweder in die übermäßige Bindung treibt (Gebundenheit) oder zurückweisendes Verhalten zur Weg- oder Ausstoßung führt. In beiden Fällen meint dies, bezogen auf die Eltern-Kind-Beziehung, daß Entwicklungspotential nicht genutzt, gehemmt oder unterbunden wird. Nicht gelöste Entwicklungskrisen werden von den Eltern in die nächste Generation „verschoben" und über die eigenen Kinder zu lösen versucht: Hier möchten Eltern häufig von den Kindern haben, was ihnen die eigene Vergangenheit und *ihre* Eltern versagten, oder sie behandeln die Kinder gemäß ihrer Prägung und reichen weiter, was schon für sie oft nicht förderlich oder einengend war.

So wird mögliche Entwicklung *auf beiden Seiten* verhindert: Indem Eltern für sich Ungelöstes weiterreichen, blockieren sie die eigene Entwicklung und erschweren ihren Kindern eine unproblematische Ablösung und nachfolgend eine gute Verbundenheit mit ihnen.

So wurde z. B. Cäcilie (26 Jahre) lebenslang von ihrer Mutter mit der Tatsache erpreßt, daß diese ihr im Alter von 2 Jahren nach Abnahme eines hochreichenden Beckengipses (für 8 Monate) sehr engagiert beim Laufenlernen geholfen hatte. Wann immer Cäcilie in den Augen der Mutter zu „selbständiges" oder ihr sonst mißfallendes Verhalten zeigte, wies die Mutter auf diese Tatsache hin („ohne mich könntest du nicht einmal laufen"). So mußte sich das Kind und die junge Frau fügen und entwickelte langsam Haß auf die Mutter. Mit 18 Jahren brach sie dann aus und zog zu einer Freundin. Sie vermied danach über Jahre hinweg engeren Kontakt zur Mutter, und beide litten unter diesem Bruch. Die Mutter hatte nach dem frühen Verlust *ihrer* Mutter (im Alter von sechs Jahren) den nicht überwundenen Abbruch der Beziehung als Anforderung an die Tochter auf diese übertragen („wenn ich sie [die Mutter] schon verloren habe, so bleibe wenigstens *du* [die Tochter] bei mir"). Tragischerweise erreichte sie das Gegenteil.

Bei alledem ist mir nochmals wichtig zu betonen, wie sehr mir ein maßvoller Blick auf die Dinge der Vergangenheit angebracht erscheint. Was immer unsere Eltern an Verhalten gezeigt haben mögen: Auch *sie* waren Kinder ihrer Eltern und Kinder ihrer Zeit. *Sie* haben die ihnen eigenen Fehler gemacht, und wir machen die *uns* eigenen:

ähnliche, gegenteilige oder ganz andere.

In allen Fällen gilt gleichermaßen: Es geht weder in bezug auf die Eltern noch in bezug auf uns selbst um Anklage. Hingegen geht es um Verständnis, Einfühlung, Wohlwollen und schließlich um Versöhnung:

mit *ihnen* und mit uns, nach innen (innerseelisch) und nach außen (personenbezogen).

Bindung als Verbundenheit ist ein Urbedürfnis des Menschen,

und ein „Sich-abreißen-Wollen" von der Vergangenheit ist niemals zuträglich gewesen oder möglich. Meist endet ein solcher Versuch in *Ge*bundenheit an die Kräfte der Vergangenheit und an ihr problematisches und unerlöstes Potential.

Wo wir hingegen uns und den Menschen „hinter uns" *verbunden* sind, kann es dauerhaft gelingen, mögliche Last und schwieriges Erbe der eigenen Geschichte abfallen zu lassen und nicht in die nächste (oder übernächste) Generation weiterzureichen. Statt dessen schauen wir zurück, vielleicht zuweilen wehmütig, aber ohne „die Härte des Herzens". Wir leugnen und verbergen nicht, wir richten und wir klagen nicht, und die Achtung, Zugeneigtheit oder Liebe nimmt den Ort des Geschehens ein und „in Besitz".

Cäcilie z. B. nahm im Rahmen eines Therapieprozesses wieder Kontakt zu ihrer noch lebenden Mutter auf und versuchte mit ihr über die Vergangenheit zu sprechen. Die Mutter hatte sich jedoch stark abgeschottet und zeigte verbittertes Verhalten. So kam Cäcilie zunächst zu keiner befriedigenden Lösung, was den *gemeinsamen* Kontakt Mutter und Tochter betraf.

Doch löste sie im rituellen Sprachvollzug ihren *inneren* Konflikt:

„Liebe Mutter,
du hattest Mühe   (mit mir im Gips und
                                       beim Gehenlernen),

und ich danke dir,
du hast gegeben,
und ich gleiche aus   (heut und in bezug zur
                                       Mutter)

in Maßen . . .
Was du nicht hattest   (in Mutters Vergangen-
                                       heit),

kann ich nicht geben,
denn ich bin nur dein Kind . . ."

Cäcilie ging dann – unbeirrt durch die Bitternis der Mutter – regelmäßig zu ihr, versorgte sie, hörte ihren Klagen zu (ohne sich zu verteidigen) und blieb zugewandt. Bald danach entspannte sich das Verhältnis Mutter–Tochter, obwohl die Mutter immer noch an ihrem Anspruch („sei immer bei mir") festhielt.

Auch das obige Beispiel stellt natürlich die Frage nach der möglichen Verpflichtung unseren Eltern gegenüber: Bindung ist nicht nur *Urbedürfnis*, es gibt auch das Gefühl des Verpflichtet-seins zu dieser Bindung: Als Kinder haben wir bekommen und sind auf dem uns gegebenen Boden herangewachsen und haben die Kraft und Möglichkeiten dieses Bodens genutzt. Um das wirklich nehmen zu können (in gut und weniger gut) und um nicht ausbeuterisch zu werden, sollten wir uns tatsächlich fragen, worin unsere mögliche Verpflichtung besteht:

In welchem Ausmaß wollen und sollen wir uns für unsere Eltern zuständig fühlen?

Was und wie möchten wir ausgleichen und in Freundlichkeit geben?

Wie werden wir der stets erlebten Dankesschuld gerecht?

Hier ist für mich ausschlaggebend:

– Wer sich dem Gefühl des Verpflichtetseins ganz entzieht, bleibt meist gebunden (oft durch Schuldgefühle).

– Wer dem Gefühl des Verpflichtetseins ganz verfällt, ist gefährdet, sich psychisch „auszubluten" bzw. sich energetisch auszuzehren.

– Wer sich dem Gefühl des Verpflichtetseins stellt, der wird sich fragen, was sie/er geben möchte, wie und welcher Art und Qualität das Gegebene sein soll und wieviel Zeit investiert sein will und angemessen ist (auch angesichts z. B. eigener Verpflichtungen in Beruf und Familie). Kein „objektiver" Maßstab ist hier auffindbar, keine „Regel" kann für irgend jemand gelten. Doch die Seele, so sie sich ihrem Verantwortungsgefühl stellt, weiß feinsinnig auszubalancieren und gute Kompromisse zu finden. So werden wir uns weder verweigern noch rebellieren, protestieren oder vermeiden: Wir werden unser Maß finden und uns damit stets neu justieren und Stimmigkeit herstellen können.

2. Vom bindenden zum weg- oder ausstoßenden Verhalten

Beide Varianten stehen gleichsam im polaren Verhältnis zueinander. Es sind in Kontrast stehende Verhaltensweisen, die jede für sich auftreten können oder einander recht oft ergänzen: Oberflächlich gesehen kann es z. B. um bindendes Verhalten gehen (,,zu dicht dran"), auf einer anderen seelischen Schicht möchte man vielleicht ,,wegstoßen" (,,den anderen weit weg oder gar nicht haben wollen"). Macht das Kind z. B. Probleme, oder geht es ihm schlecht, so sorgt man sich und überbehütet. Fühlt man sich selbst bedürftig und/oder überlastet, so will man weg- oder ausstoßen. Beiden Verhaltensweisen gemeinsam ist die seelisch problematische Gesamtlage: Eigene ungelöste Konflikte werden auf das Kind übertragen und quasi an ihm ,,ausgelebt". So kann der Vater, der von wiederum seinem Vater bezüglich Erfolg im Beruf massiv unter Druck gesetzt war (= ,,zu dicht dran"), ein entsprechendes Verhaltensmuster ebenso oder in ähnlicher Weise weitergeben. (,,Nur was *ich* für richtig halte, *ist* richtig, alles andere gilt als Versagen deinerseits.") Eine solche ,,Weiterreichung" geschieht in der Regel nur dann, wenn die jeweilige Person in ungelöstem Konflikt mit den Begebenheiten von Vergangenheit und/oder Gegenwart steht. Denn Gelöstes reichen wir nicht weiter: Es wird ein tragender Stein auf dem Fundament unserer und des anderen Zukunft.

Wo aber *uns* blinder Gehorsam oder blinde Anpassung abverlangt wurde und wo wir die Folgen nicht überwunden haben, da neigen wir ebenso blind zur Wiederholung: Die schwierige Saat unserer Vergangenheit geht dann zuweilen auch noch in unseren Kindern auf und zeugt dort neues oder ähnliches Konfliktpotential.

So war in obigem Beispiel der Sohn zum einen an seiner freien Entfaltung gehindert, und ein guter Kontakt zum Vater schien unmöglich. Seinerseits wiederum vermied der Sohn mit *seinem* Sohn über Jahre irgendeine Form des ,,Führens" oder ,,Geleitens": Er wollte sich gewiß sein, keine Einmischung zu betreiben, und wollte dem Sohn ,,volle Freiheit" lassen (*Gegen*muster zum Gelebten des Vaters in bezug auf ihn). So wuchs das Kind eher orientierungslos auf: Der Vater ,,warf es in die Welt", und der Sohn erlebte Alleinsein und Mangel an Unterstützung. Er fühlte das Verhalten des Vaters als Desinteresse und Zurückgewiesensein und kühlte seine Beziehung zum Vater immer mehr ab. So litten schließlich beide und handelten doch nur in guter Absicht für sich oder das Gegenüber.

Auf die genannte Art wiederholt sich dann Nichtlösung und wird im Kinde gleichsam konserviert. Möglicherweise trans-

80

portiert dann dieses das Verhalten dergestalt oder anders in die wiederum nächste Generation und verhindert ebenso gelungene oder gelingende Verbundenheit.

Im folgenden seien nun häufiger vorkommende Einstellungen und Verhaltensweisen des bindenden oder ausstoßenden Modus beschrieben. Sie gelten von Kindheit an und werden oft auch noch bei den erwachsenen Kindern gelebt.

Bei allen Beispielen handelt es sich um die Negativvariante einer Haltung oder eines Verhaltens. Damit sind alle autonomieeinschränkenden Manöver oder Aktionen gemeint, wie sie ein gesundes und selbstwertstabilisierendes psychisches Wachstum hemmen. Letztlich handelt es sich aber um mehr oder weniger manipulatives Verhalten. Sämtliche „Botschaften" können sowohl verbal als auch averbal (atmosphärisch, gestisch, Verhalten) vermittelt werden. Dabei ist das jeweils deutlich *Ausgesprochene* meist weniger irritierend oder einschränkend, weil ihm oft auch verbal begegnet werden kann. Bei *atmosphärisch* vermittelten Inhalten wie z. B. emotionaler Rückzug, demonstratives Beleidigtsein oder gequälter Leidensmiene kann bei Ansprechen der Stimmung auf der verbalen Ebene stets widersprochen werden (z. B. „was *du* nicht alles siehst, es ist ganz anders . . ." oder ähnlich). So ist eine Klärung dann eher schwierig oder zuweilen auch unmöglich.

Wo immer Eltern bindendes oder wegstoßendes Verhalten zeigen, ist zu bedenken, daß sie seelisch in Not sind. Fast immer sind hinter dem kompensatorischen Verhalten tief verwurzelte Ängste, die unbewußt ein Verhalten steuern, das sie und andere wenig oder gar nicht glücklich sein läßt. Doch wurde in den meisten Familien älterer Jahrgänge kaum über Gefühle und Wünsche gesprochen, man tauschte „Intimitäten" wie diese nicht aus.

Bleibt zu hoffen, daß die jüngere und heranwachsende Generation mehr auf emotionalen und gedanklichen Austausch Wert legt und somit ein Beitrag geleistet ist, das unter 3. und 4. beschriebene Verhalten überflüssig zu machen.

Dann könnten Wünsche, Hoffnungen und Ängste in Freundlichkeit ausgetauscht werden, Anliegen vorgebracht und Sehnsüchte auf ihre Erfüllbarkeit hin geprüft werden.

Dann würde bindendes oder ausstoßendes Verhalten überflüssig werden, und wir würden eine Beziehungskultur ausge-
reifter und achtungsvoller *Ver*bundenheit lernen und leben.

3. Der bindende Modus: Wie Eltern zu sich ziehen und festhalten

Das festhaltende Potential der Eltern zeigt sich sowohl sehr
direkt als auch oft höchst subtil. Gemeinsam ist allen bindenden
Verhaltensweisen, daß sie eine unangebracht nahe Beziehung
zu einem oder beiden Elternteilen erzwingen: entweder indem
man selber braucht („sei für mich da") oder sich gebraucht
macht („ohne mich kannst du nicht"): in *autonomienegieren-
der* Weise. Anbei jene Haltungen und Verhaltensweisen, die das
Kind und den späteren Erwachsenen binden und im Freiheits-
spielraum einengen.

3.1 Die erwartungsvolle Haltung
Hier wird das Kind offen oder versteckt als *Hoffnungsträger* der
Eltern gesehen und behandelt.

Beispiele sind: „Eines Tages wirst du . . . dies oder das von Beruf sein . . , den Betrieb übernehmen . . ., berühmt sein . . . , für
uns sorgen."

Ergänzen Sie gerne aus eigener Erfahrung.

3.2 Die fordernde Haltung
Hier wird das Kind in den oft sehr ichbezogenen Dienst elterlicher Ansprüche gestellt.

Beispiele sind:
„*sei*, wie ich dich will . . .",
„*mache*, wie ich es will . . .",
„fühle, wic ich will",
„denke, wie ich will",
„nur *so* und nicht anders" (gemäß unserer Vorstellung),
„solange du deine Füße unter unserem Tisch hast . . ."
„du hast für uns da zu sein" (als Partner, Unterhalter, Pflegekraft).

Ergänzen Sie gerne selbst, dies sind nur ausschnittsweise Beispiele.

3.3 Die unter Druck setzende Haltung

Hier wird das Kind psychisch derart manipuliert, daß eine positiv zugewandte Haltung kaum aufrechterhalten werden kann: Man fühlt sich entweder in die gehorsame Anpassung gezwungen oder zu Rebellion und Protest herausgefordert. Obwohl theoretisch Gleichmut und bleibende Zugewandtheit möglich sind, so läßt sich dies in der Praxis doch nicht immer ohne weiteres umsetzen.

Entsprechende Verhaltensweisen und *Beispiele* sind:
sich beklagen oder anklagen:
„Andere Kinder sind bessere, höflichere, liebere Menschen . . ."
„Hätte ich nur keine Kinder bekommen . . ."
„Wozu hat man Kinder in die Welt gesetzt . . ."
„Ihr werdet noch sehen, eines Tages geht's euch mal ähnlich (schlecht)".
„Warum rufst du mich nicht öfter an (an das erwachsene Kind)?"
„Du bist ein hartes, herzloses, liebloses Kind . . ."
„Seit *diesem/r* Mann/Frau hörst du auf, unser Kind zu sein (z. B. anstehende Heirat und die Ablehnung von Schwiegersohn oder -tochter)."

So Ihnen etwas zur eigenen Geschichte einfällt, ergänzen Sie gerne.

3.4 Die emotional-erpresserische Haltung

Hier wird durch offene oder subtile Drohung eine Handlung bzw. Unterlassung erzwungen, um eines vermutlichen oder tatsächlichen Vorteils willen.

Beispiele sind:
„Wenn du (an das lebendige, laute Kind) *so* bist, werde/n ich/ wir unglücklich . . . krank . . . sterben . . ."
„Wenn du so weitermachst, enterben wir dich . . ."
„Du bist noch der Nagel zu meinem Sarg . . ."
„Du bist der/die Einzige, den/die ich habe, ohne dich würde ich

unglücklich . . . krank . . . sterben, ohne dich kann ich nicht leben . . ."
„Ein Leben lang haben wir uns für dich geopfert . . ., und du . . . tust nichts . . . für uns!"
„Schau mal, wie brav die Nachbarskinder sind, wie haben wir *dich* bloß verdient."
„Nur wenn du da bist . . ., tut mir mein Mann nichts (körperliche Gewalt) . . . bin ich aufgehoben, fühle ich mich wohl . . ."
usw.

Ergänzen Sie gerne je nach eigenen Einfällen dazu.

3.5   Das Angst machende Verhalten

Manche Eltern binden Kinder dadurch, daß sie a) übermäßig vor den Gefahren der Welt warnen, b) sie künstlich schutzbedürftig machen bzw. c) mit irrealen Phantasiefiguren Kontrolle auszuüben versuchen oder ausüben, d) mit realen Personen und deren Verhalten drohen (Einschüchterung, Gewaltandrohung usw.).

Beispiele, die eher an Kleinkinder gerichtet sind:
„Da draußen wartet der ‚schwarze Mann', er wird dich holen . . ."
„Du weißt, gleich geht's in den Keller" (im Dunkeln oder überhaupt eingesperrt werden).
„Die wilden Tiere unterm Bett: wenn du nicht . . . dann fressen sie dich . . ."
„Wenn der Vater nach Hause kommt . . ." (gibt's Prügel, mußt du ins Bett usw.)

Beispiele, die eher an ältere Kinder gerichtet sind:
„Nur mir kannst du trauen." (niemandem sonst)
„Die Welt ist böse, gefährlich." (bleib lieber bei mir)
„Draußen kommst du unter die Räder . . ." (Drogen, Sex, Prostitution, Gewalt)
„Du wirst schon noch sehen . . . an mich denken."
„Wage nicht, besser zu sein als ich . . ."

Weitere Beispiele fallen Ihnen evtl. zu Ihrer eigenen Geschichte ein.

3.6   *Das überbehütende Verhalten*
Hier wird das Kind *nicht* in eine angemessene und altersgerechte Entwicklung in Form von Ermutigung oder Anforderung gestellt, sondern dem unnötigen und meist mehr oder weniger aufdringlichen Schutz einer Elternfigur unterstellt. Kennzeichnend ist, daß beim Kind ein nicht vorhandener Bedarf „beschworen" wird und meist oder ausschließlich der Bedarfserfüllung des *elterlichen* Teils dient: Das Motto lautet: „Ich brauche, daß du mich brauchst."

Beispiele sind:
„Du hast bestimmt . . . (Hunger, Durst, Angst, . . .), komm: Ich weiß, was für dich gut ist . . ."
„Kinder, die schreien (zornig oder lebendig sind), brauchen nur eins: schlafen gehen!"
„Du kannst bestimmt noch nicht satt sein, ich leg dir noch nach . . ."
„Du möchtest sicher immer bei mir bleiben, nur bei mir kriegst du . . ."
„Ich kenne dich besser als du selbst, darum laß mich *für* dich denken, fühlen, machen."
Auch hier werden Ihnen vielleicht eigene Beispiele einfallen.

Das überfürsorgliche Verhalten ist zugleich grenzüberschreitend, denn es respektiert die individuelle Würde und Eigenständigkeit des Gegenübers nicht. Obwohl ein solches Verhalten das Kind grundsätzlich bindet, treibt es die entsprechende Person (auch als Erwachsenen) doch zugleich „aus dem Hause". In diesem Fall ist nachvollziehbar, daß ein betroffener Mensch eher „Flucht und Freiheit" vorziehen würde als „Enge und Gefangenschaft" in der Bindung.
      Auch in diesem Modus des überbehütenden Verhaltens fällt Ihnen u. U. etwas zum eigenen Erleben als Kind oder heute ein.

3.7   *Die grenzüberschreitende Haltung*
Diese Form des Sich-Verhaltens kann zugleich auch beim „wegstoßenden" Modus eine Rolle spielen: Sowohl mag es binden als auch „forttreiben" oder wegstoßen.
      Hier wird das prinzipielle Recht des Kindes auf einen persönlichen Spielraum und eine gewisse altersgemäße Eigen-

ständigkeit ignoriert und werden die Grenzen des Individuums von elterlicher Seite aus überschritten. Natürlich kann nur dort eine Grenze überschritten werden, wo das Kind persönliche Eigenart je nach Alter bereits entfaltet und dieser Raum auch geschützt und gefördert werden will. Dieses „Werden einer kleinen Persönlichkeit" setzt aber recht früh ein, und wo Eltern ihr Kind grundsätzlich wahrnehmen und respektieren, da dürfte es kaum zu unangemessenen Grenzüberschreitungen kommen. Diese sind gegeben, wenn Eltern: sich übergriffig benehmen, sich unangebracht und ungefragt einmischen, vorschreiben, definieren, in die persönliche Sphäre des Kindes eindringen oder körperliche Gewalt anwenden. Insofern sind auch manche Aspekte überbehütenden und physisch „eindringenden" Verhaltens grenzüberschreitend (wie z. B. anbiedernde Aufdringlichkeit, Schlagen oder sexueller Mißbrauch).

Unangemessene Grenzüberschreitungen sind oft bis ins Erwachsensein der Kinder üblich: Dann möchte z. B. die Mutter im Haushalt der Tochter aufräumen, umräumen oder die Einrichtung bestimmen. Auch kenne ich nicht wenig Fälle, in denen Mütter unbegrenzt und ohne Anmeldung ständig Zugang in das Haus ihrer Kinder wünschten, und dies Tag und Nacht. Dabei ist zu bemerken, daß sich eine solche Dynamik meist nur dann entfaltet, wenn Mütter sich ausgegrenzt oder zurückgewiesen fühlen. Hier dürften sich entsprechende Verhaltensmuster häufig gegenseitig verstärken.

Weitere *Beispiele* sind (eher auf die Kindheit bezogen):
„Erzähl mir ALLES . . . wer nicht ‚alles' erzählt, verheimlicht etwas . . . und wer etwas verheimlicht, lügt auch . . ." (eine Aufforderung an das Kind, sich zu „entblößen", induziert Angst und Scham).

„Der liebe Gott schaut zu und sieht alles Schlimme von dir . . . und straft jeden, der böse ist . . ." und ähnliches.

Ungefragtes Eindringen in das Zimmer des Kindes („dein Reich ist auch mein Reich" – also grenzverschwimmendes Verhalten).

Heimliches Lesen des Tagebuches des Kindes („Ich muß wissen, was er/sie denkt").

Einmischung in die Privatsphäre des Kindes (gilt bei aufdringlichem Verhalten der Eltern, wenn es z. B. um Fragen der ersten Freundin / des ersten Freundes geht. („Erzähl doch mal, wie ist es denn?")

Ebenso ist jegliche Erotisierung des Kindes in Richtung Partnerersatz eine potentielle Grenzüberschreitung. Ob es nun Tochter oder Sohn betrifft: Immer wird das Kind in eine *ersatzweise* Rolle gedrängt, die weder angemessen noch altersgerecht ist.

Vor allem im Bereich der Übergrifflichkeit könnte man vielfältigste Beispiele finden. So Sie sich von dem Thema angesprochen fühlen, ergänzen Sie gerne.

3.8   Die leidensvolle Haltung

Zweifelsohne gibt es generell Menschen, die unter verschiedensten Bedingungen ihrer Vergangenheit oder auch Gegenwart gelitten haben oder noch leiden. Folglich gibt es auch immer wieder Leidvolles, das des Trostes, Beistandes oder der Unterstützung bedarf und entsprechend versorgt werden sollte. Dennoch ist es unbestritten auch so, daß Leid welcher Art auch immer zuweilen manipulativ, Druck ausübend oder demonstrativ eingesetzt wird. Dazu gehören Haltungen und Verhaltensweisen wie diese:

klagend, anklagend, jammernd, chronisch unzufrieden oder/ und subtil erpresserisch. Aus all diesen Haltungen heraus können die eigenen Kinder sowohl im Kleinkind- und Jugendlichenalter als auch im Erwachsenenalter dazu eingeladen werden, quasi elterliche Funktion zu übernehmen (in der Familientherapie ist hier der Begriff der Parentifizierung bekannt, als gleichsam die „Verelterlichung" des Kindes).

Beispiele sind:

„Niemand kümmert sich um mich . . ."

„Ich bin so allein . . . einsam . . . hilflos, du sollst für mich da sein."

„Ich habe doch nur dich/euch (die Kinder) und sonst niemanden auf der Welt."

„Warum habe ich nur Kinder in die Welt gesetzt, ich wünschte, ich hätte nicht."

„Wenn du *so* bist (was immer Eltern als unzumutbar von seiten der Kinder erleben), kann es mir nur schlecht gehen,

werde ich krank, bist du schuld, wenn mir etwas zustößt . . ."
und ähnliches.

„Jetzt, wo deine Mutter/dein Vater nicht mehr lebt, mußt
du . . . mir den Partner/die Partnerin ersetzen, bei mir sein, jeden Tag anrufen . . ."

„Dein Vater/deine Mutter ist so schlecht zu mir . . ." (hier
wird ein Kind gegen Vater oder Mutter negativ eingenommen).

„Parentifizierung" geschieht da, wo das Kind über einen länge-
ren oder langen Zeitraum als potentieller Beistand, Berater,
Tröster oder als Klagemauer *benutzt* wird. Dadurch wird es in
elterliche Rollen gedrängt, die je nach Alter des Sohnes/der
Tochter überfordern und inadäquate „Sorgepflicht" auferlegen.

Nur allzu viele Kinder können sich gegen einen solchen
Auftrag nicht wehren und verfallen deshalb in eine ungute bin-
dende Loyalität. Diese kann dann im Erwachsenenalter zu
Fluchttendenzen aus dem elterlichen Umfeld führen.

3.9   Die verrückt-machende Haltung
In Zusammenhang mit dem Thema „Orientierung" (2.8 und
3.8) erwähnte ich bereits, wie sehr Kinder klare Ausrichtungen
und eindeutige Kommunikation brauchen, um ihren eigenen
Weg suchen und finden zu können.

Potentiell verrückt-machend ist ein Kontakt, der wiederholt oder dauerhaft:

a) vor *unlösbare Entscheidungen* stellt („Wen magst du lieber,
Papa oder Mama?"),

b) in „*Zwickmühlen*" zwingt („Was ich auch tue, führt zu keiner befriedigenden Lösung") und damit oft Ausweglosigkeit
impliziert,

c) *doppelbödig* dargeboten ist: Verbales und Averbales wider-
spricht sich bzw. ist nicht vereinbar miteinander („Wehe, du
springst von der hohen Mauer runter" – und dazu einladendes
Lachen),

d) das Kind in *Loyalitätsprobleme* zwingt, die ohne das Zahlen eines hohen Preises nicht lösbar sind („Wenn du zu deinem
Vater gehst, heißt das, du bist gegen mich"),

e) derart Widersinniges kommuniziert, daß man von einer
Doppelbindung (Bateson: double-bind) sprechen muß. Kenn-
zeichen: zwei oder mehrere unvereinbare Botschaften. Ein sub-

tiles Verbot die Widersinnigkeit aufzudecken, ein subtiles Verbot, das „Feld" zu verlassen (zu flüchten).

Beispiel: „Wenn du zu deinem Vater ziehst (Eltern leben getrennt), zerstörst du mein Leben, wenn du nicht zu ihm ziehst, bist du ein liebloser Mensch . . ." *und*: Mach's uns beiden recht, enttäusche niemand!

Alle bindenden Tendenzen elterlichen Verhaltens (Punkt 3.1 – 3.9) haben im wesentlichen zwei Dinge zur Folge:

1. Schuldgefühle auf der einen Seite: Hier ringt das Kind und später der Erwachsene mit seinem „Verpflichtetseingefühl" um einen Weg innerer Balance. Die Seele möchte ihrer erlebten Verpflichtung nachkommen, zugleich aber auch frei sein und in der Bindung nicht erstickt werden. Hier bewegt sich die betroffene Person meist sehr ambivalent zwischen Anpassung einerseits und Aufbegehren andererseits. Dies wird zum dauerhaften Konflikt und verhindert üblicherweise eine gute Lösung.
2. Wut- und Haßgefühle, ebenso Rebellion: Je nach Grad, Dauer und Qualität des bindenden Verhaltens, leicht oder massiv manipulierend, können die genannten Gefühle als Ausdruck des Freiheitswillens oder Autonomiehungers überhandnehmen. Sie sind der meist ineffektive Weg, sich Spielraum erkämpfen zu wollen. Doch endet ein solcher Kampf meist erneut und ebenso in der *Ge*bundenheit: ähnlich wie auch das gequälte Ringen mit den Schuldgefühlen. Auch hier gilt es – als prinzipielle Lösung –, eine seelische Balance zu gewinnen, die aus der *Ver*bundenheit lebt und verantwortlich ihr Tun und Lassen bemißt. Denn die Lösung liegt *weder* auf seiten der Rebellion (als quasi protestierendem Aufbegehren) *noch* auf seiten dauerhaften Verpflichtet-Seins (als quasi der inneren Aufforderung, sich „auszubluten" und zu opfern). Sie liegt in der zuweilen wehmütigen, aber auch oft freudigen Zustimmung zu der Tatsache, daß wir unseren eigenverantwortlichen Standpunkt *zwischen* Rebellion und Verpflichtung finden dürfen, können und müssen. Haben wir uns eine solche Haltung errungen, so bringt sie Ruhe und Frieden in unser Herz.

4. Der wegstoßende Modus: Wie Eltern weg- oder von sich stoßen

Wenn Eltern eher ausstoßendes Verhalten zeigen, so führt dies in der Regel zu einer „Vertreibung aus der potentiellen Möglichkeit" der „Verbundenheit". Das „Verpflichtetseingefühl" des weggestoßenen Kindes ist in der Regel weitaus geringer als beim gebundenen Kind, weil die erlebte Dankesschuld kaum vorhanden ist: Das kleine und heranwachsende Kind fühlt sich eher als Störfaktor bzw. oft wenig oder gar nicht willkommen geheißen. Dadurch vermag es aber auch eher „die Weite der Freiheit" zu nutzen: Solche erwachsen werdenden Kinder sind oft sehr früh selbständig und entfalten zuweilen ein durchsetzungsfähiges Überlebenspotential. Auf der anderen Seite sind solche Menschen oft seelisch Alleingelassene, die zur inneren Emigration, Isolation und Einsamkeit neigen.

Im folgenden seien jene Haltungen und Verhaltensweisen beschrieben, die das Kind und den späteren Erwachsenen eher forttreiben oder ausgrenzen.

4.1 Die desinteressierte Haltung (Resonanzlosigkeit)

Hier handelt es sich um einen Mangel an spezifischer Zuwendung: nämlich der warmer oder liebender Anteilnahme an Entwicklung und Fortkommen des Kindes.

Dies fühlt sich nicht wahrgenommen und gesehen, ist auf sich allein gestellt und erlebt Mangel an Halt und Unterstützung. Man könnte hier von Resonanzlosigkeit sprechen im Bereich „zur Kenntnisnahme" des Kindes (Dazu gehören auch manche Formen des „keine Zeit haben", die zugegebenermaßen auch ihre reellen Gründe haben mögen).

Beispiele sind (hier versprachlicht, oft aber natürlich auch averbal gegeben):

„Siehst du nicht, ich habe selbst zu tun . . ., muß noch . . ., habe keine Zeit . . , muß arbeiten . . ."

„Wenn jeder so viel wollte wie du . . ."

„Ich habe auch niemand . . ., meinst du, du bist der/die Einzige . . ."

„Was schert es mich, wie es dir geht, habe mit mir selbst zu tun . . ."

und alle, auch weniger krassen Varianten derselben Aussage.

4.2   Die versagungsvolle Haltung und Atmosphäre

Hier steht das Kind unter allen möglichen Formen emotionalen „Entzugs":

angefangen beim Mangel an Einfühlung bis hin zu krassester Lieblosigkeit oder massivem Liebesentzug.

All dies geschieht wie auf einem Kontinuum in weniger oder mehr schädigender Weise, in mehr oder weniger wegstoßender Qualität.

Beispiele lassen sich hier kaum versprachlichen, da atmosphärisch vermittelte eben „bezugslos", also oft ohne verbale Kommunikation geschehen.

Deshalb möchte ich hier das oben erwähnte Kontinuum bezüglich „mehr oder weniger schädigend" andeuten:

Mangel an: Mitteilsamkeit, Mitgefühl und Einfühlung.
Vernachlässigung der Bedürfnisse des Kindes nach emotionaler Wärme, Aufgehobenheit und Liebe.
Vernachlässigung des sehnsuchtsvollen Bedürfnisses des Kindes, mit seiner Liebe die Eltern erreichen zu dürfen: Hier geht es um das, was ein Kind von vielleicht früh an nicht loswerden kann: seine Zärtlichkeit, Liebe und seine Hilfsbereitschaft.

Hier ist zu bemerken, daß Kinder nicht nur zuweilen Schaden am Nichtgehabten erleiden (am Mangel), sondern auch unter dem nicht Losgewordenen leiden (am „Überschuß").

Beispiele sind der abgewiesene Zärtlichkeitsimpuls des Kindes, das Lächerlichmachen oder Abwerten seiner „Liebesgaben" (z. B. wenn die Eltern Nähe fürchten) oder die Mißachtung der kleinen und größeren Geschenke des Kindes (Gebasteltes, Gemaltes wird ignoriert oder gar weggeworfen).

Emotionaler Entzug: Distanziertheit, Kühle, Zurückweisung, Kälte, Isolierung und gefühlsmäßiges „Einfrieren" (sich selbst und/oder das Gegenüber).

Abbruch der Verbundenheit: Hier ist die Aufkündigung der Bezogenheit auf das Kind gemeint. Diese kann zeitweise oder komplett geschehen: Das Gegenüber wird „wie nicht existent" behandelt bzw. erfährt vorübergehend oder dauerhaft keinerlei Zuwendung.

Bei einem derart schwerwiegenden „Ausschluß aus dem

seelischen Bewußtsein" handelt es sich meist um einen erheblichen Grad an Gestörtheit auf seiten der Bezugsperson. Doch auch ohne diesen Störungsgrad ist emotionale Abwendung über Augenblicke des sich Entziehens hinaus dem Kind gegenüber in der Tendenz schädigendes Verhalten.

4.3 Die abwertende Haltung

Hier sind verschiedenste Formen herabsetzenden Verhaltens gemeint, wie sie das Kind mißachten, demütigen oder niedermachen.

Dies kann sowohl den Leistungs- als auch persönlichen Bereich des Heranwachsenden meinen.

Abwertende Verhaltensweisen schwächen auf Dauer die Selbstwertentwicklung oder verzögern bis verhindern sie.

Beispiele sind (im Kontinuum angedeutet):
abschätzig, spöttisch, herablassend, sich lustig machend, zynisch, sarkastisch, demütigend, beschämend, verächtlich und vernichtend (z. B. Flüche).
Versprachlicht könnte das so klingen:
„Glaub doch nicht, du könntest das . . ."
„Werd erst mal was, dann sehen wir weiter . . ."
„So blöd kann man gar nicht sein . . ."
„Schau an, sie/er meint, sie könne das . . ."
„Ich werd' dir zeigen, wer der/die größere ist . . ., mehr Macht hat . . ., es besser weiß . . ."
„Du wirst das *nie* können, wissen, begreifen . . ."
„Was ich schaffe/schaffte, schaffst du nie . . ."
„Schäme dich wegen . . ." (deiner Eigenart, deinem Charakter, deiner sexuellen Zugehörigkeit, deiner „ungenügenden" Leistung)
„Du wirst nie Erfolg haben . . ."
„Du endest noch in der Gosse . . ."
„Du Nichts, du . . ." (Schimpfwörter aller Art!)
„Aus dir wird nie was . . ."
„Willst du etwas werden wie . . . Vater, Mutter, Geschwister . . ."
„Schau mal deinen Bruder an, der . . . ist besser, richtiger, lieber, klüger usw."

Ergänzen Sie selbst, so Ihnen danach ist.

4.4   Die ausgrenzende Haltung

Hier kann von einer Einstellung dem Kind gegenüber gesprochen werden, die weit über das „Abwerten" hinausgeht und zugleich beim vernichtenden Verhalten einsetzt: Elterliche Personen verweisen das Kind gleichsam auf einen Platz jenseits des familiären Kraftfeldes und schließen es damit aus dem Familienverband aus. Da aber Zugehörigkeit eines der menschlichen Grundbedürfnisse ist, wirkt sich ein ausschließendes Verhalten entsprechend massiv aus: Potentiell wird es als Verstoßung oder Vernichtung erlebt und *kann* zur Selbstmordgefährdung führen.

Beispiele sind:

„*So* jemand gehört nicht zu uns dazu . . ." (z. B. bezogen auf Geschlecht, sexuelle Identität, Eigenarten und Besonderheiten wie ‚behindert', ‚kriminell', ‚homosexuell' oder auf andere Weise ‚nicht ins Schema passend').

„Du bist keiner/keine von uns mehr, wenn du . . ." (z. B. den falschen Partner heiratest, eine andere religiöse Zugehörigkeit annimmst, schwanger wirst usw.)

„Wenn du dich *so* zeigst (z. B. sexuell aufreizend, zu „anders", zu wenig angepaßt usw.), dann wünsche ich, dich nie geboren zu haben" (versteckter Tötungswunsch!).

„Wenn du so weitermachst . . ., guckt dich keiner (aus der Familie) mehr an . . . werden wir dich ignorieren . . . ., tun, als gäbe es dich nicht."

„Du bist wie Vater, Mutter, Oma, Tante, Onkel usw." (soweit dies Negatives bedeutet: z. B. so verrückt, unannehmbar, häßlich, undankbar, unverantwortlich oder leichtlebig).

Bei vielen Formen ausgrenzenden Verhaltens geht es um Konkurrenzdemonstration (ich bin besser, schöner, klüger, weiter oder richtiger als du), oft auch in Zusammenhang mit Machtmißbrauch.

4.5   Die gewaltvolle Haltung und gewaltvolles Verhalten

Hier geht es sehr ausdrücklich um das negative Ausnutzen einer machtvollen Position zu ungunsten und zum Schaden eines schwächeren Gegenübers. Der betroffene Elternteil zwingt dann jeweils zu einem fügsamen Verhalten, das einschüchtert, demütigt, unterwirft, zerstört und/oder eindringt.

Natürlich kann ungut genutzte Gewalt bei manchen Formen bindenden oder wegstoßenden Verhaltens eine Rolle spielen (z. B. beim angstmachenden Verhalten). Mit diesem Punkt
(4.5) geht es mir aber um das im Vordergrund stehende gewalt-
tätige Potential.

Klassische *Haltungen und Beispiele,* wie elterliche Personen
sie zeigen, sind diese:
   Bedrohliche Ausstrahlung bis hin zur offenen Drohung:
„Gott wird dich strafen . . .", – „Ich steck' dich ins Heim . . ." –
„Wenn du nicht gehorchst, schlag' ich's aus dir raus, mach' ich
dich fertig, kaputt, tot . . ."
   Wüste Beschimpfungen, Fluchen und Verfluchen: „Du bist
der letzte Dreck, dem Herrgott sein Gar-niemand, dich er-
wischt's auch noch, sei verflucht bis in alle Zeit . . ." und ähnliches.

Gewaltsam verbietende und unterdrückende Verhaltensweisen. Zunächst möchte ich klarstellen, daß hier *nicht* fair und
kraftvoll gemeinte Grenzziehung und Grenzsetzung gemeint
ist: Diese mag sich entschieden kraftvoll oder auch wütend
durchsetzen, wirkt aber der Ausstrahlung nach nicht dauerhaft
niedermachend oder/und zerstörerisch.
   Beispiele für schädigende Verbote oder Unterdrückung sind:
   „Wehe, du widersprichst mir, bist zu laut, zu lebendig, zu
expressiv, zu wenig talentiert, zu wenig oder zu viel intelligent,
zu sexuell oder sonstwie nicht ‚richtig' . . ."
   „Wenn du laut bist, bringst du den kranken Vater um . . ."
   „Wenn du nicht . . ., passiert was Schlimmes."

Strafen in quälender oder sadistischer Weise: Obwohl in bestimmten Zusammenhängen Strafen angebracht sein mögen,
so darf ein solches Verhalten doch nicht das „Vorrecht des Stär-
keren" *aus*nützen. Eine adäquate Grenzsetzung unterscheidet
sich von gewaltvoller Grenzüberschreitung sehr wohl: Im er-
steren Fall ist niemals zerstörerische Energie beteiligt, bei der
negativen Gewaltanwendung hingegen stets! Wenn also gequält wird oder das Kind durch Sadismen der Eltern zu fügsa-
mem Verhalten gezwungen wird, so geht dies an die Substanz
der werdenden Persönlichkeit.

Einige *Beispiele* für quälendes und/oder sadistisches Verhalten sind diese:

Knien auf Holzscheiten (Strafe), Einsperren in dunkle Räume, zynisches und gemeines Verlachen jedweder Aktivität des Kindes.

Hineinzwingen in beschämende Situationen (ein Vater schickte seinen erst 15jährigen Sohn auf ein Tanzfest, damit er „endlich" Kontakt zu Frauen bekäme, er drohte ihm, falls er ohne Frau heimkäme, ihn „rauszuschmeißen").

Schlagen und mißhandeln: Ungelöste Probleme von Eltern führen immer wieder dazu, daß physische Züchtigung bis hin zur Mißhandlung als Kontroll- und Unterdrückungsmittel eingesetzt werden. Dabei spielt auf seiten der Eltern Hilflosigkeit, Ohnmacht, Haß und oft auch Sadismus eine Rolle. All diese negativen Gefühle lasten auf dem Kind, und man kann ohne weiteres sagen, daß sie in Zusammenhang mit physischer Gewaltanwendung gleichsam in das empfindsame Seelenleben des Kindes eindringen und dort Schaden anrichten. Die Folgen reichen von störrisch-widerständlicher Abschottung bis hin zu massiver Schwächung und Zerstörung des Wesenskerns des Kindes.

Das gleiche gilt für das Thema sexueller Mißbrauch: Darunter fällt jegliche sexuelle Ausbeutung des Mädchens oder des Buben durch einen Elternteil. Stets geht es dabei um die Überschreitung der psychischen und physischen Grenze des Kindes und damit um die Verletzung seiner Unversehrtheit. Wie auch bei der Mißhandlung können entsprechende seelische Störungen die Folge sein.

Wenn Sie an diesem letzten Punkt interessiert sind, so lassen Sie sich wissen, ob es in Ihrer persönlichen Geschichte negative Gewalterfahrungen gibt.

Vielerlei Faktoren unter Punkt III. 3. und 4. tragen einzeln und in ihren vielfältigen Kombinationen zu Fehlentwicklungen bei, die nicht zuletzt auch Jugendkriminalität, Suchtverhalten und Verwahrlosungsdynamiken mitbedingen.

Doch möchte ich hier, wie schon zu Beginn des Buches, noch einmal daran erinnern, daß es mir in keinerlei Zusammenhang um Schuldzuweisungen an die Eltern geht. Wohl ist es wahr, daß wir uns, auch als Eltern, verantworten sollten, aber ebenso wahr ist, daß wir einige gesellschaftliche Bedingungen zu reflektieren und zu verändern haben (z. B. Thema Arbeitslosigkeit). Diese dürften ihren Beitrag leisten zu Fehlentwicklungen, die nur im Elternhaus suchen zu wollen, sowohl falsch als auch unverantwortlich wäre!

IV.   Vom Problem zur Lösung:
Die Begegnung mit den Eltern

In diesem Kapitel gebe ich weitere Beispiele aus meinem therapeutischen Alltag. Natürlich ist die Vielzahl möglicher Konstellationen sehr groß, und die für die einzelnen Punkte genannten Fallbeschreibungen dienen einfach nur der Anregung für Ihre eigene Erinnerung und Geschichte.

In Anlehnung an die jeweiligen Beispiele sind Sie dann eingeladen, selbst über Ihre Vergangenheit nachzuspüren und nachzusinnen. Wenn Sie es möchten, können Sie dann einen Streifzug durch das eine oder andere Problem hindurch zur Lösung wagen.

Manches mag Sie ansprechen oder auch nicht. Erlauben Sie sich, den Weg mit mir zu gehen, und halten Sie dort inne, wo Sie es als sinnvoll und möglich erleben. Ihr Gespür für das Passende wird Sie leiten. Was die angeführten Beispiele betrifft, so ist bei den ritualisierten Sätzen das in Klammern stehende jeweils als Orientierungshilfe für den Leser gedacht, es ist *nicht* Teil des vom Klienten Gesprochenen.

Was meinen angebotenen „Streifzug" durch Ihre eigene Geschichte betrifft, so bedenken Sie bitte, daß ritualisierte Unlösungen und Lösungen allgemeinen Charakter haben werden, da ich Ihre spezifische Situation ja nicht kenne. Die Erfahrung mit meinen Klienten zeigt jedoch, daß die Seele Verallgemeinerungen häufig nutzt, um ein breites Spektrum an gewesenen und möglichen Gegebenheiten abzudecken. Beginnen Sie also die angebotenen Sätze, und lassen Sie sich ergänzen, was immer Ihnen einfällt.

Über die Wirkkraft ritueller Vollzüge habe ich im entsprechenden Kapitel viel gesagt.

Hier soll nur kurz zusammengefaßt und erinnert werden. Die Ritualisierung bewirkt das Folgende:

– Sie verkürzt, verdichtet und konzentriert Inhalte auf ihren wesentlichen Gehalt.

– Sie macht *Un*-lösung (= „das Problem") und Lösung bewußter und läßt die Seele beides gewahr sein und realisieren.
– Sie „anerkennt, was ist", und hilft, Verborgenes oder Unbewußtes ans Licht zu heben.
– Sie läßt auch zuvor blockierte Inhalte „in Fluß" kommen und harmonisiert den Energiehaushalt (auch durch die Rhythmisierung).
– Sie kräftigt das seelische Gleichgewicht und versöhnt mit der eigenen Geschichte und wichtigen Menschen darin (hier: die Eltern).

Nehmen Sie sich – wenn Sie soweit sind – für das Sprechen der Sätze einen ruhigen Augenblick! Möglicherweise möchten Sie die angebotenen Sätze tatsächlich laut aussprechen oder auch im stillen innerlich austesten. Beides ist möglich und nützlich. Eventuell wollen manche wichtigen Sätze mehrmals wiederholt werden. Sprechen Sie langsam genug, um sich zentrieren und spüren zu können! Zuweilen empfiehlt sich auch, die Ritualisierungen an 3–6 Tagen hintereinander zu sprechen (ca. 5 Minuten).

Die involvierten Personen stellen Sie sich in der Phantasie als anwesend vor (Ihnen gegenüber, in einiger Entfernung oder was auch immer stimmig erscheinen mag). Meine „Streifzüge" beziehen sich wesentlich auf die Eltern als Bezugspersonen. Natürlich steht es Ihnen frei, auch einen weiteren Kreis möglicher Personen in ihre Vollzüge einzubauen (andere Verwandte, Lehrer, Freunde und weitere Personen).

Dies ist jedoch nicht Gegenstand dieses Buches. Zunächst nun einen Überblick über die meiner Meinung nach 7 „klassischen" Konstellationen, wie man sie im therapeutischen Alltag erlebt und wie sie gelöst sein wollen. Ich beschreibe typische, damit verbundene Gefühle und gehe dann einzeln auf jeden Punkt ein.

1.   Die blockierende Angst
Der Körper in Lähmung und Aufruhr

Erleben von z. B.:
Nervosität, Unruhe, Fluchttendenz, erhöhtem Herzschlag, Herzstolpern, Herzrasen oder Aufregung bis Panik, Zittern, Schwächegefühl, Leeregefühlen (z. B. im Kopf und/oder Bauch), emotionaler Starre, Todesangst, Denkblockaden (*können* auftreten).

Jeder von uns kennt aus mancherlei Situation von früher bis heute das Gefühl der Ängstlichkeit oder Angst. Zunächst einmal ist sie ein Warnsignal des Körpers und deutet reale oder vermeintliche Gefahr an. Wie alle Gefühle ist sie nicht reiner Selbstzweck, sondern Bemessungsgrundlage für sinnvolle Handlung: Diese kann, bezogen auf Angst, in der Flucht bestehen (z. B. wenn ein Feuer ausbricht) oder in Maßnahmen zum Schutze der eigenen Person oder anderer Personen. Zum Beispiel werden Sie erschrecken und um das Wohlergehen Ihres Kindes fürchten, wenn es zu weit ins Meer hinaus schwimmt: Dann werden Sie es in sichere Gefilde zurückholen.   ·

Neben der Angst als adäquates Warnsignal gibt es auch Zusammenhänge der Vergangenheit, die in uns wirken und möglicherweise mehr oder weniger unbewältigt in unsere Gegenwart hinein wirken. Zum Beispiel: die Angst, nicht gewollt zu sein, im Wege zu sein, nicht geliebt zu sein, nicht genug zu leisten, „es" nicht zu schaffen oder es nicht richtig und recht zu machen. Solche Gefühle sind nicht weniger adäquat als die „Realfurcht", doch tragen wir sie oft als „Überhang" aus der Vergangenheit mit uns, und in manchen Situationen *können* sie dann Verzerrungen der Realität zur Folge haben:

Ich nenne das: die Gegenwart mit den Farben der Vergangenheit „tönen" (dies tun wir zwar in bestimmtem Ausmaß alle, doch ist der *Grad* der Entstellung einer gegebenen Realität und möglicherweise entstehendes Leid oder Disfunktionalität für sich und andere entscheidend).

Beispiel 1:

Hanne (38 Jahre) ist nach dem Tod der Mutter (ab dem 11. Jahr) bei ihrer Stiefmutter aufgewachsen. Als Hanne 6 Jahre alt war, erkrankte ihre Mutter plötzlich und schwer an Krebs, und sie war aufgefordert, die kranke Mutter zu schonen („geh ihr nicht auf die Nerven, halte dich fern, sie kann dich jetzt nicht brauchen"). Der Vater war von Stund an überlastet und wurde mit der Krankheit der Frau nicht fertig. Die Eltern stritten oft, und das Kind fürchtete die unberechenbaren Ausbrüche des Vaters (Frustration, Wut, Überforderung, Hilflosigkeit). War zuvor eine Oma noch Fluchtpunkt gewesen, so fiel auch dieser Halt bald weg (die Oma starb), und Hanne erfuhr kaum noch Trost, Erklärung oder Stütze. Sie spürte die Angst des Vaters, der vieles allein zu bewältigen hatte und in seiner Unversöhntheit mit seinem Schicksal immer verschlossener, bitterer und strenger wurde. Ihm nah zu sein war kaum je möglich („laß mich, du siehst doch, ich muß . . . mich um Mutter kümmern, arbeiten . . . ich kann selbst nicht mehr . . .").

Hanne war mehr oder weniger auf sich gestellt und verlassen (die Mutter war viel in Kliniken und, wenn zu Hause, kaum verfügbar). Sie erinnert sich in der Therapie an ihre damals beginnenden Ängste: „Niemand ist für mich da, niemand hält mich aus, ich bin nur im Wege, keiner kann mich brauchen, immer hab' ich Angst, ob ich da sein darf . . ."

Abgesehen davon, daß es hier auch um einen Mangel an Bedürfniserfüllung ging, so stand doch die Angst vor „unnütz sein" und vor dem eigenen Verlorenheitsgefühl im Vordergrund. Wann immer später (als sie erwachsen und verheiratet war) der Mann in wenig guter Befindlichkeit war, so fühlte sie sich im Wege, und ihre Angst vor Verlassenheit aktivierte sich. Auch brauchte sie übermäßig Versicherung, nicht allein gelassen zu sein (siehe Krankheit und Tod der Mutter), und der Ehemann fing zur Zeit der Therapie an, von ihren emotionalen Ansprüchen überfordert zu sein (Wiederholung der Situation mit dem Vater, der sich seinerseits stets überfordert gefühlt hatte). Die leise Kritik des Mannes wegen der hohen Ansprüche seiner Frau („geh nicht fort, komm bald wieder, magst du mich noch?") beantwortete sie mit vermehrter Angst und klagte schließlich über plötzliche Herzrhythmusstörungen und Klammerungstendenzen.

Im Verlauf der Therapie ergaben sich nach und nach folgende Sätze als ritueller Vollzug (auszugsweise):

Das Problem:
„Mama,
du hast mich allein gelassen,
ich wollte dich halten,
aber du bist einfach gegangen."   (gestorben – Klage und
                                                Tränenfluß).

100

„Papa,
du hattest nie Zeit,
tröste mich doch,   (wenn die Eltern stritten,
ich fürchte mich so . . .   er laut und ausfallend
                                     wurde oder sie zurückwies)

du hast geschimpft,
und ich war dir oft Last,
ich habe Wut
und weiß nicht wohin . . .“   (sie zittert und bebt, weint,
                                     ist in Aufruhr und klagt an)

Die Lösung:
„Mama,
jetzt bist du tot,
und ich vermisse dich noch . . .,
jetzt lasse ich los,   (Schmerz)
und in meinem Herzen
behalte ich dir einen guten Platz,
dort lebst du weiter . . .“   (Erleichterung und Nicken).

An den Vater (er lebt noch, ist in der zweiten Ehe recht froh und hat
starke Schuldgefühle gegenüber der Tochter):
„Oft war es schlimm,
und du warst nicht da   (für mich),
doch nehme ich hin   (bekämpfe nicht, was war),
und mein Zorn darf vergehen.
Ich gelte mir,   (bin mir wert =
                                      Selbstwertstabilisierung)
und was ich fühle,
will ich gut aufgehoben machen . . .“ (Tränen, Rührung,
                                       Beruhigung).
Hier geht es um die Wahrnehmung und verantwortliche Versorgung
ihrer Anliegen „hinter“ der Angst: z. B. Anlehnung suchen, ohne zu
klammern, lernen, sich selbst gut zu trösten, auch wenn sie ihr
„Unnützgefühl“ aktiviert.

Beispiel 2:

Hugo ist 42 Jahre alt, Architekt und sehr erfolgreich. Beruflich hat er
mit vielen Menschen zu tun und ist seit Jahren durch Ängste gepeinigt, Autoritäten gegenüber zu versagen, sich dumm anzustellen oder
in beschämende Situationen zu geraten. Vor allem wenn er beruflich
„Rede und Antwort stehen muß“, steigt so viel Angst auf, daß sie ihm
kaum beherrschbar erscheint: Er spannt sich dann an, schaut, so gut er
kann, niemanden an („damit die meine Unsicherheit nicht merken“)
und flieht das Ereignis, sobald es irgend geht.

Der Verlauf der Therapie (Gruppe) zeigte, daß er unter extrem „abgekühlten" Bedingungen aufgewachsen und unter einem strengen und abgeschotteten Vater gelitten hatte. Dieser war über recht schlimme Kriegserfahrungen nie hinweggekommen, sprach auch kaum darüber und machte sich selbst zum „Exerzierplatz des Durchhaltens" (Beschreibung des Sohnes vom Vater). So ging er auch mit dem Sohn um: Von klein auf war Durchhalten, Antreiben, Zurückweisen, Strafe und Beschämen vorwiegend Erziehungsmethode. Die Mutter ging vergleichsweise tolerant mit dem Sohn um, war aber zur dominanten Position des Vaters kaum Gegengewicht. Am meisten fürchtete der Sohn die „spitzen Augen" des Vaters, dieser „machte ihn allein mit dem Blick fertig", und dieser Blick war es dann auch, den er späterhin in jeglichen Begegnungen mit männlichen Autoritäten zu entdecken glaubte und angstvoll scheute. Oft äußerte Hugo, unter den genannten Bedingungen derart gelähmt zu sein, daß es nur noch ums *Über*leben ginge, von Leben sei keine Rede. Genau das beschrieb er auch von der Lebensart des Vaters ("leben konnte der nicht mehr, nur durchhalten").
Ausschnitte aus rituellen Vollzügen sind:

Das Problem:
„Vater,
meine Angst vor dir ist groß,
durch dich bin ich wie steif und stumm   (das Lähmungsgefühl),
ich kann dich nicht lieben,
bleib mir mit deinen spitzen Augen fern."   (seelische Vibration,
                                             Angst z.T. Horror,
                                             aufgerissene Augen)
und
„Ich sehe dich in so vielen Augen,
ich ertrage es nicht . . ."   (Angst, Schmerz)

Die Lösung:
„Vater,
deine Wärme möchte ich,
nimm mich als deinen Sohn,
schütze mich, wenn ich Angst habe,
und steh mir bei,
wenn ich das Leben lerne . . .,   (statt „Exerzierplatz"
                                             und „*Über*leben")
und laß mich dir nah sein."
Hier überwältigen Hugo seine Gefühle, er hat nie gelernt, zu seinen Anliegen zu stehen und sie auch noch zu äußern: Ihm wird schwach, er kippt fast und weint wie ein kleiner Junge. Er hat physischen Halt von zwei Gruppenmitgliedern, die ihm helfen, seine Gefühle abfließen zu lassen. Danach fühlt er sich leicht und froh. Natürlich folgten noch

weitere Arbeiten, doch war nach zwei Jahren die Angst kaum noch Gegenstand der Therapie.

Das Angebot an den Leser:
1. Lassen Sie sich wissen, ob es in Ihrer Vergangenheit angstvolle Augenblicke, Situationen oder Begebenheiten gibt.
2. Spüren Sie nach, ob diese in Ihre Gegenwart hinein reichen: Aktivieren sie sich in Situationen, die den früheren gleichen und Ihnen Schwierigkeiten bereiten?
3. Erleben Sie solche als beunruhigend bzw. als problematisch?
4. Wer oder was ist im Ursprung Auslöser für solche Ängste, und um welche Situationen geht es?
5. Soweit es die Eltern betrifft, lassen Sie diese in der Phantasie vor sich auftauchen. Richten Sie dann an die gemeinte Person das Wort (entweder laut aussprechend oder innerlich gedacht). Wenn mehrere Personen involviert sind, so sprechen Sie sie einzeln an und vollenden die begonnenen Sätze in Ihrem Sinne. Sprechen Sie u. U. die wichtigen Stellen öfter.

Hier geht es um die Bewältigung dessen, was schwierig oder schlimm war, und um den „Frieden des eigenen Herzens" beim Lösungssatz. Für die Ritualisierungen macht es in der Regel keinen Unterschied, ob die Eltern noch leben oder nicht. Wo doch, werde ich darauf hinweisen.

Wenn das angesprochene Thema ohnehin in Ihrer Geschichte unproblematisch war, so übergehen Sie auch gern den Abschnitt oder streifen ihn nur.

Das Problem:
Liebe .... lieber .... (Mutter, Vater)
– Ich habe Angst gehabt, weil . . . (z. B. du mich eingeschüchtert, entmutigt, gebrüllt, abgewertet oder allein gelassen hast . . .)

– Noch heute leide ich, indem . . . (z. B. ich mich nicht traue, vor mehreren Menschen zu sprechen, Angst vor Nähe habe usw.)

– Dies sind meine Gefühle zu dir . . ., (z. B. Wut, Rage, Haß, Trauer, Schmerz, Angst, Liebe . . .)

– Dies ist meine Einstellung zu dir . . . (z. B. „ich will dich nie mehr sehen", „du bist für mich erledigt", „ich zahl's dir heim", „du tust mir leid", „hoffentlich rächt es sich" usw)

– Was ich gerne von euch gehabt hätte, ist dies . . . (z. B. Unterstützung, Verstehen, Trost, Stärkung, Lob, Beistand, Gewährenlassen oder Liebe)

– Wenn sich an meinen Gefühlen und Einstellungen nichts ändert, dann werde ich in 5–10 Jahren . . . (z. B. bitter sein, freudlos, verhärtet oder krank).

Hier geht es um das Erahnen *möglicher* Folgen für den Fall der unguten Verhaftung an Problem und erlittenes Leid: Ein solcher Bewußtseinsprozeß hilft bei der Lösung solcher möglicher Entwicklungen.

Die Lösung:
„Liebe . . . lieber . . . (Mutter, Vater)
Was du an mir verursacht hast,
das will ich nicht . . . (z. B. nachtragen, noch rächen, noch übelnehmen, noch...)

Ich nehme, was war, an
und lasse bei euch,
was zu euch gehört   (z. B. euer Leid, eure
                              Wut, euer Schicksal
                              und was immer Ihnen
                              hier noch einfällt).
Heute   (wo Sie erwachsen sind)
machst du mir vielleicht zuweilen
noch Angst . . ., (oder alternativ:)
machst du mir *keine* Angst mehr, . . .
ich werde mich in Achtung vor dir
wehren und nicht zulassen, daß . . . (du mich quälst,
                              mir Angst machst,
                              mir drohst usw.)

Was immer ich tue,
ich will es in Freundlichkeit tun
und dir/euch nicht zürnen . . .

Jetzt fühle ich mich
in der Welt   (z. B. Freunde und
aufgehoben, und meine Angst   Bekannte)
soll in freundlichem Gedenken
an euch dahinschwinden,
und Freude – Ruhe – Kraft   (je nachdem)
soll ihren Platz einnehmen."
Lassen Sie ausschwingen, was vielleicht noch schwingt, und
sind Sie sich Ihrer Befindlichkeit gewahr!

2. Die blockierende Ausweglosigkeit
*Keine gute oder gar keine Wahl haben (Zwickmühle
oder Doppelbindung)*

Erleben von z. B.:
Spannung und Anspannung (psychisch und physisch), Zwie-
spältigkeit, Lähmung, Hilflosigkeit, Ohnmacht, Denkblok-
kaden, ebenso Kampf, Rage bis Gewaltimpulse, Leugnung,
Resignation, Verzweiflung, Erschöpfung (vom Kampf)

Wenn Sie mit diesem Punkt befaßt sind, so wird sich sehr wahrscheinlich ein sofortiges Gefühl dafür einstellen, ob es Ähnliches in Ihrer Geschichte gegeben hat oder gibt. Hier geht es um zweierlei mögliche Situationen:

a) Bei der *„Zwickmühlendynamik"* wird man einerseits (meist in der Kindheit anfangend) Bedingungen ausgesetzt, die keine gute Wahl lassen und einen hohen, mehr oder weniger unangenehmen Preis fordern. Andererseits neigt man, erwachsen werdend, dazu, Dinge so zu konstellieren, daß es scheinbar oder tatsächlich keinen Ausweg ohne Unbillen gibt: Gedanken und Ideen werden dann so miteinander gekoppelt, daß es erneut zu keiner guten Lösung kommen kann und ein zu zahlender Preis angesichts des Dilemmas vermieden oder verweigert wird.

Ein Beispiel:

Oliver – Einzelkind, heute 32 Jahre alt und Feinmechaniker – hatte eine sehr enge Mutterbindung. Sein Vater war ihm, wenn auch oft außer Haus, liebevoll zugetan, konnte seinen Sohn aber wenig erreichen, da seine Frau ihm aus vielerlei Gründen feindselig gesonnen war und das Kind gegen ihn einnahm. So stand der Sohn *zwischen* Mutter und Vater: Anfangs diente er als Klagemauer für die Mutter und wurde „übermuttert" („du bist das einzige, was ich habe, schau, was dein Vater Schlimmes anrichtet"), später, mit etwa 10–12 Jahren, suchte er vermehrt die Nähe des Vaters und wurde von der Mutter dafür mit Liebesentzug und gekränkter Miene bedacht. Der Vater wiederum traute sich kaum auf die Annäherungsversuche des Kindes einzugehen, da seine Frau ihn deutlich spüren ließ, daß er kein Anrecht auf das Kind habe („du wolltest doch gar kein Kind, warum nimmst du ihn mir weg? Du bist kein Mann, von dir lernt der doch nichts . . . " und ähnliche Abwertungen).

Fügte sich also der Sohn den Bedingungen der Mutter, so war er an sie gebunden und von ihren Wünschen „verschlungen" („mach *du* mir nicht auch noch Sorgen, bei mir kriegst du alles, was du brauchst, sei ein liebes Kind und sieh den Vater so wie ich . . ."). Der zu zahlende Preis bestand im Verlust des Vaters.

Fügte sich der Sohn *nicht* (was er öfter versuchte), so erntete er abweisendes Verhalten der Mutter und ihre Anklage, er wisse nicht, wo sein Platz sei (stets begleitet von leidensvoll aggressiver Miene). Der zu zahlende Preis für die Näheversuche dem Vater gegenüber bestand also in der Abwendung der Mutter ihm gegenüber. So war er von klein auf zwischen den elterlichen Welten hin- und hergerissen und fand seinen Platz tatsächlich nicht. Die Beziehung zum Vater blieb unausgeformt: idealisierend, sehnsüchtig, bewundernd, angstvoll und unerfüllt („Untervaterung").

Die Beziehung zur Mutter schwankte zwischen Mitgefühl und Bedrängtheits- bis hin zu seelischen Erstickungsgefühlen.

Genauso konstellierte es sich später, als er Student und dann berufstätig wurde (Pädagoge). Männliche Leitfiguren und Autoritäten schienen ihm fern und unerreichbar (Vaterfiguren), weibliche Personen (Kolleginnen, selbst Freundinnen) schienen ihn auszubeuten und „dauernd etwas von ihm zu wollen". Viele menschliche Beziehungen gestaltete er sich zusätzlich als „zwischen den Stühlen sitzend".

Mit Beginn der Therapie hatte er Hautausschläge und starke Magen-Darm-Probleme (psychosomatisch bedingt).

Wichtig ist mir hier hinzuzufügen, daß Menschen mit Zwickmühlendynamiken fast alle verschiedenste psychosomatische Erscheinungen zeigen (als Ergebnis der scheinbaren oder tatsächlichen Ausweglosigkeit).

Die blockierende Ideenkopplung bei Oliver war diese (Ausschnitt!):

Einem Mann (z. B. seinem Professor) als Leitfigur nah sein wollen heißt Mühsal und Mißerfolg, also besser allein zurechtkommen und die Sehnsucht (nach männlicher Identifikation) verbergen. Eine Frau nah sein lassen heißt eingenommen werden, dauernd „gemolken" werden und „nicht mehr wegkommen". Was er auch wählte: An *einem* Ende verlor er stets etwas und hatte einen Preis zu zahlen, der ihm unannehmbar schien.

Zu Beginn der Therapie zeigte sich Oliver erschöpft (von seinen Versuchen, einen gelingenden Kontakt zu Menschen herzustellen), war stark an einer Lösung interessiert und zugleich ängstlich, ich könne ihn „übermuttern" („Mich nicht machen lassen, *dein* Ding an mir abfahren, wie die Mutter").

Hier ein Auszug aus den rituellen Vollzügen:

Das Problem:
„Mutter,
was ich auch tue,
stets soll es *dir* dienen   („immer zählst nur du!"),
dein Anspruch ist mir zu hoch
und dein Verpflichtung   (den Vater nicht zu
                                              kontaktieren)
zu nah.
Deine Klagen nehme ich nicht   (Verzweiflung, Wut,
                                              Mitgefühl),
sie gelten nicht *mir*   (weil ich ein Kind bin und
                                              nicht Betreuungsperson).

Bleib weiter weg und laß
mich atmen . . ."   (schnauft durch, ist
                                              zornesgeladen und
                                              abgrenzungsbereit).

107

„Vater,
du *sollst* sie nicht fürchten . . .   (die Mutter) ,
ich brauche dich,
suche und finde mich
und hol mich raus . . .   (aus der Ausweglosigkeit),
lehre *du* mich der Welt standzuhalten!" (Hier geht es um das
                                                 Bedürfnis nach der Kraft
                                                 des Vaters, der ihm zeigt,
                                                 wie man nah sein kann,
                                                 aber auch wie man sich,
                                                 wo gewollt und angebracht,
                                                 distanziert.)

Die Lösung:
„Mutter,
ich nehme dich als meine Mutter,
hab Dank für alles Liebe,
das du an mir getan hast,
doch deine *Über*nähe   (bindendes Verhalten)
weise ich von mir,
schau du freundlich auf mich,
auch wenn ich ferner bin"   (abgegrenzt, bedauernd,
                                                 bittend, traurig).

Hier geht es um die Äußerung des *gesunden* Wunsches, gleichgültig wie eine reale Mutter reagieren würde (positiv oder negativ). Der Wunsch als solcher, rituell vollzogen, hat eine eigene Magie und als solche einen heilenden Effekt. Es gilt dann, mögliche negative Reaktionen einer Person im Realleben *nicht* mit Widerwillen oder Rebellion zu beantworten, sondern in ruhiger Neutralität seinen Standpunkt fest zu wahren und, wo nötig, zu vertreten!

„Vater,
nimm mich als deinen Sohn,
denn ohne deine Kraft
ist es schwerer für mich   (das Leben gut zu
                                                 bestehen) . . .

Was zwischen euch läuft   (Mutter und Vater),
geht mich nichts an,
segne du mich,
wenn ich mich raushalte   (mich nicht zwischen euch
                                                 „verzehren" lasse).

Du bist mein Vater,
und bei dir will ich sein"   (Rührung, Schmerz).

Die Wochen nach diesen und anderen Ritualen zeigen, daß Oliver seine Zwickmühle entschlüsselt hat: Er läßt sich nicht mehr fangen im Netz der ihm nahegelegten und „selbstgestrickten" Muster: Jetzt begreift er, daß seine Ideen und Gedanken neu geordnet gehören: z. B. *beiden* nah sein (Mutter *und* Vater) mag jemand kränken, aber das heißt *nicht* „ich bin schuld . . ."

Mit dem Ausstieg aus der Zwickmühle stellt sich auch sein Gefühlshaushalt um: Die „verzwickten" Gefühle (Verzweiflung, Kampf, Resignation usw.), werden unnötig, und schöpferische Kräfte mobilisieren sich statt dessen. Heute studiert er, ist ein fröhlicher Mensch und immer noch sensibel gegen „gegriffen werden". Er definiert sich mit seinen Anliegen und hat aufgehört, sich selbst kognitive und emotionale Fallen zu bauen.

b) *Der double-bind* (doppelte Bindung)

Er ist ein der Zwickmühle ähnliches Gefüge, aber komplexer: Hier werden zwei oder mehrere Anforderungen gestellt, die in sich selbst unvereinbar und folglich unerfüllbar sind. Gleichzeitig darf der „Irrsinn" als solcher nicht erkannt werden, und auch darf das Feld nicht geräumt werden.

Bei diesem Konzept von Bateson geht es um eine Kommunikationsform, die, über längere Zeit getätigt, in den Wahnsinn treiben kann: Die einzige Wahl zu entkommen ist u. U. das „sich in eine andere Wirklichkeit verrücken", also „verrückt werden". Und diese Wahl bietet einen Ausstieg, der selbst wiederum auf Dauer keine gute Lösung sein kann, weil die gelebte Verrückt-heit in der Regel eher lebensuntüchtig werden läßt.

Ein Beispiel:

Susa ist 26 Jahre alt und hatte einen Bruder, der mit 22 Jahren an Krebs starb. Der Vater war ein stiller und zurückgezogener Mann, der mehr oder weniger unglücklich neben seiner Frau „dahinlebte". Offensichtlich hatten die beiden einander wenig zu sagen, und Susa erinnert sich wenig an positiven Kontakt zwischen den Eltern. Zu Beginn der Therapie ist sie eine kluge, aber heftig blockierte junge Frau, die kaum entscheidungsfähig ist und die meisten Situationen unlösbar konstelliert.

Sie ist verheiratet und hat ein kleines Kind und einen erfolgreichen und strebsamen Mann an ihrer Seite. Eine ihrer hauptsächlichen Klagen dreht sich um das Gefühl, einen „gespaltenen Verstand" zu haben und Gefühle, „die nie passen". Weder ihr Gespür noch ihre Gedanken sind ihr Leitlinie zu effektivem Handeln, und die Hauptfrage des täglichen Leben ist :

„ . . . wie soll ich wissen, was stimmt, richtig ist, gut ausgeht . . . ?"
Sie läßt in den meisten Dingen ihren Mann entscheiden (was gekocht wird, wie finanzielle Dinge zu regeln sind, ob und in welchen Kindergarten das Kind geht). Im Verlauf der Gespräche (erst Einzel) habe ich den Eindruck, daß dieser Frau irgendwann einmal die „Nerven anschmoren" könnten und sie sich unter Einwirkung ihrer Zerrissenheit in so vielen Dingen an den Rand des Irrsinns treiben könnte.

Ihre Geschichte erklärt nach und nach die Zusammenhänge:
Der Vater war ursprünglich lebendig und gesellig gewesen, verlagerte dies aber immer mehr „nach draußen", da seine Frau ihn systematisch „verunfähigte": Wollte er kochen, so nahm sie ihm die Arbeit aus der Hand, kochte er nicht, so trug er ihrer Meinung nach „zu nichts" bei. Half er beim Saubermachen, so „machte er mehr Dreck, als er entfernte" (Aussage der Mutter), half er nicht, so war er schuld am „ewig verdreckten Haus". Die hochambivalente und zwiespältige Mutter ging mit der Tochter nicht anders um:

Spielte sie als Kind still vor sich hin, so pflegte die Mutter sie ständig mit Reizen zu überfordern (mach dies, mach das, wieso nicht das andere?), spielte sie nicht, so klagte die Mutter sie an, nur „herumzusitzen". War sie als Schulkind lebendig und aktiv, so fand die Mutter sie „überdreht", war sie still oder nachdenklich, so schalt die Mutter sie als „faul, nichts im Kopf und undurchschaubar". Jeden Protest des Kindes erstickte sie im Keim, und Susa leugnete schließlich, überhaupt etwas zu wollen. Was sie auch in der Pubertät entschied, es wurde von der Mutter mit Negativbedeutung belegt. Mit 18 Jahren schließlich zog sie aus (unter dem Geschrei der Mutter) und war stolz, das erste Mal etwas entschieden zu haben, „ohne mich verrückt machen zu lassen".

Hier kleine Ausschnitte aus den rituellen Sätzen:

Das Problem:
An die Mutter:
„Ich weiß nicht mehr,
ich tu nichts mehr,
es ist ja alles falsch   (Empörung und Haß).
Mein Kopf ist leer,
mein Bauch ist voll . . .   (von Wut, Verzweiflung,
                                          Resignation).
So schaffe ich's nie . . ."   (Verachtung, Angriffsimpulse,
                                          Selbsthaß und Schmerz)

Zum Zeitpunkt der Therapie lebt die Mutter allein, der Ehemann ist ausgezogen („er konnte nicht mehr"), und seine Frau arbeitet stundenweise in der Altenbetreuung. Hier scheint sie mit ähnlichen Kommunikationsmustern Unheil anzurichten, die Tochter realisierte dies, als sie die Mutter einst am Arbeitsplatz aufsuchte: Nichts ist recht getan, kaum eine Botschaft ist mit der jeweils nachfolgenden vereinbar.

In Richtung Lösung:
„Mutter, es tut mir leid . . .   (daß ich Distanz zu dir
                                                  halten muß, um mich zu
                                                  schützen),
noch lasse ich mich kirre machen   (durch deine Botschaften),
doch bald werde ich wissen,
spüren, denken und das meine
entscheiden . . .
ich werde nicht mehr *verrückbar* sein,
und meine Füße werden bis in den Kopf
einen festen Stand haben"   (Anspielung auf ihre
                                                  Aussage, daß sie sich
                                                  von Kopf bis Fuß „irre ge-
                                                  macht" fühlte).

Susa brauchte etwa zwei Jahre, um mit wirklich *guten* Gefühlen Entscheidungen zu treffen, ohne sich zwanghaft mit unnützen „fürs und widers" zu quälen.

Heute ist sie ihrer Mutter einfühlsam verbunden, ihr Verstand bleibt klar, und ihre Seele ist durch „Kirre-Machendes" nicht mehr einnehmbar. Gleichzeitig braucht sie zuweilen Distanz, um ihre Stabilität nicht zu labilisieren, und sie reagiert immer noch stark auf geringste Angebote kommunikativer Wirrnis (hält sich aber klar).

Das Angebot an den Leser:
Nach dem Lesen des vorangegangenen Textes werden Sie sehr wahrscheinlich ein instinktives Gefühl dafür haben, ob mehr oder weniger konfus oder „kirre"-machende Kommunikation in Ihrer Vergangenheit eine Rolle spielte. Wenn ja, ist das Nachfolgende evtl. eine Möglichkeit, mehr Klarheit in den Ablauf des Musters zu bringen und mögliche eigene Konfusion aufzulösen.

Bedenken Sie also zunächst den Umgang von Vater und Mutter untereinander oder mit Ihnen oder Ihren Geschwistern.

Können Sie im großen und ganzen eine eindeutige Beziehungsstruktur erkennen, die zwar nicht notwendigerweise gut oder angenehm sein muß, jedoch *klar:* Damit ist die *Durchschaubarkeit* des Kommunizierten gemeint, die *Eindeutigkeit* und die *realisierbare Umsetzung* in eine mögliche Praxis:

Z. B. „Wenn du das Buch fertig gelesen hast, könntest du mir dann beim Kochen helfen?" Hierauf kann man adäquat reagieren: „Es dauert aber noch eine Stunde . . ." oder „ja, ich bin in 10 Minuten fertig . . .", „nein, ich muß zur Arbeit" usw.

Bei dieser Kommunikation hingegen geht es konfus zu: „Lies das Buch fertig und hilf mir beim Kochen." Legt X das Buch nach 5 Minuten weg, um zu helfen: „Jetzt lies doch wenigstens *ein* Buch mal fertig, kannst du denn gar nichts durchhalten?" Legt X das Buch *nicht* weg, sondern liest weiter: „Hörst du nicht, ich brauche Hilfe beim Kochen." Protestiert X: „Was soll ich denn nun tun, helfen oder lesen?" Antwort: „Du sollst tun, was ich dir sage . . ."

Hier haben wir also wieder ein vereinfachtes Beispiel *angebotener Ausweglosigkeit* (was immer X tut, führt zu keiner machbaren und befriedigenden Lösung): Durchschaut X die Situation nicht als unlösbar, so läßt er sich „irren Sinns" machen („Irr-Sinn").

1. Gibt es also Situationen in Ihrer Kindheit oder später, wo zweideutig oder mehrdeutig interagiert wurde?
2. Oder/und gibt es „Zwickmühlenangebote", die eine Lösung *nur* bei Inkaufnahme eines hohen Preises möglich machen? z.B.:
   – „Liebst du mehr Mama oder Papa?"
   – Bei Trennung der Eltern: „Zu wem willst du lieber?" (und dann Kränkung, wenn es der andere ist).
   – „Wenn du deinen Vater/Mutter verteidigst, bist du für *mich* gestorben."(In Wut von einem Elternteil ans Kind gerichtet: Tritt es für den abwesenden Elternteil ein, wird es als gegen den anwesenden gerichtet verstanden.)
   – „Wenn du mich *wirklich* liebtest, würdest du dies oder das nicht zu mir sagen" (z. B. kritisches). *Wird* hier gesagt, was man meint, so wird es als Nichtliebe ausgelegt, sagt man es nicht, gibt man seine Meinung auf. In beiden Fällen muß also ein Preis bezahlt werden.

Spüren Sie also weiter nach, ob es in Ihrer Geschichte eine derart oder ähnlich „verdrehte" Kommunikation gab!

3. Gibt es sonst eine Art und Weise des Umgangs in bezug auf Sie (früher und heute), die vom *Elternteil her* Lösbarkeit der Dinge verunmöglicht oder sehr schwer macht? Z. B. Eltern in ambivalenten Gefühlen: „Steck mich *bloß nie* in ein Altersheim, ich würde umkommen . . ." Zugleich: „Nimm mich *niemals* zu dir ins Haus, ich will keine Last sein . . ." Und ebenfalls zugleich: „Wenn ich ganz allein zu Hause bin, bist *du schuld*, wenn mir was geschieht . . ."

Hier z. B. fühlt sich der entsprechende Elternteil *selbst* in einem Dilemma: Alle drei Alternativen (Heim, eigenes Haus oder Wohnung und zu Hause des Kindes) scheinen unannehmbar und fordern einen Preis, der nicht bezahlt werden möchte. Was dieses Beispiel betrifft, so kann man sich gern einfühlen, *wie* schwer es auch einem selbst wäre, zwischen den drei Alternativen zu wählen (Heim = mögliche Einsamkeit; im eigenen Haus allein lebend = mögliche Gefahr des Nicht-zurecht-Kommens im Alter, und bei den Kindern sein = potentielle Last sein oder werden).

Falls Ihnen zu diesem Zeitpunkt ähnliche oder andere Situationen zu Ihrer Geschichte eingefallen sind, so fahren Sie fort:

4. Wie hat sich für Sie in der Kindheit Ausweglosigkeit konstelliert?

5. Was geschieht in der Situation: Wurde die Ausweglosigkeit durch uneindeutige oder zwiespältige oder verrückte Kommunikation etabliert?

6. Wie verhielten Sie sich damals und ging es letztlich gut oder weniger gut für Sie aus?

7. Was haben Sie damals möglicherweise für sich „beschlossen", um zurechtzukommen? (z. B. „es muß an mir liegen", „ich bin zu dumm", „alles ist mir egal")

Wenn Sie noch Ungelöstes mit sich tragen und/oder es an anderen austragen, so sehen Sie jetzt die betreffende Person/ Personen vor sich und sprechen Sie laut oder in sich hinein gedacht (vollenden Sie, wie bekannt, die begonnenen Sätze):

Das Problem:
Liebe . . ., lieber . . . (Mutter, Vater),
„es war mir schwer, weil . . ."   (z. B. ich nicht verstand,
                                        nichts richtig machen
                                        konnte, es dir
                                        nicht recht machen
                                        konnte . . .)

„Noch heute trage ich daran,
daß ich . . ."   (z. B. schwer Entschei-
                                        dungen treffen kann,
                                        andere mit *meiner*
                                        Kommunikation in die
                                        Ausweglosigkeit treibe,
                                        mich konfus zeige,
                                        schlecht denken kann,
                                        Sachen nicht sortiert
                                        kriege und anderes . . .)

„Was ich jetzt dir/euch gegenüber
fühle, ist dies . . ."   (z. B. Wut, Haß,
                                        Verachtung, Angst,
                                        Unsicherheit,
                                        Konfusion)

„Und ich denke über euch . . ."   (Ihre Einstellung!:
                                        z. B., daß ihr „spinnt",
                                        ihr mir leid tut,
                                        ich euch nicht verstehe,
                                        ihr mir egal seid usw.)

Auch hier geht es um eventuell noch vorhandene ungute
Verhaftungen an die Eltern, sei es z. B. Gleichgültigkeit, Abwertung, Verachtung oder Überheblichkeit.

Dies ist ein möglicherweise hilfreiches Lösungsritual:

Die Lösung:
„Liebe . . ., lieber . . . (Mutter, Vater),
ich löse mich jetzt
von deiner Art des Umgangs

mit mir . . .   (was immer das Konfus-
machende war . . .)

Es soll mir leichtfallen,
mich nicht zu verwickeln . . .   (in jegliches „schräge"
Angebot),

mag sein, ich kränke,
irritiere oder brüskiere euch . . .   (was auch immer)
Mein Auge soll klar bleiben,
und mein Verstand darf erfassen   (was geschieht).
Wo nötig, werde ich ferner sein   (um mich nicht in
Auswegloses zu
verlieren),

doch sollt ihr einen guten
Platz in meinem Herzen haben . . .,
und was ich kann und darf,
trage ich gern zu eurem
Wohlsein bei . . ."   (real – so die Eltern
leben).

Das letztere dient dem Tatbestand, daß gerade bei potentiell verrückt-machender Kommunikation die Anliegen der Eltern groß und zudem sehr verborgen sind. Vielleicht lohnt es sich, dem nachzuspüren und uns bereit zu erklären, das uns Mögliche und Zumutbare beizutragen. Eine solche Entscheidung kann das Herz leicht und froh machen und von möglichen Schuldgefühlen befreien.

Wenn Sie Lust haben, so schließen Sie Punkt 2 mit der Frage ab, in welchem Maß Sie heute mit Ihren Eltern – so sie noch leben – einen Ihnen verantwortbaren Kontakt haben und ob Sie damit zufrieden sind oder seelisch im Gleichgewicht.

Leben Ihre Eltern nicht mehr, so spüren Sie nach, in welcher Weise sie in Ihrem Herzen eine Rolle spielen oder auch nicht: Sind sie „gut aufgehoben" bei Ihnen oder eher ausgeblendet oder ferngehalten?

3. Die unerledigte Anklage und Klage
Das Staugefühl

Erleben von z. B.:
Ärger, Zorn, Wut, Protest, Rebellion, Anklage, Vorwurf, Haß, Ohnmacht, Ausgeliefertsein (zuweilen), Scham, Schuldgefühlen.
Anspruchlichkeit auf:
Verständnis, Einsicht, Mitgefühl, Reue, Eingeständnis (z. B. von Schuld), Wiedergutmachung oder „Ungeschehenmachen".

Auch wenn wir ein Elternhaus hatten, das uns im großen und ganzen zufrieden oder froh sein läßt, so gibt es doch fast stets etwas, das wir beklagen oder wo wir anklagen. Doch nicht jede gebliebene Klage oder Anklage schafft Unfrieden mit den Eltern: Manches löst sich im Laufe der Zeit auf, relativiert sich oder verliert seine ungute Wirkung. Zuweilen aber sind wir übervoll, fast wie gestaut, und das Bedürfnis, ansprechen zu dürfen, reden zu dürfen, wird groß oder übermächtig. Nicht immer ist unsere Klage bei den Eltern selber unterbringbar: Schnell fühlen sie sich angegriffen, schuldig gesprochen oder abgelehnt. Manchmal auch greifen wir tatsächlich an, sprechen schuldig oder lehnen ab. Das blockiert einen friedvollen Kontakt zu den Eltern erst recht, und Unbehagen bis Bitternis ist nur allzuoft die Folge auf beiden Seiten.

Gründe für unerledigte Klagen gibt es natürlich viele: Sie hängen u. a. mit Punkt 4 zusammen (unerfüllt gebliebene Wünsche), sind aber meist zusätzlich Zeichen der Unversöhntheit: Wir beanspruchen dann eine andere Vergangenheit als die, die war („Wäret ihr anders gewesen . . ."), wir hoffen auf kindlicher Ebene auf Wiedergutmachung („. . . ihr sollt was tun an mir, damit alles wieder gut wird . . .") oder bleiben in fordernder und potentiell übelnehmender oder rächerischer Position („Das verzeih' ich nie, die werden noch sehen . . ., die sollen kapieren, was sie falsch gemacht haben . . ." und ähnliches).

Abgesehen davon, daß insbesondere die *Anklage* grundsätzlich für niemand gesunde Stärkung bringt, so kann sie, über lange Zeit ausgetragen, recht unglücklich und zuweilen auch krank machen. Unbenommen davon bedeutet dies nicht, daß wir unseren Eltern nicht nahebringen dürften, was ungut war, weh getan hat und unannehmbar war. Doch ist hier die Form entscheidend: „Beklagenswertes" in Austausch zu bringen kann verstehbares Anliegen sein, um Verständnis und Widerhall zu finden. Doch so zu tun, als hätten wir ein angeborenes Recht auf unfehlbare Eltern und ebenso ein Recht, leidfrei aufgewachsen zu sein: Dies scheint mir eine wenig zuträgliche und oft auch anmaßende Position zu sein. Das gleiche gilt in der Regel beim *Ver*urteilen: Über unsere Eltern zu Gericht sitzen zu wollen, erhebt uns *über* sie und macht uns oft selbstgerecht. Bleibt also auch hier zu fragen, ob es Wege gibt, dem Gewesenen zuzustimmen *und* es zu nutzen, um unsere Entwicklung nicht zu blockieren. In anderen Kapiteln beschrieb ich bereits, wie sehr ich meine, daß gewisse Gefühle wachstumsträchtige Schritte verhindern: Anklage und Überheblichkeit sind zwei davon. Es mag manch Unzuträgliches oder auch Schlimmes in unserer Geschichte gewesen sein, doch ob es uns letztlich schadet, uns unbeschadet läßt oder gar gewisse Talente stabilisiert, das hängt *auch* von unserer Einstellung ab. Und nachtragend zu sein verbirgt die Idee, daß es hätte anders sein *müssen*, daß es wenigstens jetzt noch anders werden *sollte* oder daß die Folgen der „Untat" über den Elternteil kommen *sollten* (Straf- oder Rachebedürfnisse). Schmerz, Angst und Wut sind häufig Gefühle, die zum Zwecke der Selbstreinigung abfließen möchten *und* sollen, doch ist z. B. jede Wut, die chronisch ausgelebt wird, höchstwahrscheinlich ein unproduktiv gewordener Selbstläufer und schwächt eher, als daß sie stärkt oder Sinnvolles bewirkt. ·

Im Zusammenhang mit Klage und Anklage nun zwei Beispiele:

Beispiel 1:

Die Anklage
Sylvia, 28 Jahre, kinderlos, hat sich gerade von ihrem Mann getrennt, der daraufhin ein halbes Jahr später einen Suizidversuch unternahm. Er glaubte, *ohne* sie nicht leben zu können, und sie glaubte, nicht *mit* ihm leben zu können.

Es stellte sich heraus, daß sie höchste Ansprüche an ihn stellte, ihn physisch und geistig „perfektionieren" wollte und ihn für seine Bemühungen, dem nachzukommen (ohne viel Erfolg), schließlich verachtete. Sie trennte sich mit dem Argument „aus dir wird nichts mehr", und er konnte sich dagegen kaum wehren, sondern wurde nach und nach eher depressiv.

Die Ehe der Eltern war so verlaufen, daß der Vater nach langer schwieriger Ehe und mehreren Außenbeziehungen die Frau verlassen wollte, diese daraufhin einen Suizidversuch machte, der den Mann zurücktrieb und ihn die Ehe aufrechterhalten ließ (er war streng religiös). Heute noch leben beide in gewohnheitsgemäß verstrickter Weise zusammen, ohne besonders froh miteinander zu sein.

Sylvia, zweites von vier Kindern (alles Mädchen), wuchs im Spannungsfeld elterlicher Beziehungsgestaltung auf: Sie sah die Mutter viel im Leid (wegen der Außenbeziehung des Mannes) und war zugleich Lieblingstochter des Vaters. *Ihn* verehrte sie, von ihm lernte sie höchste Ansprüche an den Partner zu stellen (wie auch die Mutter dem Vater ihm in nichts genügt hatte). Zugleich behielt sie den Vater als kindliches Ideal und einzigartig „richtigen Mann" in ihrer Phantasie, so daß es niemand (auch nicht der Ehemann) mit ihm aufnehmen konnte. Sie lebte auf diese Weise mit umgekehrten Vorzeichen ähnliches aus wie die Eltern: *Sie* verachtete den Ehemann wie der Vater die Mutter, nur hatte *sie* die Trennung auch nach dem Suizidversuch des Mannes aufrechterhalten. Nun wollte sie in der Therapie wissen: „Warum suche ich mir immer die falschen Männer aus."

Nun bestand ihre gesamte Art, sich zu zeigen, in einer einzigen Anklage (bis auf den Vater, den idealisierte sie in Teilen bis heute): gegen den Ehemann, der „nie" verstanden hatte, was sie wollte und brauchte (ihre Idee war: „Wenn er verstünde, würde er werden, wie ich möchte"), gegen die Mutter, die sie „immer nur leiden sah" und „wie kann man sich denn umbringen wollen, ‚nur' weil der mit anderen Frauen rummacht". Über viele Jahre hatte Sylvia ihrer Mutter deshalb Vorwürfe gemacht, und obwohl sie den Vater sehr liebte (gebundene Tochter), warf sie ihm vor, er hätte „halt gehen sollen". (Er war nicht gegangen, hingegen *sie*!) Beide Eltern klagte sie empört an, sie selbst hätte ein „weniger beschissenes Leben" gehabt, wenn diese sich besser verstanden hätten, ihre Mutter anders gewesen wäre („mehr Frau und nicht immer verheult") und der Vater nicht „vor der Scheidung umgekippt wäre".

Die Anklagen gingen auch bezogen auf ihre Kindheit ins Detail: Was die Mutter alles falsch gemacht hätte, wie es richtig gewesen wäre usw.

Sie selbst litt inzwischen unter chronischer Unzufriedenheit, auch die Leute an ihrem Arbeitsplatz waren „die Falschen" („die verstehen nicht, worum es geht").

Im Therapieverlauf dauerte es eine Weile, bis sie verstand, daß ein Teil der Anklagen zwar der Sache nach nicht falsch war (die Mutter hatte sie tatsächlich als „Geländer" benutzt usw.), daß aber das Hauptproblem in ihrer überheblichen Selbstsicherheit und in ihrer unange-

messenen Ansprüchlichkeit lag (sogenannte „Grandiosität" = erheb-
liche Selbstüber- oder Unterschätzung).
  Hier Auszüge aus den Ritualisierungen:

Das Problem:
Hier wird ihr das Thema der Anklage bewußt und in der rituellen Verdichtung vor Augen geführt, so daß sie gewahr wird, sozusagen zur
Besinnung kommt und den unguten Effekt spürt und dauerhaft überwinden lernt!

„Liebe Mutter,
ich klage dich an:

mich hast du benutzt	(als Klagemauer),
ihm (Vater) wurdest du nicht gerecht,	
und für *mich* warst du nicht da …	(die Mutter „überließ" die Tochter dem Ehemann als „dessen" Kind, nur als Kontaktperson für *ihre* Klagen hatte die Tochter wesentlich Funktion).

Ich will nicht ablassen von meiner Klage –

bis du mir sagst, ich habe *recht* …	(Wut, Triumph, Selbstgerechtigkeit),
und ich misch mich ein,	
immer wieder …"	(in eure Angelegenheiten).

Im Kontakt zum Vater greife ich die Idealisierung der Tochter ihm gegenüber auf und ihren Status als „gebundene Tochter" (Lieblingskind
vom Vater).

„Lieber Vater,

du bist es, *nur* du	(strahlt „ihren" symbolischen Papa an),
mit *dir* kann keiner mithalten	(Anspielung auf den von ihr verachteten Ehemann, hier lacht sie vergnügt),
aber trennen hättest du dich müssen …	
ich *bestehe* darauf …"	(kindlicher Zorn, Empörung, Anklage).

Mit beiden Ritualisierungen spürt sie die anmaßende Absurdität der
Situation und hat einerseits Spaß an der Realisierung, andererseits
kommt etwas Scham auf (angemessene!) und die „Entblähung" ihrer
überheblichen Seite bahnt sich an. Hinter Anklage und Protest steht
bereits Schmerz an über die wenig geglückte Ehe der Eltern *und* ihre
eigene. Ebenso tauchen Schuldgefühle dem Ehemann gegenüber auf
(wahrscheinlich berechtigte).

Die Lösung:
„Liebe Mutter,
du hast mir oft gefehlt . . .,
und deine Trösterin konnte ich
nicht sein   (Bewegtheit, Mitgefühl),
es tut mir leid für dein Leid . . .,
ich habe dir nichts vorzuschreiben,
ich halte mich raus . . ."   (Enttäuschung, Erkenntnis,
                                                   daß nichts ungeschehen
                                                   gemacht werden kann,
                                                   Schmerz und Scham).

„Lieber Vater,
dich mag ich sehr –
als meinen *Vater* . . .,
auch aus *deinen* Dingen
halt' ich mich raus   (Anspielung auf Außen-
                                                   beziehung und ihren
                                                   Anspruch „er hätte sich
                                                   trennen müssen"),
segne mich,
wenn ich den Mann meiner Wahl finde
und ihn *achte* als meinen (nicht selbstgebackenen) Mann."

An den getrennten (und demnächst geschiedenen) Ehemann:
„Ich habe dich verachtet,
du solltest nach meinem Bilde sein,
und es tut mir leid . . .,
ich habe dir weh getan . . .   (Überwältigung von
                                                   krampfartigem Schmerz
                                                   und Schuldgefühl),
. . . doch möchte ich gehen . . .,
was gut zwischen uns war,
will ich schätzen lernen . . ."   (etwas Widerwillen,
                                                   später anerkennendes
                                                   Lächeln).
Ab diesen Ritualen „trocknen die Anklagen allmählich aus", und sie
wendete sich einer möglichen und realeren Lebensgestaltung zu. Die
Beziehung zur Mutter verbesserte sich, und ihr wurde mit beiden Eltern „leichter" zumute. Für die Vergangenheit der Mutter brachte sie
im Gespräch echtes Interesse auf, und in dieser Zeit weinte sie viel
(Mitgefühl und eigenes Weh). *Diese* Tränen stärkten sie letztlich, und
sie war froh darum.

Beispiel 2:

Die Klage

Für mich gibt es einen sinnvollen Unterschied zwischen Anklage und Klage:

Während die Anklage eher versucht „Position zu behalten", Minderwertigkeitsgefühle zu verbergen und „scheinstabil" zu machen, so ist die Klage gleichsam aus der gegenteiligen Position: Oft ist sie einfach Ausdruck eines nicht verarbeiteten Schmerzes, oft ist sie auch Ausdruck eines Defizites und das Bedauern und Weh darüber. Ebenso mischt sich dieses Gefühl häufig mit dem „Opfertum": Man fühlt sich vernachlässigt, falsch behandelt, zu kurz gekommen und „untersättigt". Auch solche Gefühle können ungut chronisch werden und helfen nur dann, wenn das Selbstmitleid oder auch das Jammern einen „Abfluß" findet, der auf neuer Ebene stabilisiert. Dies geschieht, wenn man zum Gewesenen steht, aufhört, sich als ausgeliefert und „zu kurz gekommen" zu definieren, und sein Leben „trotzdem" und gerne in die Hand nimmt, um das Beste daraus zu machen. Dann wandelt sich stereotypes Leid („Leid ohne Ende") in sinnvolles Leid („Leid *mit* Ende"): Es wird anerkannt, durchlebt, und das damit verbundene Anliegen (nach z. B. Zuwendung, Bestätigung, Liebe usw.) wird erkannt und auf neuer und reiferer Ebene mit den heutigen Möglichkeiten befriedigt.

Hier eines von vielen möglichen Beispielen:

Willy, ein junger Mann von 32 Jahren, hat sich soeben selbständig gemacht. Er ist von Ängsten geplagt, es nicht zu schaffen, und zürnt noch immer seiner Vergangenheit für den Mangel an Halt und Unterstützung. Sein Vater starb am Herzinfarkt, als er 14 Jahre war, seine Mutter klagte danach ebenso über ihr Leben, wie sie es auch zuvor getan hatte: Nachdem die Ehe erst Jahre gut ging, kam dann das erste Kind (sein Bruder), und der recht abhängige und passive Vater nahm von da an eher selbst eine „Kindposition" ein: Er fand, die Frau trage nur noch Sorge für das Kind (er war eifersüchtig), kümmere sich zu wenig um ihn und sei auch abends „nicht mehr zu haben" (Anspielung auf den sexuellen Rückzug der Frau nach dem ersten Kind). Tatsächlich (so ergab die Befragung) schien der Mann als Mann für die Frau weniger attraktiv, sie wollte ihn mehr als Vaterfigur für *sich* und als Stütze für ihre Mutterrolle. So schaukelten sich beide Eltern in die Krise: Der Mann wurde immer anhänglicher und später wütend-zurückgezogen, die Frau empörte sich immer mehr über sein „Kindisch-Sein" (in *ihrer* Vergangenheit hatte es keine stabile und gute Vaterpräsenz gegeben, *ihr Mann* hingegen hatte unter dem frühen Tod seiner Mutter zu leiden).

Als dann das zweite Kind (Willy) unterwegs war, freuten sich beide kaum; die Mutter fürchtete erneut die Klagen des Mannes, und er schien jede Hoffnung auf seine Frau als „Frau und Mutter" aufzugeben. Er war viel außer Haus, stritt häufig über Belangloses mit seiner Frau, und beide wußten in ihrem Unglück nichts Lösendes zu unternehmen. So wuchs Willy in einem Klima der Spannung auf und konnte sich kaum an frohe Situationen zwischen Vater und Mutter erinnern. Entscheidend für ihn war zweierlei: Der Vater zog sich immer mehr von seinen Söhnen zurück und erlebte sie als „die Kinder seiner Frau". Er fühlte sich (nicht ganz zu Unrecht) von seiner Frau abgewiesen und (allerdings zu Unrecht) für seine Kinder wenig zuständig. Das nahm die Frau wieder übel, und so gab es Streit über Streit. Die Mutter erzählte später häufig, sie hätte *nie* Kinder gewollt, wenn ihr klar gewesen wäre, „wie *der wirklich* ist . . ."

Obwohl sie ihn vor den Kindern nie schlecht machte, so kommunizierte sie doch ein gewisses „Opfertum": „Das habe ich alles für euch getan, wenn ihr wüßtet, wie schwer ich's hatte . . ." So erzeugte sie, ohne dies zu wollen, ein Klima der Dankesschuld und Verpflichtung, dem sich beide Kinder, vor allem in der beginnenden Pubertät, Mühe gaben zu entziehen (der Bruder war laut Aussagen Willys „unverschämt brutal" zur Mutter, er hingegen – ähnlich dem Vater – zog sich ab 13 Jahren stark von der Mutter zurück („die habe ich auflaufen lassen, die hat nichts geblickt bei mir"). Hier bahnte sich schon eine heimliche Treue zum Vater an (den er wenig erlebt hatte und „aus der Ferne liebte"). Während Willy sich ab dem 12. Jahr mehr und mehr Mühe gab, den Vater für sich einzunehmen (u.a. warb er um ihn und versuchte ihn durch schlechte Noten in der Schule auf sich aufmerksam zu machen), starb dieser sehr plötzlich zwei Jahre später (mit 53 Jahren!). Dies war ein Schock für alle, und die Mutter erlebte von nun an starke Schuldgefühle („Vielleicht war ich zu hart zu ihm") und isolierte sich für lange Zeit aus dem sozialen Umfeld. Heute geht es ihr besser, und sie lebt, 72jährig, in eigener Wohnung und hat seit Jahren einen neuen Partner.

Mit Beginn der Therapie klagt Willy:
Immer habe er sich um den Kontakt zum Vater mühen müssen, „wieso hat der seinen Hintern nicht hoch gekriegt" (Anklage), die Mutter habe ihn ohnehin „nie gewollt" (stimmt so nicht, sie hat ihn liebevoll bemuttert, aber litt eben auch sehr und bereute die Wahl des Ehemannes). Weiter beklagt er sich, er könne *so*, ohne einen starken Vater, doch nicht erfolgreich werden, „der fehlt einem doch hinten und vorne" (bei diesem Satz fällt ihm ein, wie der Vater einst mit ihm als Kind „Pferd und Wagen" spielte, wobei der Vater „Pferd" war und er „Wagen": Diese Erinnerung ist eine sehr schöne und innige, und er weint sehr).

Sein Leben gestaltet sich vorwiegend problematisch, indem er „schlechte Noten macht" (die Leute damit „umwirbt" und sich ihre negative Kritik einholt) und sich undurchschaubar macht („die brauchen's nicht zu blicken, wozu auch . . ."). Man beachte hier den Wiederholungscharakter: „Schlechte Noten" (wie in der Schule: um den Vater auf den Plan zu rufen) und „Leute auflaufen lassen" (wie mit der Mutter).

Bedenken Sie an dieser Stelle bitte:
Bei Willy handelt es sich insgesamt gesehen auch um unerfüllt gebliebene kindliche Wünsche (Punkt 4). Doch dient das Beispiel der Darlegung der aufrechterhaltenen Klage als „*Unlösung*".

Auszüge aus den Ritualen sind:
Das Problem:
„Lieber Papa . . . (sofort kindliche Tränen aus verschiedenen jungen Altersstufen),

ich habe dich aus der Ferne geliebt . . . (Schmerz),
du fehlst mir „hinten und vorne" (Anspielung auf den Mangel *und* das Pferd-Wagen-Spiel),

wo bist du nur? (ist Klage, *nicht* Anklage: am Tonfall zu beobachten).

Bis heute schreibe ich „schlechte Noten", das tue ich, bis du kommst . . ." (Anspielung auf die kindlich-magische Erwartung, „die Väter" (Chefs usw.) dauerhaft mit schlechten Noten herholen zu können.)

„Liebe Mama,
Vater hat mir so gefehlt (kindlicher Schmerz),
aber auch *ihr* (als Eltern in Freundlichkeit und Frohsinn vereint),

wo seid ihr gewesen für mich . . .?
„Nie" wolltest du mich . . ." (er versucht es zu glauben, lacht dann und merkt: Es stimmt nicht).

Die Lösung:
„Lieber Papa,
halte mich gut und sei mir nah." (symbolischer Vater ihm zur Seite: Er schaut ihn an und „kippt" dann zu ihm hin.)

Wenn ich will, kann ich *wie* du . . . (Rückzug, jammern, streiten: ist ein Bündnisangebot an den Vater („*wir* beide"),

Vater (jetzt steht er dem

schau du freundlich auf mich,
wenn ich *gute* Noten mache"

(mich erwachsen und
kompetent zeige),

symbolischen Vater
gegenüber und
schaut ihn an).

und: „Ich werde meinen Wagen
jetzt selber ziehen, und
segne du meine Kraft . . .
im *Ge*denken an dich will ich
mir Richtung geben . . ."

(Bezug zu seinem Warten
auf „das Pferd vor dem
Wagen" und Anspielung auf
seine Ziellosigkeit im Beruf.)

Das Angebot an den Leser:
Vielleicht haben Sie in Ihre Vergangenheit hineingehorcht
und – gespürt: Gibt es Aspekte des Vorangegangenen, die Sie
ansprachen? Dann „durchstreifen" Sie jetzt die folgenden
Fragen, so Sie mögen:
–   Wenn Sie sich in die Zeit als Kind zurückversetzen,
was gibt Ihnen evtl. Anlaß zur Anklage oder Klage?
–   Erlauben Sie sich beides wahrzunehmen und wahrzu-
haben (ohne „wegzuschieben"), denn Klage *und* Anklage
enthalten wichtige Anliegen.
–   Finden Sie den *Inhalt* von Anklage und/oder Klage
(z. B. du hast mir Druck gemacht, mich gestraft, mich nicht
wahrgenommen, nicht mit mir gespielt, ihr (die Eltern) habt
gestritten usw.).
–   Spüren Sie auch die damit verbundenen Einstellungen
(z. B. „Ihr seid unmöglich, bloß nicht in eurer Nähe sein, ihr
wart so und so . . . brutal, eklig, nicht da . . .).
–   Lassen Sie sich auch Ihre Gefühle wahrnehmen (was
immer): Zu Vater und Mutter oder beiden zugleich (z. B.
Wut, Protest, Trauer).
–   Wenn Sie Ihr jetziges Leben anschauen: Stellen Sie Ihre Eltern noch unter Anklage? Wenn ja, welche? Wie fühlt
sich das an? Nutzt es (wem?), oder schadet es? Stärkt oder
schwächt es?

Ritualisierung des Problems:
„Liebe . . ., lieber . . . (Mutter, Vater),
ich klage und/oder klage dich *an*:
Du hast . . .   (beschreiben Sie, was
geschah oder was war
oder auch nicht war).

„Ich nehme dir übel, weil . . .“
und „So fühle ich mich mit dir . . . (Wut, Schmerz, Haß
usw.)
„Ich bin . . .   (den folgenden Satz nur,
wenn er für Sie stimmt,
sonst *nicht*!)
im Klagen gut geworden,
und meine Klagen reichen weit . . .“
oder auch:
„Meine Anklage hört niemals – noch lange nicht – auf . . .“

Fühlen Sie erneut nach, wie es Ihnen geht, lassen Sie zu, was
da ist, atmen Sie durch, und lassen Sie abfließen!

Ritualisierung der Lösung:
„Liebe . . ., lieber . . . (Mutter, Vater),
ich bitte euch, hört mich an . . .,
dies ist mein Schmerz   (meine Trauer, meine
Wehmut oder mein
Leid).
Ich hätte gern gehabt, daß ihr . . . (so oder so anders seid,
dies oder das mehr oder
weniger tut) . . .
Jetzt lasse ich los . . .   (meine Klage, meine
Anklage),
denn es ist nicht gewesen   (was ich damals wollte)
und wird nicht mehr sein . . .   (*wenn* dem so ist).
Ich achte euch bei alledem, was war und nicht gewesen ist . . .“

Lassen Sie sich spüren, es passiert nichts außer Ihr mögli-
ches Fühlen und Erleben, vielleicht brauchen Sie die Nähe
eines Ihnen lieben Menschen.

> Überlassen Sie sich – so Sie angesprochen sind – dem Lauf des
> Erlebens, und lassen Sie es dann langsam ausschwingen . . .!

4. Der unerfüllt gebliebene Wunsch
Das Gefühl von Mangel und ungestilltem Bedürfnis

> Erleben von z. B.: Wehmut, Trauer, Schmerz, Sinnlosigkeit,
> Isolation, Leere, Depression.
> Sehnsucht nach: Respekt, Anerkennung, Bestätigung, Lob,
> Zuwendung, Unterstützung und Liebe. Ebenso Unglück,
> Frustration, Mangel, Versagensängste, Unwertgefühle, Le-
> bensangst.

Auch hier ist das mögliche Spektrum erlebten Mangels groß
und könnte in vielerlei Beispielen angesprochen sein.

Wir alle dürften für den einen oder anderen Zusammenhang
in unserer Geschichte von unerfüllt gebliebenen Anliegen
sprechen können und mancherlei Sehnsucht ist vielleicht nie
in Erfüllung gegangen.

Nun wäre es sicher wenig zuträglich, eine leid*freie* Vergangenheit einklagen zu wollen oder zu glauben, wir hätten einen
berechtigten Anspruch auf eine nur behütete Kindheit. Ich
glaube, wir können für eine solche *dankbar* sein, sie zu beanspruchen, hielte ich für unangebracht oder auch anmaßend.

Zu Beginn des Buches äußerte ich mich bereits zu meiner
Überzeugung, daß leidvolle Erfahrungen nicht notwendigerweise zu Unglück oder mißlingender Lebensgestaltung beitragen. Viel hängt davon ab, welche Anschauungen wir in Blick
auf unsere früheren Erfahrungen entwickeln und ob wir Mangel oder auch Traumatisches zu verarbeiten wissen und schließlich unseren Frieden damit machen können. So bleibt auch hier
der Tatbestand eines immerwährenden Wechselspiels bestehen: Einerseits sind wir unvermeidbar den Ereignissen und Bedingungen unserer Kindheit ausgesetzt und von ihnen geprägt,
andererseits sind *wir* es, die daraus schlußfolgern, unsere Le-
bensmuster weben und mehr oder weniger nachtragend oder
auch versöhnlich gestimmt sind. Ich habe Klienten gehabt, die

innerhalb kürzester Zeit vehement positive Veränderung ihrer selbst und ihrer Lebensvollzüge erreichten. Sie konnten schließlich ihrer Vergangenheit und ihren Eltern gegenüber freundlich und verständnisvoll bis liebevoll zugewandt sein. Manch andere Klienten mit nicht mehr oder weniger Glück oder Leid ließen nicht ab davon, ihre Vergangenheit verantwortlich für die Bedingungen ihrer Gegenwart zu machen und wieder und wieder Ansprüchliches zu aktivieren (. . . „Es hätte aber anders sein *müssen*" . . .).

So vermochten sie weder Frieden mit dem Nicht-Gewesenen zu machen, noch konnten sie eine weitgehend zufriedene Gegenwart aufbauen: Sie banden sich anklagend und fordernd an das unvermeidbar Geschehene und kämpften tapfer gegen das längst Verlorene. So verzehrten sie ihr Kraftpotential, und wenig Gestaltungskraft blieb für die Ausformung ihrer gegenwärtigen und zukünftigen Lebensvollzüge.

Natürlich gibt es sehr verschiedene Formen des Mangels in unserer Vergangenheit: Er reicht von Mangel an Gesehen-Werden und Unterstützung bis hin zu schwerem Liebesentzug, er reicht von ungenügender Wahrnehmung für unser Können und unsere Leistung bis hin zu Mangel an Respekt und Achtung vor unserem So-oder-anders-Sein (Eigenarten, Geschlecht, sexuelle Identität, Berufswahl usw.).

Immer aber sind wir gefragt, unser Entwicklungspotential *trotz*, *wegen* und *mit* den gemachten Erfahrungen lebendig zu halten, hoffnungsfroh zu bleiben und auch bei schweren Belastungen die Quellen des Wachstums nicht versiegen zu lassen.

Dies sei unbenommen davon festgestellt, daß es für manche Menschen sicher Bedingungen gegeben haben mag, die als schier unverkraftbar oder auch unzumutbar gelten müssen.
Nachfolgend nun zwei Beispiele zum Bereich ungestillter Bedürfnisse:

Beispiel 1:

Sabrina, 38 Jahre alt und karrierebewußte Abteilungsleiterin in einem großen Wirtschaftsunternehmen, klagt über Mangel an befriedigenden Beziehungen und über Frustration am Arbeitsplatz: Man sähe ihre Leistungen nicht, gehe über sie hinweg und rede hinter ihrem Rücken. Näheres Nachfragen zeigt, daß sie in ein Unternehmen eingebunden ist, das – wie manche ihrer Art – ein Maximum an Leistung erwartet und ein Minimum an effektiver menschlicher Kommunikation und Austauschmöglichkeit bietet. Auch andere Mitarbeiter erleben, was sie erlebt, und fühlen sich überfordert, ungeachtet und „beeifersüchtelt". Dennoch zeigt sich, daß ein Teil ihres Erlebens nicht nur realitätsbezogen, sondern zugleich auch von ihr selbst durch die Brille ihrer frühen Erfahrungen gesehen und geprägt ist: Sie wuchs mit einem drei Jahre jüngeren Bruder auf, dem von der Mutter in allem der Vorzug gegeben wurde, während sie selbst unter dem verborgenen eifersüchtigen Verhalten der Mutter litt, die in der Tochter wohl eine heranwachsende Konkurrentin sah. Die Mutter kam aus vornehmem Hause, lebte mehr oder weniger zufrieden mit einem Mann, der sie einerseits stark verwöhnte und sich andererseits über ihre Ansprüche beklagte.

Die Mutter (Schauspielerin) verreiste viel und war wenig für beide Kinder verfügbar. Dem Sohn schenkte sie wesentlich ihre Zuneigung, die Tochter wurde wenig beachtet und wurde ebenso wie der Vater funktionalisiert: Beide hatten sich den Wünschen der recht narzißtischen Mutter zu fügen: Diese dominierte – sofern sie da war – Ablauf der Dinge und Tagesgeschehen, fühlte sich nach ihrer Arbeit an den Bühnen der Welt berechtigt, „abzuschalten" und ihren Rückzugsbedürfnissen nachzugehen. Von der Tochter verlangte sie absolute Anpassung und Wohlverhalten im schulischen und persönlichen Bereich („mach mir's nicht noch schwer, wenn ich nach Hause komme") und behandelte die Tochter insgesamt wie einen „Störfaktor für ihre Karriere". Von der Mutter Wärme erfahren zu haben, erinnert sich die Tochter nicht, wiederholt weist sie darauf hin, sich nie als Tochter dieser Frau gefühlt zu haben („die hat sich, glaube ich, in mir geirrt, die wollte mich gar nicht").

Sehr früh, als Sabrina erst 4 Jahre alt ist und wesentlich von der Haushälterin versorgt wird, wendet sie sich dem Vater zu und sucht dort, was die Mutter ihr nicht zu geben vermochte: freundliche Zugewandtheit, Nähe, Wärme und echtes Interesse. So wirbt sie die nächsten Jahre um ihn. Der Vater, die Ungehaltenheit und Eifersucht seiner Frau fürchtend, hält sich vom Kind fern, sobald die Ehefrau auftaucht und ihrerseits Zuwendung einklagt. So erlebt das Kind den Vater nah und engagiert, solange die Mutter fern ist, und erlebt zugleich plötzlichen Abbruch der Beziehung, wenn die Mutter anwesend ist. Die Wechselbäder versteht das Kind nicht, und mit 9 Jahren ist sie ein „seltsam" gewordenes, stilles und irritiertes Kind. Der Vater fürchtet jetzt die Begegnung mit der Tochter und hält sich ganz fern, die Mutter kritisiert nur noch und spürt den passiven Widerwillen der Tochter gegen sie. So eskaliert die gegenseitige Ablehnung bis zu einem Grad, der die Atmosphäre kalt und das Miteinanderleben sehr schwer macht. Der Vater wehrt sich nicht gegen das Verhalten der Mutter und steht seiner Tochter nicht bei: Schließlich, sie ist 13 Jahre, schimpft auch er auf sie als widerspenstig, unerklärlich und lieblos (Koalition mit der

Mutter gegen die Tochter). Tatsächlich zeigt sich die junge Frau später höchst widersprüchlich im Kontakt zu Männern: Sie lebt ein „Anziehungs-Abstoßungs-Muster": D. h., sie wiederholt, was der Vater mit ihr lebte: ein recht unberechenbares Muster von Nah- und Fernsein. Zugleich erlebt sie Mitarbeiter als gegen sie eingestellt, insbesondere Frauen hätten ständig etwas gegen sie und seien eifersüchtig auf ihre Erfolge (auch hier überlagert die Erfahrung mit der Mutter ihre jetzige Lebenssituation).

Gegenwärtig hat sie sich in einen Mann verliebt, der zwar ihr Werben genießt, aber seinerseits kein kontinuierliches Interesse an Sabrina zeigt. Sie hingegen wirbt unbeirrt weiter (Wiederholung des erfolglosen Werbens um die Liebe zum Vater, der sich zwar zuwendete, aber beim Auftauchen der Mutter sofort abwendete).

Der Anlaß für den Therapieprozeß waren ihre Gefühle des „Unaufgehobenseins" in dieser Welt", die Ablehnungsängste, Minderwertigkeitsgefühle und ihre Sehnsucht nach „einem (Mann), der zu haben ist".

Im Verlauf der Therapie bricht die große Liebe zum Vater auf, samt ihrer Enttäuschung über seinen Mangel an Standvermögen („der hat sich *nie* gewehrt gegen meine Mutter"). Ebenso leidet sie sehr unter dem Mangel an Erfüllung ihrer Grundbedürfnisse von seiten der Mutter: wahrgenommen und geliebt zu sein, Halt und Unterstützung zu haben und sich in der eigenen Weiblichkeit und ihrem Können gefördert fühlen.

Anbei nun auszugsweise Etappen der Ritualisierungen:

Das Problem:
„Liebe Mutter,   (das „liebe" gelingt nur
                                           zögerlich),

als ich dich brauchte, warst du nicht da,
deine Liebe habe ich vermißt
und deine Nähe nicht gespürt.
Wo bist du, wenn ich mich sehne . . ."   (Sehnsucht, Schmerz,
                                           Frustration)

und „. . . nimm mir den Vater nicht,
denn ich brauche ihn,
. . . ich hasse dich,   (Wut, Empörung)
denn durch dich war er nicht da
für mich . . ."   (hier flutet einige Male Wut
                                           und Haß, sie spürt eine tiefe
                                           Ablehnung zur Mutter hin
                                           und spürt deren Ablehnung
                                           ihr gegenüber).

An den Vater:
„Lieber Vater,

gleich wenn sie kam (die Mutter),
dann warst du weg (hast mich verleugnet),
ich zürne dir, und ich kann
nicht verstehen . . ." (den Wechsel von nah
und fern).

„Wie bist du so feige (Wut, Verachtung),
ich bin doch dein Kind . . ." (tiefe Trauer, Sehnsucht
und leise Anklage).

Die Lösung:
„Liebe Mutter,
du nimmst mich wenig,
aber ich nehme *dich* als meine Mutter . . .,
vieles hat weh getan, und der Preis
war hoch . . .
Ich stimme dem zu (allem, was war),
schau freundlich auf mich,
wenn ich gut bin (Leistung: Hinweis auch auf
die Eifersucht der Mutter),
und laß mich dein Kind sein . . ." (Hinweis auf die
Ablehnungstendenz
der Mutter).

Hier durchlebt Sabrina das ganze Spektrum an Verlangen nach der Mutter noch einmal, ebenso Schmerz, kurzer Zorn und Empörung, dann wird sie ruhig und konzentriert. Danach wird sie froh, ist schließlich entspannt und mit sich zufrieden.

„Lieber Vater,
meine Liebe war groß, und sie ist
es noch, (Liebe und Schmerz)
ich bitte dich: Sei du mir nah und gut . . .,
ich bin dein Kind und – Papa, ich brauche dich . . .
In meinem Herzen will ich dich haben,
und dort sollst du mir gut verbunden
bleiben" (Anspielung auf sein
Kontaktabbruchsverhalten).

An den (imaginären) zukünftigen Freund:
„Noch gibt es dich nicht,
doch du sollst mich haben als deine Frau,
und du sollst mein Mann sein . . .,
nicht ‚ja – nein' soll es sein,
sondern ‚ja' *oder* ‚nein'" . . . (Anspielung auf ihre
Komm-her-geh-weg-
Manöver).

130

Hier lächelte sie zustimmend und wird traurig in Erinnerung an bisherige Partnererfahrungen.

In der Folge zeigt sich, daß Sabrina nun ein stabiles und gut definiertes Verhältnis zu ihren Eltern aufbaut (beide leben): Der Mutter zeigt sie sich zugewandt, die Beziehung bleibt aber kühl. Sabrina leidet darunter nicht mehr, und ihre Ablehnungsgefühle neutralisieren sich. Zum Vater baut sie unbeirrt jene liebevolle Beziehung aus, die sie als Tochter stets fühlte, aber wenig lebte. Der Vater ist zutiefst gerührt, immer noch ängstlich seiner Frau gegenüber, aber die Tochter zeigt ihre Zuneigung ohne Zögern.

Bezogen auf den Arbeitsplatz und Kollegen dort:
„Was ich kann, will ich gern tun,
und ich werde es gut tun . . .“ (Hinweis auf ihr positives Leistungsvermögen).

„Ich will nicht eifern mit euch (siehe eifersüchtige Mutter),
und eurem Verhalten will ich
in Ruhe zusehen“ (Hinweis auf das „Hinter-dem-Rücken-Gerede“).

Monate später sind Sabrinas Klagen über den Arbeitsplatz weitgehend abgeflaut. Vieles sieht sie mit mehr Humor, und die Sicht der Dinge ist positiviert. (Sie überlagert ihre Erfahrungen nicht mehr mit Ereignissen der Kindheit und Jugend.)

Beispiel 2:

Manfred, 52 Jahre, verheiratet, Vater zweier fast erwachsener Töchter, ist Betriebswirt und lebt von seiner Frau getrennt. Er ist streng erzogen worden und hatte als erster Sohn von insgesamt 5 Kindern für die jüngeren Geschwister von früh an (ab 8 Jahre) zu sorgen. Die Eltern litten nach einem geschäftlichen Konkurs des Vaters finanzielle Not, und vor allem die freudlose Mutter glaubte, mit fester Hand regieren zu müssen, „damit nicht alles auseinanderbrechen würde“. Die oft berufstätige Frau pflegte allein mit Blicken zu befehlen und setzte am Abend ihren Ehemann ein, um die ihrer Meinung nach anstehenden Standpauken und Strafmanöver abhalten zu lassen. Der Vater, nach dem Konkurs leitender Angestellter einer Baufirma, war sehr belastet und stellte sich willig in den Dienst seiner Frau, schon allein um sich am späten Abend ein wenig eigenen Freiraum zu erkämpfen und zu verdienen.

Nachdem eine kleine Schwester unter der Aufsicht des damals 12jährigen Manfred in einen flachen Tümpel fiel und Tage darauf an den Folgen der Verletzungen starb, war die Beziehung zu den Eltern nicht nur wie zuvor von Strenge und Unerbittlichkeit gekennzeichnet, sondern hinzu kam die teilweise Isolation des Kindes, das spürte, daß man es für den Tod des Geschwisters verantwortlich machte. Von nun an entwickelte es sich zu einem fügsamen und schreckhaft angepaßten Kind, dem es offensichtlich darum ging, zu beweisen, daß es zu etwas tauge (die Mutter hatte ihn nach dem Unfall des Geschwisters als „unnütz" und „zu nichts zu gebrauchen" beschimpft). Dem Sohn gelang es wenig, je die liebevolle Aufmerksamkeit des Vaters zu erringen: Seine Funktion als „Kindermädchen" schien wie selbstverständlich, sein Kindsein spielte kaum eine Rolle, und seine Wünsche nach Anleitung und liebevoller Führung blieben von seiten beider Eltern unberücksichtigt.

Dazu kam eine Erziehung unter dem Vorzeichen kompletter Tabuisierung von Lust allgemein und Sexualität im besonderen: Als die Mutter den erstgeborenen Sohn mit 14 Jahren beim Onanieren „erwischte", holte sie zum Schlagen aus und drohte ihm mit der Aussage, von „sowas" könne man schwachsinnig werden und *er* könne sich das wohl kaum leisten (eine unsinnige Bezugnahme auf die angebliche Schuld des Sohnes am Tode seiner kleinen Schwester).

Als das Kind vom 12. Lebensjahr an (nach dem Tode des Schwesterchens) deutlichen Leistungsabfall in der Schule zeigte, begann zusätzlich ein „Drill" durch den Vater: Dieser hatte sich bis dahin kaum je um die häuslichen Belange gekümmert, war aber jetzt durch den Leistungsabfall des Sohnes und einer sich langsam entwickelnden Verhaltensstörung alarmiert. Seine Beunruhigung lebte er in Form von Häßlichkeiten gegen den Sohn aus („Was soll bloß aus dir werden, du machst deine Mutter ja ganz fertig . . ., wie wär's, du versuchst es wenigstens . . ."). Während der Tod des Geschwisters tabuisiert wurde und auch keinerlei Aussprache mit dem Kind geschah, wurde zugleich der Druck durch beide Eltern erhöht und Ermahnungen und „Treibjagd" (*sein* Wort) wurden zur Tagesordnung: Mutter: „Wenn du so weiter machst, geht's dir wie Vater . . ." (Anspielung auf dessen Konkurs) und „streng dich doch mal an" (Anspielung auf seinen Verlust an Spontaneität und seine zunehmende Verlangsamung).

Vater: „Du darfst dir keine Fehler mehr leisten" (siehe Tod der kleinen Schwester) und „wer so langsam ist wie du, der schafft's halt nicht . . ." (Die Verhaltensstörung des Sohnes bestand tatsächlich in einer „Zähigkeit" der geistigen und physischen Mobilität.)

Als Manfred zur Therapiegruppe dazustößt, ist er ein sowohl still angepaßter als auch mit sich und anderen überstrenger Mann. Er wirkt lebensunfroh und bitter. Seine Beobachtungsgabe erweist sich als scharf und treffend, doch sind seine Äußerungen an Teilnehmer der Gruppe streng und recht ungeduldig gefärbt (hier zeigt sich ein, den Eltern ähnlicher, Umgang: Wie sie mit ihm, so geht er mit anderen um). Es zeigt sich bald ebenso, daß er, sofern er überhaupt spricht, regelmäßig die Rolle des älteren Geschwisters besetzt, das aus elterlicher Position (siehe Erstgeborener und „Hüter" der Geschwister) anzuleiten und sich durchzusetzen versucht. Der Therapieverlauf zeigt dann weiterhin einen Manfred, der stark unter der Trennung seiner Frau von ihm litt: Sie zog vor Jahren aus, weil er ihr zu lebensunfroh war und hat neuerdings einen Freund, den sie nach erfolgter Scheidung heiraten möchte. Seit der Trennung scheint sich Manfreds Befindlichkeit noch verschlechtert zu haben: Mehr denn je fühlt er sich untauglich, dumm („schwachsinnig") und nicht wert, geliebt zu sein. Um die Zuneigung der Gruppenteilnehmer buhlt er versteckt und unbeholfen (er agiert als ratgebender ältester Bruder). Als ich ihn nach einiger Zeit in der Gruppe auf den Tod der kleinen Schwester anspreche, beginnt seine eigentliche Auseinandersetzung mit sich selbst. Schockartig kommt ihm zu Bewußtsein, daß er noch immer Schuldgefühle hat und „nicht sicher ist, irgend etwas im Leben wirklich erfolgreich geschafft zu haben". Seinen beruflichen Erfolg verarbeitet er nur als das „Ergebnis von Schufterei und Anstrengung, eher der Erfolg meiner Eltern" (diese trieben ihn zum Studium an, und erst spät identifizierte er sich dann mit seinem Beruf).

Zieht man nun Bilanz, so ist eine Vielzahl unerfüllt gebliebener Anliegen zu beobachten: Als Kind konnte er Kreativität und Spiellust nicht ausleben, da er durch die Berufstätigkeit beider Eltern für die „Kinderaufzucht" gebraucht wurde. Das nahm er ungerührt hin, litt aber im Verborgenen. Liebevolle Zugewandtheit von den Eltern kannte er kaum, der Vater stellte sich wesentlich in den Dienst seiner Frau, und zum Sohn konnte er kaum eine eigenständige Beziehung aufbauen. So fehlte Unterstützung, Wärme und ein richtungweisender oder ermutigender Kontakt. Nach dem Tod der Schwester kam eine starke emotionale Isolation hinzu, und statt Erklärung (Orientierung) und Trost erfuhr der 12jährige Junge Vorwurf und Abwertung („du taugst zu nichts"). Auch in der Entwicklung der sexuellen Identität geschah wenig Förderliches: Das Thema Lust war tabuisiert, und parallel stand der Sohn im Leistungsbereich (Schule, später Studium) stark unter Druck, seine Tauglichkeit unter Beweis zu stellen. Auch hier hatte er wenig elterlichen Beistand.

Seine seit dem 13. Lebensjahr zu beobachtende „Langsamkeit" (die sich in der Therapie als rebellische Abwehr gegen Schuldvorwürfe und „Treiberei" durch die Eltern herausstellte) hatte zu starken Zweifeln an sich selbst geführt, und die Eltern schürten diese Zweifel über Jahre eher, als daß sie den Sohn gestützt und emotional begleitet hätten.

Als Manfred dann spät heiratet und zwei Töchter hat, bleibt er ihnen fern, wie auch der Vater ihm fern blieb. Obwohl er sie mag, hat er Ängste und glaubt (wie der Vater von sich), „für die Kinder nicht zu taugen". Hinzu kommt die Angst, etwas falsch zu machen oder Schaden anzurichten (siehe Tod seiner Schwester).

Nachfolgend Auszüge aus den Ritualisierungen:

Das Problem:
„Mutter,
von Herzen fürchte und hasse
ich dich . . .“

(er schluckt und erschrickt
angesichts seiner
aufkeimenden Wut).

„*Du* hast mich hart gemacht

(er meint seine Bitternis
und klagt deswegen an)

und *ja*: Ich tauge nicht

(er glaubt es tatsächlich und
krallt sich hier die Fingernägel in die geballten Fäuste).

„. . . und leisten kann ich mir nichts . . .“ (Anspielung auf die Äußerung der Mutter, *er* könne
sich das Onanieren wohl
„erst recht nicht leisten“.)

„Vater,
warum treibst du mich?
Ohne dich bin ich schwach
und schaffe es nicht“

(zuckt unter Tränen).

„. . . meine Schwester ist tot
und ich soll schuld sein!?“

(Schmerz),
(Zweifel *und* Zustimmung).

„Es *ist* mein Fehler . . .“

(Verzweiflung und
Resignation).

„Ich bin ein Nichts . . .“

(Scham und Minderwertigkeitsgefühle).

Manfred ringt längere Zeit mit den Folgen der in Kindheit und Jugend erlebten Bedingungen. Durch den Mangel an grundsätzlicher Stärkung und Zuwendung durch die Eltern hat er kaum positiven Selbstwert aufgebaut und hält sich für *so*, wie man ihn auch stets benannte. Teil dieser Dynamik ist eine, nach innen und auf das Selbst gerichtete, destruktive Neigung, die gleichsam die Wut den anderen gegenüber auf sich selbst richtet. Erst als die selbstdestruktiven Impulse nachlassen (viel Begrenzungsarbeit), sind lösende rituelle Vollzüge möglich. Auch hier wieder einige Aspekte davon:

„Liebe Mutter“

(das „liebe“ lernt er nach
und nach, und es erschüttert ihn immer wieder neu),

„mein Haß ist müde geworden
und meine Bitternis schwach . . .“

(Umdeutung der Zusammenhänge: Nicht *er* ist
schwach, sondern die Bitternis verliert ihre Kraft).

134

„Mutter: sei du mir Boden und
halte mich gut . . ."

(Anspielung auf sein
unerfüllt gebliebenes
Kontaktbedürfnis).

„. . . meine Schwester ist tot
und ich war ein Kind – *das*
war zuviel . . ."

(Schmerz),
(Aufpassen auf sie)
(Er schluchzt hemmungslos
und entlädt all
seine Schuldgefühle.)

Später an die Mutter

(aus Kindperspektive
gesagt):

„Liebe Mama,
ich bin ein Kind, laß du mich
spielen . . ., ich möchte glücklich sein,
und du mach mit . . ."

(Bezug zur Freudlosigkeit
der Mutter: Hier wird er
still sehnsüchtig).

Beide Eltern sind zum Zeitpunkt der Therapie von Manfred sehr alt
geworden und werden von einer unverheiratet gebliebenen jüngeren
Schwester der Mutter gepflegt. Manfred sah die Eltern selten und vermied den Kontakt auf Grund seiner psychischen Befindlichkeit („es
geht mir schlecht, das müssen die nicht wissen").

Als er zu den Lösungsritualen an den Vater kommt, liegt dieser gerade mit schwerer Krankheit im Krankenhaus.

„Lieber Vater
bitte sei du mir nah und erlöse
mich . . ."

(er weint sehr),

(von der Last des „Zuviel":
auf Geschwister aufpassen,
schuld sein sollen am Tod
der Schwester).

„Wenn du mich treibst,
dann werde ich zäh . . ."

(nochmals Bewußtmachung
des Verlangsamungseffektes
aus Rebellionsgründen:
Hier genießt er lächelnd sein
Manöver der Gegenwehr).

Später an den Vater:
„Sei du mir gut und führe mich,
lehre mich und stärke mich – und schau:
Ich bin ein Mann und habe Lust . . ."

(Hinweis auf seinen
Identifikationshunger nach
Männlichkeit, ebenso
Gegengewicht gegen die
Lustfeindlichkeit insbeson-
dere der Mutter).

An seine beiden Töchter (die sich von ihm so fern halten, wie er sich von den Eltern fernhielt):

„Liebe . . . " (beide Vornamen)

„ich konnte nicht, ich stehe dazu,
und doch war es falsch . . ." (er kümmerte sich wenig um sie und fand sich in der Rolle dessen wieder, der „dauernd Hüter seiner Geschwister sein soll").

„Jetzt seid ihr groß,
und ich will kommen – aufrecht . . ." (Hinweis auf seine zuweilen unterwürfige Rechtmacherei und Freundlichkeitsbuhlerei).

„. . . und es soll anders sein." (Er möchte mit den Töchtern sprechen, seine Fehler eingestehen und die Nähe suchen, so sie es zulassen.)

Manfred versuchte bereits zu Beginn der Ritualisierungen des Problems die Beziehung zu den Eltern zu erneuern: Der verhärmten und gealterten Mutter begegnet er freundlich und erzählt später, daß er ins Weinen kam und sich einfach nur an ihr gehalten hätte. Obwohl bei der alten Frau kaum Resonanz abzurufen war, so spürte sie ihn doch wohl als „einen Anderen" und ließ die lange Umarmung zu. Ihm tat der Kontakt gut, und er war das Nachholen seines Schmerzes in Mutters Armen.

Der Vater war überrascht und erleichtert, als der Sohn kam. Er erzählte unter Mühen (altersbedingt) von *seiner* Vergangenheit als Kind und von den Erfahrungen der Ehe. Hier erfuhr der Sohn zum erstenmal, wie gedrückt und unfroh der Vater die Ehe „hinter sich gebracht" hatte und wie sehr ähnlich er selbst ihm war (Anpassungs-, Rebellions- und Ausweichmanöver). Der Sohn zeigte dem Vater seine Verbundenheit und erzählte in der Gruppe viel von dem Versöhnungsprozeß mit ihm. Der Vater war jetzt krankheitsbedingt bedürftiger und sanfter geworden, und beide verbrachten Stunden stillen Beisammenseins. Zwei Wochen später starb der Vater, und der Sohn konnte ihn in Ruhe gehen lassen.

Heute lebt Manfred nach der Scheidung von seiner Frau mit einer neuen Partnerin. Er ist zugewendet und freundlich und ringt nach wie vor ein wenig mit seiner Lusthemmnis. Seine Töchter hat er kontaktiert, und allmählich lassen sie seine Kontaktversuche zu.

Das Angebot an den Leser:

Die vorangegangenen zwei Beispiele sind ein in der Tat nur kleiner Ausschnitt zum Thema unerfüllt gebliebener Wünsche. Sie dienen dazu, wie auch Beispiele aus anderen Kapiteln, Ihren eigenen seelischen Prozeß ein wenig anzuregen und, so Sie möchten, „parallelzuschalten".

Wenn Ihnen also daran liegt, dann lassen Sie sich jetzt in Ruhe die nachfolgenden Fragen beantworten:

- Wie sind Sie als Kind groß geworden, und welche wichtigen Menschen haben Sie begleitet?
- Neben dem, was gut, erfüllt und gelungen war: Gibt es Erfahrungen mit den Eltern (oder elterlichen Ersatzpersonen), die Sie rückblickend
  - übelnehmen
  - nachtragen
  - unrecht fanden
  - vergelten möchten
  - am liebsten leugnen würden
  - bedauern
  - belastend fanden
  - für unbewältigt halten,
  - oder gibt es Erfahrungen, die Sie so einfach nicht wollten oder anders gewünscht hätten?
- Lassen Sie sich spüren, um was es dabei genau ging und wer dabei eine zentrale Rolle spielte.
- Lassen Sie hauptsächlich zentral wichtige Ereignisse auftauchen!
- Was geschieht, welche Erfahrungen machen Sie und welche Gefühle sind beteiligt?
- Spüren Sie dann nach, inwieweit ungestillte Bedürfnisse eine Rolle spielen bzw. Anliegen oder Sehnsüchte nicht zur Erfüllung kamen.
- Benennen Sie diese, soweit Sie möchten und dafür Worte finden.

Wenn Ihnen etwas näher gehen sollte, als Ihnen zuträglich erscheint, dann lassen Sie die Dinge ruhen bzw. legen Sie sie zur Seite.

- Fragen Sie sich nun, ob das Erlebte oder Aspekte davon ihr heutiges Leben in nachteiliger Weise beeinflussen. Wenn ja, worin sehen Sie den einschränkenden oder ungünstigen Effekt?
- Sind diese Auswirkungen annehmbar und zu bewältigen oder eher belastend oder auch wenig verkraftbar?
- Was auch Ihre Antwort sein mag: Es folgt nun das Angebot ritueller Sätze. Lassen Sie sich die begonnenen Formulierungen nach Ihrer Art vollenden und abrunden. Dabei geht es um jene Anliegen, die unerfüllt blieben.

Das Problem:

„Liebe Mutter, lieber Vater,"	(richten Sie das Wort nach Bedarf an jeden Elternteil einzeln)
„So war es dort . . ."	(in Ihrer persönlichen Vergangenheit und Situation . . .)
„Mir hat gefehlt . . ."	(zählen Sie auf . . .)
„Es war so schwer . . ."	(was?)
„Ich wollte so gerne . . ."	(Ihr offen gebliebenes Anliegen oder Bedarf . . .)
„So fühle ich mich jetzt . . ."	(Klage? Wut? Schmerz? Bitternis? usw. . . .)
„Ich möchte noch gerne . . ."	(worauf warten Sie evtl. bis heute?)

Die Lösung:

„Liebe Mutter, lieber Vater,"	(wie oben nach Bedarf getrennt an beide richten)
„Es hat mir gefehlt . . ."	
„und es war mir schwer . . ."	(der Mangel an . . .)
„doch ich nehme hin . . ."	(was war)
„und stimme dem zu . . ."	(auch dem Mangel)

138

„jetzt lasse ich los . . ."	(vom Wunsch, Anspruch an dich/euch)
„mein Weg soll euch ehren . . ."	(den ich jetzt selbst-verantwortlich gehen will . . .)
„meine Achtung soll euch gelten . . ."	(ohne Hader oder Nachtragen)

Fühlen Sie jetzt nach: Wie geht es Ihnen, was spüren Sie, welche Impulse oder Neigungen tauchen auf? Was auch immer es sein mag, lassen Sie Ihre Reaktionen ausschwingen, und bleiben Sie in oder finden Sie zu Ihrer Mitte.

5. Das unbewältigte Schuldgefühl
Die Last des Verpflichtetseins

> Erleben von z. B. : Schwere, Bedrücktheit, Unglück, Mitgefühl (offen oder verborgen), Trauer, Angst, schlechtes Gewissen, Rebellion, Wut und/oder Protest.

Wie auch vorangegangene Kapitel gezeigt haben, verbinden Eltern mit dem Heranwachsen ihrer Kinder ihrerseits die Erfüllung von Wünschen und Hoffnungen aller Art. Dies ist zunächst einmal nur verständlich: Wer immer sich für Kinder entscheidet, hat Gründe dafür, und diese Gründe beinhalten auch persönliche Motive. Beispielsweise möchten wir in unseren Kindern fortleben, ihnen geben, was uns zur Bewältigung eines Lebensvollzugs wichtig erscheint, *mit* ihnen glücklich sein und zuweilen *durch* sie. Oft auch wollen wir einfach nur das Fundament für ein besseres Leben geben, als es uns selbst vergönnt war.

Entscheidend für den Ausgang solcher Konstellationen ist *nicht*, ob Eltern überhaupt Erwartungen und Hoffnungen in bezug auf ihre Kinder hegen (das tun sie ohnehin!), sondern wie sie sich verhalten, sich fühlen und wie sie kommunizieren, wenn es *anders* kommt, als sie planten, wünschten oder hofften.

All jene von Ihnen, die selber Eltern sind, werden wahrscheinlich zustimmen, wenn ich davon ausgehe, daß wir unseren Kindern grundsätzlich ein größtmögliches Gefühl von Freiheit und Selbstbestimmtheit ermöglichen wollen. Gleichzeitig aber wissen wir auch, wie schwer sich eine solche „Freiheit und Selbstbestimmtheit" zuweilen definieren läßt. Auch *unsere* Eltern haben hier wohl häufig gerungen und Bestmöglichstes für uns versucht. Und doch bleibt eine gewisse „Einmischung" der elterlichen Wünsche unvermeidbar, und so kann es nur darum gehen, festzustellen, inwieweit wir aus der Rolle des Kindes gemahnt, gedrängt, verpflichtet werden und inwieweit wir solcherlei „Verpflichtung" nachkommen wollen.

Hier einige kurze Beispiele:

Hanne, erstes von drei Kindern, ist unverheiratet und steht unter Druck, ihre Eltern pflegen zu sollen: Auch *ihre* Mutter behielt bis zuletzt die eigenen Eltern bei sich und sorgte für sie. Ihr Einsatz war hoch, und so verwundert es nicht, daß sie an die Tochter die stille Hoffnung weiterreicht, im Alter wiederum von *ihr* versorgt zu werden.
(Frage: Halten Sie diesen Wunsch für berechtigt oder nicht?)

Helmuth, erstgeborener Sohn von zwei Kindern, hat sich nach einer sehr belastenden und defizitären Vergangenheit für einen radikalen Bruch mit seinen Eltern entschieden. Der Vater schlug ihn als Kind über Jahre, und die Mutter fing an zu trinken, als er ca. ein Jahr alt war. Acht Jahre lang hat er seine Eltern nicht mehr gesehen, vom Vater weiß er, daß es ihm schlecht geht, über die Mutter hört er von Verwandten, daß sie krank ist. Heftige Schuldgefühle plagen ihn, doch leistet er dem inneren Aufruf („du solltest sie wiedersehen") tapfer Widerstand: Zu Recht sieht er sich als Kind von seinen Eltern vernachlässigt, und (zu Recht?) sieht er nicht ein, dennoch Kontakt pflegen zu sollen. Das Ergebnis ist ein steigender Pegel an schlechtem Gewissen und eine Zunahme seiner unguten Befindlichkeit.
(Frage: Warum geht es ihm zunehmend schlechter? Würden *Sie* seine Distanz ermutigen oder ein Zugehen auf die Eltern fördern?)

Möglicherweise hatten wir alle zu irgendeinem Zeitpunkt unseres Lebens eine Entscheidung zu treffen, wie wir erlebter Verpflichtung den Eltern gegenüber nachkommen oder auch nicht. Mit diesen Entscheidungen haben wir dann zu leben, und häufig tut uns später leid, das eine oder andere an unseren Eltern versäumt zu haben.

Ein weiteres Beispiel soll helfen, Ihnen die Bandbreite möglicher Verpflichtungsgefühle und daraus resultierender Schuldgefühle nahezubringen.

Achim ist 26 Jahre alt und drittgeborenes Kind von insgesamt drei Kindern (vor ihm zwei Schwestern). Er war als Sohn von beiden Eltern heftig ersehnt gewesen und schon in den ersten Jahren im Bewußtsein von Vater und Mutter auserkoren, den elterlichen Hotelbetrieb zu übernehmen.

Das Heranwachsen des intelligenten Kindes verläuft eher unproblematisch, der Sohn wird in vielem liebevoll in seiner Entwicklung begleitet und in seinen Begabungen gefördert. Mit 16 Jahren, zwei Jahre vor seinem Abitur, wünscht der Vater den Wechsel in ein mehr betriebswirtschaftlich ausgerichtetes Gymnasium. Hier weigert sich der bisher recht fügsame und kompromißbereite Junge und eröffnet den Eltern, daß er Philosophie oder Theologie zu studieren gedenke. Beide Eltern sind entsetzt, hatten sie doch nachhaltig mit einer ihnen angebracht erscheinenden Entwicklung des Jungen in Richtung Hotelbetrieb gerechnet. Der Vater zeigt sich forthin distanziert, kann seiner Enttäuschung keinen Ausdruck verleihen und isoliert sich immer mehr. Die Mutter leidet unter dieser Entwicklung, redet ihrem Sohn „ins Gewissen" und klagt ihn schließlich an, es sei seine Schuld, wenn der Vater „sich zu Tode leide". Der Sohn protestiert empört, konfrontiert den Vater, und dieser leugnet vehement, an der Entscheidung seines Sohnes tatsächlich zu leiden. Doch spürt der Sohn deutlich, daß sich hier für den Vater eine Katastrophe anbahnt. Zugleich ist mit ihm darüber nicht ins Gespräch zu kommen. Der Sohn, den Eltern bisher gut verbunden gewesen, sucht nun sein Heil in der Flucht und beschließt, sein Theologiestudium wesentlich im Ausland zu absolvieren. Die Kontakte zu den Eltern sind nun seltener und oberflächlicher, die Mutter wagt nur ab und zu subtile Hinweise auf Enttäuschung und Frustration ihrer selbst und des Mannes. Der Sohn fühlt sich genötigt und unter Druck gesetzt und rettet sich mehr und mehr in die Distanzierung zu den Eltern. Als er zur Therapie kommt (ein paar Stunden Einzel), hat er seine erste Stelle als Pfarrer angenommen und plant bereits auf eine zukünftige Lehrtätigkeit hin.

Psychisch stabil und ausgereift klagt er doch über Mangel an Freude im Beruf, er habe so recht an nichts mehr Spaß, auch nicht an seinem so besonders guten Studienabschluß. Auch leide er sehr an dem Bruch zu den Eltern.

Es ist sehr bald klar, daß er trotz weitgehendem Kontaktabbruch zu den Eltern Schuldgefühle hat, die ihm den Genuß des Erreichten geradezu verderben. Daheim weiß er seine Eltern leiden, während deren Anklage gegen ihn subtil bleibt. Eine gesunde Abgrenzung gelingt ihm nicht: Immer mehr gerät er in den Sog der kommunizierenden Erwartung und der verborgenen Hoffnung. Immer öfter auch kann er bei den wenigen Besuchen bei den Eltern nicht aufhören, langatmige Erklärungen und Verteidigungsreden für seine Berufswahl abzugeben. Die Eltern zeigen keinerlei Interesse, fragen nicht nach und leiden passiv still weiter. Die Mutter zeigt sich inzwischen als wandelnde Anklage, der Vater wird zunehmend verschlossener. Dem Sohn indessen geht es vermehrt emotional schlecht. Immer mehr tun ihm die Eltern leid, und er entwickelt massive Schuldgefühle: Er überlegt, ob er ihrem Willen hätte nachgeben müssen, dann protestiert er rebellisch gegen sein eigenes „müssen-sollen", dann wieder findet er sich zu egoistisch und sieht sich den Anliegen der Eltern verpflichtet („die hatten's auch schwer, wieso kann ich nicht einfach machen, was *sie* wollen?").

Die Therapiestunden möchte er schließlich nutzen, um sich abzugrenzen gegen die Eltern, um sie *nicht* weiterhin „unglücklich zu machen" *und* um seine weiteren Berufsziele zu planen und seinen Weg mit gutem Gewissen zu gehen.

Der Verlauf der Stunden zeigt, daß Achim letztendlich unter „Abgrenzung" folgendes versteht: Er will seinen Eltern den von ihm gewählten Lebensweg als „richtige Entscheidung" nahebringen, sie sollen es „verstehen" (er meint akzeptieren) und ihren Frieden mit der Tatsache der Absage des Sohnes an die Geschäftsübernahme machen. Dann, so glaubt er, ist für sie *und* ihn gesorgt: Die Eltern sind nicht mehr böse, und er ist seine Schuldgefühle los.

Hier bahnt sich eine Zwickmühlendynamik an (erinnern Sie sich an das entsprechende Kapitel des Buches), die das Problem unlösbar macht, solange miteinander unvereinbare Ziele als durchsetzbar gewollt sind (z. B. Eltern zufrieden machen *und* seinen Weg gehen). Zunächst besteht die Arbeit in der „Entknotung" seiner Irrtümer, dazu muß er verstehen lernen, daß seine Wünsche möglicherweise *so* nicht erfüllbar sind: Auch dazu dienen hier entsprechende Satzvollzüge.

Anbei Ausschnitte aus den Ritualisierungen.

Das Problem:
„Liebe Mutter, lieber Vater,
ich will das eure   (*euren* Wünschen
                                        nachkommen),
ich will das meine   (*meinen* Wünschen
                                          nachkommen),
ich will euer Glück
und auch *meinen* Weg,
ihr sollt nicht leiden   (unter meiner Entscheidung
                                          zum Pfarrer),
und ich will frei sein . . .   (ohne Schuldgefühle).
Versteht doch, es ist nicht so viel . . ."   (letzteres ist eine humorvoll
                                          gemeinte Anspielung auf

die Kopplung so vieler
Wünsche auf einmal).

Achim ist mit diesem Ritual öfter (auch zu Hause übungsweise) und ernsthaft beschäftigt. Zunächst tut er sich schwer, zu verstehen, daß er es nicht allen recht machen kann (den Eltern *und* sich) und Therapie nicht heißt: „Alle glücklich machen." Dann wird ihm schmerzhaft klar, daß er möglicherweise einen Preis zu zahlen hat. Fruchtet ein erneutes Gespräch mit den Eltern nicht, so bleibt nur:

Entweder eine Absage an seine Berufslaufbahn und ein erneutes Eingehen auf die elterlichen Pläne (wie auch immer, z.B. Zweitstudium Betriebswirtschaft oder anderes). Das hieße Verzicht seinerseits auf *seinen* Weg.

Oder ein klares Bekenntnis zu *seinem* Weg unter Verzicht auf das Einverständnis und den Segen der Eltern.

In beiden Fällen ist ein Preis zu zahlen, und in beiden Fällen wäre dem Preis zuzustimmen, ohne erneut damit zu hadern. Gleichzeitig müßte er folgende zwei Kopplungen als *Fehl*kopplungen (Irrtümer) erkennen:

1. „*Meinen* Weg gehen heißt SCHULD SEIN an ihrem Unglück" (der Irrtum ist der: Er ist zwar Ursache des Unglücks, doch macht nicht *er* sie unglücklich, sondern die Eltern sich selbst, indem sie auf ihren Plänen beharren).

2. Schuldgefühle haben und fühlen ist nicht das gleiche, wie schuld *SEIN:* Man kann ein schlechtes Gewissen haben, weil es einem *sehr leid tut,* das Gegenüber in seelischem Schmerz zu sehen. Das Mitfühlen heißt aber nicht, daß man sich schuldig zu erklären hat an der Not des anderen!

Auf die Erkenntnis dieser Dinge zielt ein weiteres Ritual ab. Dem vorausgegangen sind einige Gespräche zum Thema Schuld*gefühle* und Schuld haben (= sich schuldig gemacht haben).

Ritualisierter Satz aus der Perspektive dessen, der beschlossen hat (vor Jahren) Theologie zu studieren:
„Ich war klein, da wolltet ihr
schon für mich ..."

(Bezugnahme auf die
sehr frühe Entscheidung
der Eltern, der Sohn
solle einst den Hotelbetrieb
übernehmen).

„Ich folgte euch treu und wußte nicht,
was ich will ..."
„Jetzt bin ich groß, *jetzt* will ich
selbst ..."

(Theologie studieren).

Hier ist Achim berührt, es schmerzt ihn, in „Gegenwillen" zu den Eltern zu sein, *weil* es Schmerz für sie bedeutet. Dann:

„Euch tut es weh,	(meine Entscheidung)
und *mir* tut es leid,	(für euch, weil ihr so gern anders wolltet),
dies ist mein Weg,	(Pfarrer, geplante Lehrtätigkeit usw.)
doch schuld bin ich nicht . . ."	(auch nicht, wenn „der Vater sich zu Tode leidet", siehe Beschreibung der Mutter).

Hier bekräftigt Achim viele Male, bis er den seelischen Vollzug des N*icht-schuld-Seins* vollbracht hat. Währenddessen strömt sein Mitgefühl für die Eltern, und er verwechselt es nicht mehr mit Schuldgefühlen oder Schuld-Sein.

Später (6. Stunde) will Achim Anleitung für den Umgang mit seinen Eltern real. Noch einmal ist zu klären, daß er zwar um das Verständnis der Eltern ringen darf (so er möchte), daß es aber problemerzeugend ist, sich davon *abhängig* zu machen: *Sie* müssen nicht verstehen, und *er* darf liebevoll zu ihnen sein und bleiben, auch wenn sie seinen Weg nicht segnen.

Zwei Therapiestunden später ist Achim zu Hause gewesen:

Durch Leiddemonstration und Zurückweisungsmanöver der Mutter hat er sich nicht irritieren lassen (mit Schuldgefühlen seinerseits). Statt dessen hat er beide auf ihre Enttäuschung und ihr Leid angesprochen, der Vater weinte daraufhin (leugnete nicht mehr), und der Sohn tröstete *ohne* Schuldgefühle. Die Mutter klagte weiter, der Sohn drückte sein Mitgefühl aus, die Mutter nahm es wie ein Schuldeingeständnis („Ja wenn's dir leid tut, warum kommst du dann nicht heim und machst es anders?"). Er erklärte sich, sie schien nicht zu verstehen (oder nicht verstehen zu wollen?), er sah von weiteren Erklärungen ab, umarmte sie schließlich und ging – etwas traurig – seiner Wege.

Achim hat auch nach dem Besuch bei seinen Eltern seinerseits noch eine Weile darunter gelitten, ihren Lebenswunsch „durchkreuzt" zu haben. Zugleich verstand er, daß er diesen Preis zu zahlen hatte, und er war erleichtert, sich nicht mehr rebellisch abgrenzen oder verteidigen zu müssen. Sein Mitgefühl blieb – und seine Liebe und Dankbarkeit den Eltern gegenüber festigte sich erneut. Vor allem zum Vater entspannte sich das Verhältnis sehr bald.

Nach einigen Stunden war die Therapie beendet, und heute geht er selbstbewußt und ruhig seinen Weg. Mit dem Vater versteht er sich bestens, mit der leidvollen Miene seiner Mutter kommt er – ungern – zurecht.

Das Angebot an den Leser:
Mit den kommenden Zeilen haben Sie erneut die Möglichkeit, Ihre eigene Vergangenheit und Gegenwart zu durchforsten: Diesmal auf das Thema „Verpflichtet-Sein" und Schuldgefühle hin.

– Beginnen Sie damit, sich zu fragen, *ob* es gegenwärtig Gefühle des Verpflichtetseins in bezug auf Ihre Eltern gibt: gleichzeitig, ob diese noch leben oder nicht (in letzterem Fall beziehen sich die Fragen auf die Zeit *vor* ihrem Tod).

– *Wenn* es Gefühle des Verpflichtetseins gibt (gab) – kommen (kamen) Sie dieser erlebten Verpflichtung nach oder nicht?

– Wenn ja: mit welchen Gefühlen (z. B. gern, ungern, widerwillig, rebellierend oder boykottierend)?

– Halten Sie es für sinnvoll und richtig, sich weiterhin zu engagieren, oder sind Sie der Meinung, Sie sollten Ihr Engagement *zurücknehmen* oder anders leben? Lassen Sie sich hierzu auftauchen, was immer an Gedanken und Gefühlen auftauchen mag.

– Sind Sie der Meinung, Sie sollten Ihr Engagement *verstärken* oder anders leben? Lassen Sie auch hierzu auftauchen, was kommt und sich klar darüber werden.

– Zwei mögliche Grundsatzpositionen gibt es:
Sie finden, Sie tun (taten) zu wenig und müßten mehr tun (getan haben). Dieser Impuls kann Teil der Lösung sein *oder* Teil des Problems.

Sie finden, Sie tun (taten) zu viel und sollten sich einschränken bzw. zurücknehmen (zurückgenommen haben). Auch hier kann der auftauchende Impuls Teil der Lösung *oder* Teil des Problems sein.

– Nicht ganz einfach ist es hier, herauszufinden, was für Sie *stimmigerweise* „richtig" ist: Dies ist ein möglicher Weg zur Lösung:

Balancieren Sie beide Alternativen in Ihrer Seele aus (mehr oder anders tun, weniger oder anders tun), und horchen Sie auf den Effekt, bzw. spüren Sie ihn an:

Wo Ihnen eher angenehmer, leichter, heller, klarer oder offener zumute wird, ist dies wahrscheinlich die Richtung auf die Lösung hin.

Wo Ihnen eher unangenehmer, schwerer, düsterer, irritierter oder verschlossener zumute wird, ist dies wahrscheinlich die Richtung auf Nicht-Lösung hin.
– Was in jedem Fall problematisch wäre, ist jede Vermischung der Möglichkeiten.

Beispiel:
● Sie sorgen (sorgten) zwar für Ihre Eltern, leisten (leisteten) aber innerseelisch Widerstand („ich will aber nicht") oder begehrten wütend auf („wieso sollte ich?").
● Sie sorgen (sorgten) zu wenig oder gar nicht für Ihre Eltern, haben (hatten) aber immer wieder ein schlechtes Gewissen: Weil Sie der erlebten Verpflichtung nicht nachkamen.

In beiden Fällen kommt es zu keiner *gut* gelebten Lösung, und Sie „verzehren" Ihren Energiehaushalt (d. h., Sie verbrauchen unnötig Energie, ohne daß der Einsatz wirklich lohnt bzw. ein gutes Ergebnis zeitigt).
– Wenn also klar ist, wie Sie sich positionieren wollen, dann übernehmen Sie hierfür die *volle* Verantwortung:

● *Mehr oder anders tun: Tun* Sie es! Bzw. erklären Sie sich wirklich *bereit,* es zu tun, auch wenn es Dinge gibt, die Ihnen lieber wären! Sie können sich *gern* engagieren, aber zuweilen gelingt es nur, einfach *bereit* zum Engagement zu sein. Niemand darf verlangen, daß Sie es *gern* tun, es fühlt sich aber natürlich besser an, wenn Sie es gern tun!

● *Weniger oder anders tun:* Wenn Sie Ihr Engagement zurücknehmen (oder in der Qualität verändern), dann stehen Sie dazu, *ohne* Schuldgefühle zu schieben bzw. ohne sich mit denselbigen zu quälen (das wäre ein unnützer Versuch der Selbstbestrafung oder „Sühne"). Dann fühlt es sich vielleicht nicht nur gut an, aber das dürften Sie dann auch nicht verlangen.

Mit der Schuld (in diesen Zusammenhängen) habe ich selbst folgende lösende Einstellung gefunden:

Entweder: Es ist meine Überzeugung, mich *mehr* (oder anders) engagieren zu sollen, dann sollte ich es tun und mich damit wohl fühlen oder einverstanden erklären.

Geht dies aus nachvollziehbaren Gründen nicht (ohne daß diese Gründe Ausreden sind), dann kann es zu Schuldgefühlen kommen, aber diese „Portion Schuld" sollte ich nicht abstreifen wollen: Sie ist zu tragen *ohne* Widerwillen, Protest oder Verteidigungsreden. Man steht zu ihr – in Ruhe!

Oder: Es ist meine Überzeugung, mich *weniger* (anders) engagieren zu sollen oder wollen (aus nachvollziehbaren Gründen, die wiederum keine Ausreden sind), dann sollte ich es tun und damit Frieden machen.

Es mag sein, daß es mir für den betroffenen Elternteil leid tut, dann könnte ich dieses Mitgefühl u. U. ausdrücken (das müßte von Herzen geschehen, *nicht* „pro forma"). Mit den möglicherweise auftretenden Schuldgefühlen hätte ich dann ebenfalls zu leben und sie, je nach vorhandener Schuld, auch zu tragen (*TRAGEN*, nicht „zu Markte tragen").

Hier gebe ich Bert Hellinger recht, der sagt:
„Wer zu seiner Schuld steht, den macht sie in gewisser Weise frei und leicht, wer sich ihr verweigert, den macht sie unfrei und schwer."

Soweit Hellinger! Hinzufügen möchte ich noch, daß es hier um *wirkliche und reale* Schuld geht, nicht um *unwirkliche und irreale* Schuld, die jemand auf sich genommen oder für sich als gültig beschlossen hat, *ohne* tatsächlich schuld zu sein.

Nach all dem Vorausgegangenen nun noch einmal zurück zu Ihrer persönlichen Geschichte:
–   Wo und in welchen Zusammenhängen sind Sie erlebten Verpflichtungen *nicht* nachgekommen, aber der Meinung, Sie hätten dies tun sollen? (Die Frage bezieht sich auf Ihre Vergangenheit, gleich ob Ihre Eltern noch leben oder nicht.)
–   Wo und wie sind Sie (falls Ihre Eltern noch leben) der Meinung, Sie sollten solcherlei Verpflichtungen nachkommen oder eine andere Qualität des Engagements zeigen?

Im nachfolgenden biete ich Ihnen jetzt eine Reihe „offener"
Satzvollzüge an, die Sie je nach Ihrer eigenen Situation und
emotionalen Befindlichkeit füllen können. Was Sie *nicht* anspricht, das übergehen Sie einfach, *was* Sie anspricht, das
wiederholen Sie nach Wunsch (auch an anderen Tagen), bis
es ausschwingt bzw. keine Resonanz mehr hat.

Das Problem:

„Liebe Mutter, lieber Vater,	(an die lebenden und nicht mehr lebenden Eltern)
ich hätte sollen . . . wollen . . .	(euch dies oder das geben, Fürsorge usw.)
doch konnte ich nicht . . .	(wieso? Welche Gründe? Ausreden oder Nachvollzieh-bares?)
doch wollte ich nicht . . .	(z. B. weil Sie ärgerlich waren, sich benach-teiligt fühlten oder anderes? . . .)
doch habe ich nicht . . .	(Gründe? Ausreden oder Nachvollziehbares?)
ich fühlte nur . . ."	(was empfanden Sie in Zusammenhang mit dem Nicht-Engagement: z. B. Wut, Schmerz, Angst, Rebellion, Protest, Rache, Benachteiligung usw. . . . was immer noch auftauchen mag.)

Bezüglich möglicher Schuld – sofern vorhanden:
„So trage ich – und lebe ich – die Schuld . . ."
(Ist es „echte" oder „vermeintliche" Schuld, stehe ich zu ihr,
oder weise ich sie zurück?)

Weiter an die noch lebenden Eltern:

Die Lösung:
„Liebe Mutter, lieber Vater,
es tut mir leid . . .   (Was? – lassen Sie es
                                         sich spüren)

ich will es ändern . . .   (Was soll und darf
                                         anders werden?)

ihr sollt mich haben . . .   (als verfügbares Kind,
                                         das sich – in Maßen –
                                         kümmert)

und was ich gebe, gebe ich willig und (oder) gern . . .
und was ich versäumte, tut mir leid . . .
ich trage meine Schuld . . .   (Achtung: sofern
                                         vorhanden –
                                         UND NUR DANN!)

oder:
Es trifft mich *keine* Schuld,
doch tut es mir leid . . ."   (was immer ihr gelitten
                                         habt durch mich).

Lassen Sie Ihre Gedanken und Gefühle in Ruhe ausschwingen, finden oder bleiben Sie in Ihrer Mitte und schließen
dann ab . . .
Erlauben Sie sich Erleichterung und, wenn möglich, Wohl-
befinden.

Weiter an die *nicht* mehr lebenden Eltern:
„Liebe Mutter, lieber Vater,
es tut mir leid . . .   (Was? – lassen Sie es
                                         sich spüren)

jetzt ist es zu spät . . .   (da ihr nicht mehr lebt)
in meinem Herzen hole ich nach,   (das Versäumte)
für eine ganze, kleine Weile . . .
und so ich Schuld habe,   (Achtung: NUR
                                         DANN!)

stehe ich dazu und trage es gern . . .   (oder weniger gern),
ich will euch in meinem
Herzen haben, dort soll es euch gutgehen,
und ich gedenke euer mit

Freundlichkeit   (und/oder Liebe . . .)"

Lassen Sie auch hier, wie oben angegeben, abfließen und innerlich ihren Ruhepunkt finden.

Wenn es um mehr Distanz bzw. Zurückgenommenheit geht (bei den lebenden Eltern):

„Liebe Mutter, lieber Vater,
es ist zuviel, es wird mir
schwer . . .   (das *Über*engagement)
ich schaffe es nicht . . .
und es tut mir leid . . .   (der erlebten Ver-
                                        pflichtung *so* nicht
                                        nachzukommen)
ich will mich zügeln . . .   (angemessen, nicht
                                        übermäßig geben)
und *was* ich gebe, gebe ich gern,
schaut freundlich auf mich,
wenn mehr nicht geht . . ."   (als das, was es ist oder
                                        sein kann).

Lassen Sie auch hier, wie oben angegeben, ausschwingen und Ihre Mitte finden!

Sie werden festgestellt haben, daß es nicht leicht ist, sich selbst auf mögliche „echte" Schuld hin zu eruieren. Die Schwierigkeit liegt darin begründet, daß „Schuld" keinen objektiven Maßstab kennt. Wir und nur wir selbst können anstehende und reale Schuld zu uns nehmen:

„Schuld" ist etwas, das wir nehmen, aber nicht *geben* können!

Niemand also kann Sie hier schuldig sprechen. Der Versuch endet *immer* in Nichtlösung!
  Spüren wir aber hin und öffnen unsere Seele anstehender Wahrhaftigkeit, so werden wir ein stimmiges Gefühl für uns selbst von Schuld oder Un-schuld haben.

6.   Die nicht ausgedrückte Lebendigkeit
Das Gefühl von „Überschuß"

> Erleben von z. B.: einerseits: Frohsinn, Freude, Kraft, Taten-
> drang, Kreativität, Lust am Schöpferischen, Expressivität,
> Lust an der Lust (auch Erotik und Sexualität);
>   andererseits „Stauphänomenen": Unterdrückung, Beherr-
> schung, Spannung bis Anspannung, zuweilen Explosivität.

In Zusammenhang mit den Grundbedürfnissen besprach ich
zu Beginn des Buches das Anliegen des Kindes nach „Platz haben dürfen" und „Entfaltungsspielraum". Damit ist zunächst
gemeint, daß dem Kind gern und selbstverständlich ein „seelischer Ort des Zu-Hause-Seins" zuerkannt wird. Er ist durch das
Willkommensein des Kindes, die Freude an ihm und durch die
Zeichen der Fürsorge und Liebe gegeben. Dieser Platz kann vor
allem dann voll ausgefüllt werden, wenn zugleich die Entfaltung des Kindes und werdenden Erwachsenen gefördert wird
bzw. nicht unter Verbot oder Sanktion gestellt ist.
    „Entfaltung" meint sowohl die Entwicklung der physi-
schen, geistigen und seelischen Möglichkeiten des Kindes als
auch das Ausleben seiner lebendigen und lebensbejahenden
Impulse. Dazu gehört Direktheit und Unbefangenheit des Aus-
drucks (spontaner Ausdruck der Gedanken und Gefühle wie
z. B. auch schreien, jubeln, weinen usw.), Bewegungsdrang (ren-
nen, toben, turnen), Unternehmungslust, Spieldrang, Experi-
mentierfreude, kreative Phantasie und „Werksinn" (etwas
„werkeln" bzw. „schöpferisch hervorbringen").
    Wird dauerhaft oder über lange Zeit das beschriebene Po-
tential unterdrückt oder in mehreren Aspekten unter Verbot
gehalten, so wird der Fluß lebendiger Energie unterbunden, und
seelische „Stauphänomene" sind das Resultat.
    Enthält man sich hier der Versuchung, psychopathologi-
sche Konzepte zu bemühen (wie z. B. „Neurose"), so könnte
man unabhängig von jeglicher Diagnose sagen, daß nur ein
grundsätzlich zirkulierender Energiehaushalt Körper und Psy-
che gesund hält. Damit ist u.a. eine ausgewogene Regulierung
der Lebensimpulse gemeint, die sowohl hier oder da beherrscht
sein wollen (siehe Kapitel über „Begrenzung") als auch einen
natürlichen Abfluß brauchen.

Es dürfte Ihnen nicht schwerfallen, sich an dieser Stelle kurz zu besinnen und sich wissen zu lassen, welche lebensvollen Kräfte bei *Ihnen* von Kindheit an zur Entfaltung kommen konnten oder auch – mehr oder weniger – „in Schach" gehalten waren.

Nicht in jedem Fall müssen es Menschen gewesen sein, die – aus welchen Gründen auch immer – einschränkend oder hemmend gewirkt haben. Es können auch gegebene Lebensumstände sein, die eine Beschränkung des Auslebens lebendiger Impulse auferlegen (z. B. zu viele Personen müssen unter ärmlichsten Bedingungen auf engem Raum leben, oder als ältestes Geschwister und bei berufstätigen Eltern die Geschwister großziehen müssen).

Nachfolgend nun ein Beispiel aus der klinischen Praxis:

Tom, 42 Jahre alt und Sozialpädagoge, ist ein stiller und zunächst recht unsicherer Mann, der zurückgezogen, etwas träge und leicht kränklich wirkt. Sein Ziel ist, im wesentlichen seine ständige Müdigkeit zu hinterfragen und das Leben weniger anstrengend zu erleben. Er schwankt in seinen Lebensvollzügen zwischen überfordert sein und einer dagegengestellten Rebellion.

Die Schau auf seine Geschichte läßt nach und nach folgendes klar werden:
Nach dem Tod seines jüngeren Geschwisters mit 3 Monaten (Herzfehler) fürchtet die Mutter unbewußt auch um *sein* Überleben und läßt dem Sohn ein Übermaß an Fürsorge und Kontrolle angedeihen. Seinen wachwerdenden Explorationsdrang drosselt sie ihm schon ab dem 12. Monat, überall wittert sie Gefahren, und auch Jahre später noch warnt sie ihn „vor allem, was so kommen könnte" (seine Formulierung!). Der Vater, leistungsbezogen und ehrgeizig, drängt ihn früh, sich zu bewähren, und fürchtet seinerseits, „aus dem Sohn könne nichts werden". Während die Mutter physische Mobilität nachhaltig bremst („fall nicht hin, du tust dir noch was, paß auf . . .") und auch den Fragestrom genervt bremst („was willst du denn *noch* alles wissen . . ."), treibt ihn der Vater auch mit Schulbeginn immer mehr an. Von der blühenden Phantasie des Kindes hält er wenig, und die hohe Kreativität und der Werksinn des Sohnes werden von beiden Eltern eher ignoriert. Beide sind eher nüchterne Menschen und wissen auch der Freude und Impulsivität von Tom nicht gut zu begegnen. So versiegen einige Quellen seiner Lebendigkeit nach und nach, und er wird stiller und passiver. Mit 14 Jahren läßt seine Lernbereitschaft nach, und er bringt schlechte

Noten aus der Schule mit nach Hause. Der Vater sieht darin erste Anzeichen des Versagens seines Sohnes und versucht ihn durch Abwertung „zur Raison" zu bringen („Glaubst du, es nicht nötig zu haben? Von nichts kommt nichts, was bist du so faul . . ."). Der Sohn beginnt sich zu verweigern, studiert schließlich das Gegenteil dessen, was der Vater sich für ihn gedacht hatte (z. B. Ingenieur), und das Verhältnis zwischen Sohn und Vater wird spannungsgeladener.

Der Therapieverlauf zeigt vier wichtige Dynamiken:

1.   Fast alles, auch mögliche *eigene* Interessen, deutet Tom als „ich muß tun" (erst *will* er nachschauen, was ihn so dauerhaft müde sein läßt, dann weigert er sich, „schon wieder was tun zu *sollen*").
2.   Die Müdigkeit ist vor allem eine Gegenbewegung zur Antreiberei des Vaters und verdeckt rebellische Wut („du kannst mich mal . . ., ich mach's auf *meine* Art und in *meiner* Zeit!"). Die Unsicherheit zeigt u. a. seine eigene Furcht, die Dinge könnten nicht gelingen, und er könnte versagen: Die Rebellion gegen den Vater verdeckt also zugleich, wie sehr er ihm in einer anderen Schicht seiner Seele glaubt.
3.   Seine Anstrengung („immer ist alles so mühselig . . .") ist der Versuch, den warnenden Prognosen des Vaters zu entkommen („*So* schaffst du es nicht"): Er glaubt tatsächlich, es ohne Anstrengung nicht zu schaffen.
4.   Dann entpuppt sich das scheinbar stille und bescheiden wirkende Auftreten des Mannes bald als der nachhaltige Versuch, emotionale Explosivität unter Beherrschung zu halten: Sie gilt der Mutter und deren ständig einengenden und bremsenden Manövern. Als Tom das erste Mal mit schier ungebremstem Energiepotential in Kontakt kommt, wird es ihm mit sich selbst unheimlich, und er fürchtet eine aufkommende „Mordswut" (dieselbige entleert sich 4 Wochen später).

Hier zeigt sich, wie wenig Entfaltungsspielraum für Tom gegeben war: Weder Mutter noch Vater begrenzten *adäquat* seine emotionalen Wallungen (Freude, Lust, Wut), und auch das Kraftpotential des Sohnes fand beim Vater keinen liebevollen Widerhall (das hätte ein Gegengewicht zur mütterlichen Überfürsorge sein können). Das Ergebnis waren Stauphänomene und „Überschuß": Emotional und zeitweise auch kognitiv abgeblockt konnte Tom nicht zu seinem wesensgemäßen Potential finden, und Lebensenergie war in der Müdigkeit und Traurigkeit gefangengesetzt.

Mit der beginnenden Zirkulierung seiner ausgebremsten Energien (Tatendrang, Freude, Wut und Kraft) schwand auch die Müdigkeit, und statt der Trägheit zeigte sich ein herzlicher, zugewandter und auch humorvoller Mensch. Bis Tom aus der Rebellion heraus und zu seiner ihm stimmigen Identität gefunden hatte, verging noch einige Zeit.

Hier Beispiele aus den rituellen Satzvollzügen:

Das Problem: (nach wenigen Stunden Therapie)

„Lieber Vater,
du willst von mir, ich *muß* nur immer (Hinweis auf den Leistungsdruck des Vaters),

doch sag' ich ‚*nein*' (Verweigerung),
und keiner soll es merken (es soll als Verweigerung unkenntlich sein).

Ich setze dagegen (gegen das „Drängeln" des Vaters)

und zahle den Preis . . . (nämlich: vor lauter „dagegen" nicht mehr zu wissen, *wofür* er ist).

Und ich weiß nicht genau, (Identitätsverlust durch Überbesetzung
wer ich bin . . ." der rebellischen Anteile).

Während diesem Ritual spürt Tom die ganze Wucht seiner Gegenwehr. Es tut ihm gut, das Ausmaß der Rebellion zu spüren. Mit den letzten zwei Sätzen wird er sehr traurig, er weiß,
daß er „sich nicht hat . . ." (Identität).

An die Mutter:
„Mutter („liebe" geht nicht, er ist fast angewidert von ihrer „Hinter-mir-her-Dynamik"),

du sorgst für mich . . . (du sorgst zwar, aber zu viel . . .)

und läßt mich nicht (bremst so vieles aus),
du hängst mir an (bist hinter mir her),
ich ertrage es nicht,
so nah bist du . . . („ekelhaft" nah),
mein Zorn ist groß,
meine Wut könnte töten . . ." (hier nickt er zustimmend, fängt erst leicht zu zittern an und lacht später mit einer Portion Sadismus).

Ähnliche Satzvollzüge waren noch zwei- bis dreimal Thema, mehr und mehr erwacht sein lebendiges und „tatenhungriges" Potential. Als seine mörderische Wut Thema wird, braucht er Begrenzung und holt sie sich auch (Gegenhalt der Gruppenmitglieder, damit er seine überschüssigen Energien im Kontakt entladen kann und seine gesunde seelische Balance wiederfindet).

Die Lösung: (gegen das 2. Drittel der Therapie)

„Lieber Vater,
ich bitte dich,
treib du mich nicht,
hab du Vertrauen

(Hinweis auf des Vaters
Angst, Tom könnte es nicht
schaffen),

ich gehe ja   (ich bin *nicht* faul):
doch *meinen* Weg.
Gib du mich frei   (*ich* zu werden),
damit ich werden kann (mir wesensgemäß).
Ich schaffe es auf *meine* Art . . ." (ich suche meinen Weg).

Tom ist jetzt an einem Punkt, wo er spürt, was er vom Vater gebraucht
hätte. Seine Bitte klingt fast kindlich-flehentlich, doch setzt diese
Emotion auch seine Sehnsucht frei. Die Dynamik wechselt jetzt von
„Immer-dagegen-Sein" zu „Auf-mich-hin-Sein". Der letzte Satz ist in
Unsicherheit und Traurigkeit gesagt, er spürt, wie wenig er *seinen* Weg
kennt und wie lange er sich in Rebellion verzehrt hat.

Ritueller Satz an die Mutter gegen Ende der Therapie:
„Mutter   (‚liebe' geht bis zum Schluß
                  nicht),
dein Kind, dein Erstgeborenes ist tot . . .,
es tut mir leid für dich . . . (Schmerz bei Tom:
                  eigener und Mitgefühl
                  für die Mutter),
danach kam *ich,*
und du hattest Angst . . . (ich könnte auch sterben).
Ich zahle den Preis   (des Überbehütetseins),
und es fällt mir schwer (er rebelliert noch etwas),
schau du mich an   (nimm mich wahr)
und laß mich fröhlich
und lebendig sein"   (ohne ewig zu bremsen).

Das Mitfühlen mit der Angst der Mutter hilft Tom, seinen Ekel vor der
Mutter zu bewältigen (die „zu dicht dran war und hinter ihm her").
Dem Preis zuzustimmen, der letztlich auch durch die resultierende
Identitätsproblematik gegeben war, das fällt ihm lange Zeit schwer.
Verantwortung zu übernehmen für *seine* Rebellion fiel ihm ebenfalls
schwer: Er verwechselte dies mit „Schuld-sein-Sollen" („die haben
mich da hineingetrieben, was kann denn *ich* dafür?"). Als dies entkop-
pelt war, fiel er aus der Anklage an die Eltern heraus und in *seine* Verantwortung hinein:

Nämlich herausfinden „zu müssen", wer er ist und wohin er will: sowohl privat als auch beruflich. Damit ist er in den folgenden Wochen befaßt.

Tom ist heute seinen Eltern nicht sehr nah, sie entsprechen einfach seiner Art wenig („Wir können nichts miteinander anfangen"). Doch vermag er, sich ihnen ohne Rebellion zuzuwenden, und er spürt dem Vater gegenüber eine herzliche Wärme.

Seit er zu seinem Beruf als Sozialpädagoge steht („Ja, es *ist* meins"), spürt er Stolz auf sich (es geschafft zu haben): Irgendwann hat er den Vater gefragt, ob dieser eigentlich stolz auf ihn sei. Der Vater hat – nachhaltig irritiert – schließlich mit „ja" geantwortet. Tom hat in der Gruppe liebevoll-amüsiert davon erzählt.

Das Angebot an den Leser

Zunächst sei betont, wie endlos die Zahl möglicher Beispiele in Zusammenhang mit „nicht-ausgedrückter Lebendigkeit (Überschuß)" sein kann. Das angeführte Beispiel ist in der Tat nur ein Ausschnitt aus der Vielfalt der Möglichkeiten.

Hat z. B. ein Mensch musische Begabung (Freude am Singen, Geigen usw.) und darf dieselbe nicht leben, so kann es zu energetischen Stauungsphänomenen kommen, soweit sich kein ersatzweises „Flußbett" findet, in das hinein sich solch lebendiges Potential ergießen könnte (also z. B. Begabung zu Tanz oder Theater oder anderen Formen des Expressiv-Seins).

Worauf es zuletzt ankommt, ist die Frage, ob ein Mensch trotz Einschränkungen bezüglich seines Lebens- und Kraftflusses zuletzt zu einer stimmigen und ihr/ihm gemäßen Identität findet.

Auch hier gilt: Für die erlebten oder uns angetanen Einengungen können wir in der Regel nichts: Wir sind daran nicht schuld. Das spricht uns jedoch nicht frei von unserer Verantwortung für die Entwicklung eines uns gemäßen Wachstumspotentials. Und z.B. dauerhafte Rebellion gegen „das Übel der Vergangenheit" ist *eine* Art und Weise, selbst *keine* Verantwortung zu übernehmen und statt dessen passiv auf „Erlösung von draußen" zu warten.

Zugleich bleibt auch hier unbenommen, daß es Menschen geben mag, die aufgrund der negativen oder zerstörerischen Einflußnahme durch Menschen in ihrer Vergangenheit derart „gebrochen" sind, daß ihnen eine Veränderung gerechterweise nicht nahegelegt werden kann und darf.

Wenn Sie jetzt Lust verspüren *oder* das Bedürfnis danach haben, meine Fragen mit Ihren Antworten zu begleiten, dann fahren Sie mit dem nachfolgenden Text fort.

Atmen Sie tief durch, entspannen Sie sich – und
– versetzen Sie sich in Ihre Kindheit und Jugend zurück, eben so weit wie Ihnen möglich und angenehm ist.
– Wie wurden Sie durch Bedingungen und/oder Menschen in den Aspekten Ihres lebendigen Potentials gefördert oder auch gehemmt?
Dabei ist zu bedenken, daß es *nicht* um die entwicklungsüblichen, notwendigen und auch zuweilen wohltuenden Begrenzungen geht, die jedes Kind braucht und oft auch herausfordert. Hier geht es um Einschränkungen aus meist *negativ* machtvoller Position: Wie z. B.: Abwertung, Niedermache, Verachtung, Gewaltanwendung, Unterdrückung, Strafmanöver und all dem ähnliches. Es kann auch einfach komplettes Desinteresse der Eltern gewesen sein (oder elterlicher Personen) oder gewisse Formen der Ignoranz.
– Zur Anregung und Erinnerung seien die verschiedenen Dimensionen des Lebendigseins noch einmal aufgezählt:
– Wie steht es und stand es mit dem Ausdrücken- und Ausleben-Können und -Dürfen von:
Gedanken, Gefühlen, lautsein, lachen, weinen, Fragen stellen, herumtollen, spielen und sonstigen körperlichen Aktivitäten (was immer Ihnen einfallen mag), experimentieren, „herumwerkeln", kreativ sein, schöpferischen Begabungen, Freude, Frohsinn, Kraft und Lust?
– Standen Ihnen Menschen – insbesondere die Eltern – als Kontaktpersonen zur Verfügung, die z. B.: ermutigten, sich an und mit Ihnen freuten, Ihre Kraft liebevoll und interessiert abfingen, auf Ihre Leistungen stolz waren, Sie be-

achteten, Sie in Ihren Energieäußerungen wahrnahmen und auf Sie eingingen, sich Ihnen anschließen konnten (z. B. sich freuend oder mitmachend) oder Sie ganz einfach gewährend machen ließen?

– Lassen Sie sich Zeit, die Aspekte des „gefördert oder nicht gefördert gewesen seins" zu eruieren und anzuspüren. Es muß Ihnen nichts im Detail klarwerden: Manchmal hat man ein Gespür dafür, ohne genau zu wissen oder sich zu erinnern.

– Würden Sie heute von sich sagen, in welcher Weise auch immer, unter innerseelischem „Stau" zu stehen: Also Energien zu blockieren, die sinnvollerweise in Fluß sein sollten und Ihrer positiven Gesamtbefindlichkeit zuträglich wären? Eine solche Blockade würden Sie z. B. an Folgendem erkennen:

Emotionale Spannung bis Hochspannung, das Gefühl, mit etwas „übervoll" zu sein, emotional unter Druck sein, körperliche Dauerspannung, seelisches Unbehagen, explosive Grundstimmung, das Gefühl, sich nicht wirklich gelebt zu haben, oder das Gefühl, „fast aus dem Leim gehen zu können vor lauter übervoll sein", evtl. Dauerfrust. – Bitte bedenken Sie hier, daß nur die *Kombination* vieler der Merkmale „Überschuß" anzeigen.

– Wie auch immer es gewesen sein mag oder heute ist: Prüfen Sie kurz, ob Sie im Verlauf der Jahre Ihre lebendigen Lebensvollzüge zumindest teilweise nachgeholt und/oder entwickelt haben. Wie erleben Sie heute Ihr Potential, und in welchem Ausmaß sind Sie mit Ihrem Energiehaushalt „in Fluß"?

– Können Sie von sich sagen, daß Sie weitgehend zufrieden sind oder versöhnt mit dem, was war und heute ist?

– Insbesondere, wenn die Antwort „nein" ist, lohnt es sich, mit den nachfolgenden rituellen Sätzen weiterzumachen. Wie gewohnt vollenden Sie die angebotenen Sätze.

Das Problem:
„Liebe Mutter, lieber Vater,   (wo angebracht, richten
                                       Sie das Wort getrennt
                                       an beide)

ich war noch ein Kind, (wie alt? auch spätere
 Altersstufen gelten!)
und da hast du mir . . . (dies oder das vermittelt,
 verboten, angetan usw.)
ich wollte nur . . . (was?: spielen, lachen,
 glücklich sein, dies oder
 jenes ausleben . . .)
und: Es ging nicht gut . . . (was? *Wie* war es
 ungut?)
(und/oder) war sehr schwer . . . (wenn so: *Wie* war es
 schwer?)
Jetzt fühle ich . . . (Wut, Trauer, Schmerz,
 Resignation, Haß oder
 anderes . . .)
Ich will *nie* mehr . . ." (ergänzen Sie hier, was
 immer Ihnen einfallen
 mag; . . . was Ihnen einfällt, ist Teil des Pro-
 blems *oder* der Lösung!)

Die Lösung:
„Liebe Mutter, lieber Vater, (wie oben: falls
 angebracht)
ich war noch ein Kind, (wie alt? evtl. auch
 später)
und ich wollte nur . . . (wie oben: dies oder
 das . . .)
mir hat gefehlt . . . (was hätten Sie gern
 gehabt oder gebraucht?)
so sieh mich doch,
und begleite mich . . . (in meiner Lebendigkeit)
Jetzt lasse ich los . . . (meine Wünsche,
 Ansprüche oder Klagen
 an dich/euch)
und Anklagen fallen . . . (Anklage an die Eltern)
und gebe mich frei, (zu dem, was ich noch
 leben kann und möchte)
mein Leben soll reich sein (voll Freude usw.)

| oder/und auch voll Frieden . . . | (mit dem, was ist und geht) |
| sei du/seid ihr mir nah . . . | (sagen Sie das nur, wenn es nicht blockiert) |

und stärke mich
in meinem Herzen,
damit ich freudig lebe!"

Der obige Satz („sei du mir nah . . .") mag Ihnen nicht leicht-fallen: Versuchen Sie dennoch Ihren Wunsch anzuspüren und die Idee aufzunehmen und in der Seele in Fluß zu brin-gen. Lassen Sie dann, wie gewohnt, ausschwingen und sich seelisch in Ihrer Mitte versammeln. Zu einem anderen Zeit-punkt haben Sie dann vielleicht Lust oder Bedürfnis, darüber nachzudenken und nachzufühlen, was Ihnen fortan wichtig wäre, an Energiepotential zu mobilisieren und auszuleben (Talente, Kräfte, Neigungen).

Erlauben Sie sich, im Rahmen des tatsächlich Möglichen zu bleiben: Was an Wünschen läßt sich *realistischerweise* auch umsetzen und würde den Fluß der Energien ausbalan-cieren und Sie zufrieden werden lassen?

7. Die nicht gelebte Liebe
Das Erleben von Überfluß

Erleben von z. B.: Trauer, Schmerz, Scham, Wut, Verzweif-lung, Minderwertigkeits- und Unwertgefühle, Zurückwei-sungsängste, Übersensibilität gegen Zurückweisung.

Sprach ich im vorangegangenen Abschnitt von „Überschuß" (bei nicht ausgedrückter Lebendigkeit), so geht es hier um ein psychisch ähnliches, aber doch etwas anders gelagertes Phäno-men. Gemeinsam ist den beiden Dynamiken ein „Zuviel an ge-stauter Energie", unterschiedlich ist die Wirkung auf die Seele: Wenn dauerhaft und von Kindheit an die sich entfaltende Liebe und Anhänglichkeit eines Kindes nicht angenommen, sondern ignoriert oder zurückgewiesen wird, so erlebt der erwachsene Mensch ein ständiges Gefühl von „Überfluß". Der „Überschuß" ist ein deutliches Stauphänomen, der „Über*fluß*" ist ein Phänomen nicht losgewordener Fülle und labilisiert in der Regel den psychischen Gesamthaushalt: Man leidet an tiefer Verunsicherung über das, was man zu geben hat, und man fühlt sich seiner Liebesfähigkeit nicht sicher bis hin zu Unwert- und Minderwertigkeitsgefühlen. Desgleichen ist die Toleranzschwelle gegenüber Zurückweisung deutlich herabgesetzt.

Die heutige Psychologie diskutiert viel die Fragen frühen Mangels: also das, was wir hätten haben sollen, jedoch nicht erhielten. Bei der nicht gelebten Liebe geht es hingegen an erster Stelle um das, was wir nicht *losgeworden* sind, und erst an zweiter Stelle steht der Mangel an Resonanz auf unser Liebesvermögen. Natürlich ließe sich fragen, ob ein Kind „von Natur aus" liebesfähig bzw. zuwendungsfähig ist. Ganz sicher kann man hier annehmen, daß diese Fähigkeit zum größten Teil erworben ist, nämlich durch das Modellverhalten der Eltern, durch die Identifikation des Kindes mit seinen Leitbildern und durch eigene Lern- und Umsetzungsprozesse.

Wer also das Geliebtsein an sich selbst erleben durfte oder das Glück hatte, Eltern zu haben, die zärtlich und liebevoll miteinander umgingen, der hat eine gute Grundlage, das Lieben seinerseits zu erlernen und freundliche Hingewendetheit als eine „Tochter" dieser Liebesfähigkeit schätzenzulernen.

Nachfolgend ein Beispiel, das Ihnen das Beschriebene noch mehr verdeutlichen *soll*.

Zunächst ein Beispiel, das in Zusammenhang mit sexuellem Mißbrauch steht und einen Bruch des Verbundenseins zu den Eltern zur Folge hatte, der bis dato nicht verkraftet war (ebensowenig wie der Mißbrauch):

Margot ist eine hübsche Frau von 32 Jahren und erstes von insgesamt drei Mädchen. Zeitlebens hatte sie nur flüchtige Männerbeziehungen und glaubte „nicht wirklich, einen halten zu können".

Der Vater hatte die Mutter nach dem Krieg als Kriegerwitwe geheiratet, nachdem deren erster Mann gleich nach der Heirat im Krieg gefallen war. Offensichtlich vom Krieg seelisch mitgenommen und hart geworden, war er nicht besonders beziehungsfähig. Dennoch gab sich die Mutter in den ersten zehn Jahren viel Mühe mit ihm und ertrug geduldig seine Launen und Schwächen. Sie war ihm dankbar, „daß er sie genommen hatte", und gemeinsam verdienten sie Geld, und die Ehe ging leidlich gut („funktioniert halt so"). Doch nach all den Jahren des Ringens um die Freundlichkeit des Mannes entfremdete sich die Ehefrau ihm und wandte sich schließlich auch sexuell von ihm ab. Als Margot 13 Jahre alt war, kam es zum ersten Mal zu erotisch gefärbten Kontaktangeboten von seiten des Vaters an seine Tochter. Diese kam gerade in ihre Pubertät und war zwischen Anziehung und Abstoßung hin- und hergerissen. Der Vater, auf die Tochter bis dato nur oberflächlich bezogen, warb nun heimlich um die Gunst seiner ersten Tochter, und dies schmeichelte ihr. Nach einigen weiteren sexuellen Annäherungsversuchen kam es dann zum Intimverkehr. Dieser wiederholte sich über ein Jahr, dann fand sich die Tochter davon belästigt und machte der Mutter gegenüber schließlich Andeutungen über den Mißbrauch. Obwohl diese die Andeutung in keiner Weise verstand (sie reagierte mit: „der hat sich doch nie richtig um euch gekümmert, wird's auch weiter nicht tun"), erfuhr der Vater doch durch die Tochter, daß diese der Mutter einen versteckten Hinweis gegeben hatte. Daraufhin erbitterte der Vater sich sehr gegen die Tochter und redete tagelang nicht mit ihr. Die Mutter sah darin die ihr bekannten Launen des Vaters und kümmerte sich wenig darum. Margot hingegen sprach nie wieder darüber (zu niemand!).

Jahre später lebten die Eltern nur noch rein formal zusammen, und die arbeitende Mutter engagierte eine Kinderfrau für die zwei kleineren Geschwister (10 und 8 Jahre). Während sie selbst nun einen Freund hatte (und dies auch nicht verbarg), begann der Vater ein Verhältnis mit der Kinderfrau. Seine Kinder hatten so wenig von ihm wie eh und je, und insbesondere Margot litt unter seiner Zurückweisung. Hatte es früher Zeiten gegeben, in denen er ihre Nähe gesucht hatte (sexuell!), so wies er jetzt jedes Kontaktangebot zurück und behandelte Margot wie eine Verräterin. Er schien sie offensichtlich zu strafen und ihr den von ihm erlebten Verrat anzulasten. Das emotionale Band zwischen Vater und Tochter war nie sehr eng gewesen, doch konnte Margot, bezogen auf die ersten 10 Jahre ihrer Kindheit, wenigstens einige Momente des Aufgehobenseins bei ihm erinnern: Dies waren aber eher zufällige Situationen, wie etwa neben ihm sitzen dürfen, wenn er fernsah oder bei ihm sein, wenn er den Hund ausführte.

Bald tauchten in der Therapie andere Erinnerungen auf, die mit seiner Schwierigkeit zu tun hatten, überhaupt zärtliche Regungen zuzulassen: Margot berichtet, der Vater habe kaum je liebevolle Annäherungen seiner Frau ertragen können („der wollte, glaube ich, nur Sex"). Auch *ihre* kindlichen Liebesangebote fanden keine Resonanz („darum war ich nicht besonders geschockt, als er später Sex von mir wollte, da wußte ich: ‚Endlich braucht er mich.'").

Als Margot zur Therapie kam, hatte sie sich verschiedene Male prostituiert (erfuhr ich erst später auf Nachfragen). Sie fand dies aber nicht besonders problematisch. Schwieriger war für sie, daß sie das Gefühl hatte, kein Mann interessiere sich *wirklich* für sie, und die meisten wollten doch nur Sex. Gleichzeitig wurde bald klar, wie sehr sie sich denselbigen auch anzubieten wußte, stets in der Idee lebend, nur *das* mache sie attraktiv oder wertvoll. Nach ein paar Stunden in der Gruppe kristallisieren sich ihre tiefen Minderwertigkeitsgefühle heraus:

Wie oft sei sie als Kind (zwischen 4 und 10 Jahren) zum Vater gelaufen und habe mit ihrer kindlichen Zuneigung Unverständnis, Ungeduld und Zurückweisung erlebt. Ihre Mutter habe ihr einfach nur gesagt: „Laß ihn in Ruhe, der kann's nicht." Die Tochter aber nahm es, als sei es *ihr* Versagen, *ihre* Unfähigkeit, die Liebe des Vaters zu erwerben oder die eigene Liebe bei ihm unterzubringen. Schon früh also hatte sie die Idee entwickelt, es läge an ihr, den „Bann" zu brechen. Ein Jahr lang mißbrauchte sie der Vater in größeren Abständen, dann kam es zum beschriebenen Bruch in der Beziehung. Zusätzlich war Margot durch die Hinwendung des Vaters zum Kindermädchen tief gekränkt, desgleichen durch sein plötzliches komplettes Ignorieren ihr gegenüber. Einerseits war sie entlastet und froh über die Beendigung des sexuellen Verhältnisses, andererseits war es die einzige Art gewesen, ihre Liebe für den Vater kund zu tun *und* eine gewisse Wärme zu erfahren.

Margot hatte ihre sexuelle Identität nicht ausreifen können, auch deshalb nicht, weil sie nie unter *sicheren* Bedingungen die kindliche Liebe an ihren Vater losgeworden war. Hätte er ihre Zuneigung genommen, die seine gegeben und sie frei von sexuellen Angeboten gehalten, dann hätte Margot einen anderen Selbstwert als werdende Frau entwickelt, und ihre Weiblichkeit wäre wohl kaum „zum Verkauf" gestanden (*ihr* Ausdruck).

Noch vieles wäre zum weiteren Verlauf der Therapie zu sagen. Doch will ich mich hier, wie auch in den anderen Beispielen, auf wichtige Etappen ritueller Satzvollzüge beschränken.

Zum Zeitpunkt der Therapie leben beide Eltern noch (jedoch getrennt), zur Mutter pflegt die Tochter vor allem telefonisch Kontakt („ich mag sie einfach gern . . ., sie hat ein schweres Leben gehabt . . ."). Vater und Tochter gehen sich aus dem Weg (von ihm aus offensichtlich schuldgefühlsbedingt).

Das Problem:
Der Satz an die Mutter (Auszug):
„Liebe Mutter,
du hast nichts gemerkt   (den Mißbrauch)
und warst blind zu sehen,
und ich konnte nicht reden,

das Schweigen war schwer . . . (sie hatte es „durchgehalten", wollte die
Mutter nicht belasten),

dir ging es wie mir (was die zurückgewiesene
Liebe betrifft),

doch *ich* bin das Kind . . ." (Hinweis auf die Qualität
ihrer Liebe als letztlich
kindlich).

Margot weint an dieser Stelle sehr, sie erinnert sich an verschiedene
Szenen mit dem Vater und ist nach dem rituellen Satz froh, weiter über
ihre Erinnerungen reden zu können. Bemerkenswerterweise hat sie
keinerlei Wut auf die Mutter, sondern fühlt sich mit ihr im Nicht-
geliebt-worden-Sein eher solidarisch.

An den Vater („lieber" ist hier erst mal nicht angebracht):

„Vater (hier weint sie schon, und
die Konfusion Vater –
Sexualpartner wird ihr
emotional deutlich),

es war nicht fair (sein Umgang mit ihr),

ich liebte dich (als Kind in all ihren Versuchen, ihm nahe zu sein),

und du warst nicht da (Schmerz).

Ich gab mich dir . . . (sexuell!)

Damit ich dich hätte (als jemand, der mich liebt),

und ich hatte dich nicht . . ." (Verzweiflung, sie wird
„ganz klein": regrediert auf
eine Altersstufe von etwa
drei Jahren).

Einen Tag nach diesen rituellen Sätzen (im Therapieseminar) wallt
plötzlich Wut in ihr auf: „Weil er (der Vater) meine (kindliche) Liebe
nicht genommen hat – statt dessen aber mich" (sagt Margot an dieser
Stelle). Ich nutze diese Situation für eine weitere Ritualisierung an den
Vater:

„Du hast mich benutzt,
und ich wehrte mich nicht (kurzer Selbsthaß: ein
solcher ist bei
Mißbrauchten oft da),

ich schäme mich so,
doch bin **ich** nicht schuld (sie schreit vor Wut,
und ich helfe ihr, dieselbige
auszudrücken),

164

und **du:**

halte dich fern

(sie tritt und stößt mit Empörung. Die Gruppe hilft ihr durch „Gegenhalten"; physische Begrenzung.

Eine ganze Zeit lang braucht Margot, um das Gefühl des „Sich-ver-kauft-Habens" (für des Vaters Liebe) zu überwinden. Nach ca. einem halben Jahr (20 Gruppensitzungen) fühlt sie sich wieder „sauber" (Mißbrauchte haben oft das Gefühl, schmutzig, besudelt oder „nicht in Ordnung" zu sein).

Vieles im Sinne dieser erlebten Problematik ging noch in rituali-sierte Sätze ein und half ihr, ungute Nachwirkungen erlebter Erfah-rungen zu neutralisieren.

Hier noch Beispiele aus den ritualisierten Lösungssätzen (Auszüge):

Die Lösung:

„Liebe Mutter,
es war umsonst

(um die Liebe des Vaters zu ringen),

du liebtest ihn
ich liebte ihn
jedoch: Es war vergebens

(als Frau),
(als Kind),
(des Vaters zärtliche Gegenliebe zu wollen).

Es schmerzte mich
es schmerzt auch dich

(schon eher Vergangenheit),
(der Mutter tut es bis dato weh),

laß uns von dieser Liebe lassen
und sie an anderem Ort erfüllen . . ."

(wo Resonanz wahrschein-licher ist).

Intensiv wiederholt Margot das ganze Ritual: Sie spürt die Nähe und Verbundenheit mit der Mutter, und die Solidarität hilft ihr, den eige-nen Schmerz abfließen zu lassen. Gleichzeitig richtet die Ritualisie-rung ihre Aufmerksamkeit auf die Möglichkeit der *Erfüllung* in ihrem weiteren Leben.

An den Vater (diesmal, gegen das zweite Drittel der Therapie, gelingt ihr das „lieber Vater . . .").

„Lieber Vater
du hast mich gestraft

(es ist sofort Schmerz da),
(durch deinen Kontakt-abbruch zu mir),

ich habe gelitten

(Wehmut: eher in Erinnerung, kaum noch aktuell),

ich glaubte, schuldig zu sein	(an deinem Abstand zu mir).
Ich bin es *nicht*	(mit Kraft gesagt)!
Ich bin dein Kind	(keine Partnerin),
und du bist mein Vater	(Klärung der Rollen-verhältnisse).
Meine Liebe ist wert	(Hinweis auf die Unwertgefühle)
und: ist nie mehr zu kaufen . . ."	(Bezug zur gewesenen Prostitution)

Margot ist, wie bei den meisten ihrer Rituale, sehr bewegt. Schon vier Wochen vor diesem Satzvollzug hat sie aufgehört, wechselnde Partner zu haben oder sich zu prostituieren.

Jetzt wiederholt sie den letzten Satz noch öfter. Dabei blüht ihr Stolz auf, und sie gewinnt vorsichtig an Selbstwert und Sicherheit.

Den Vater hat sie in den letzten Monaten zweimal besucht (er lebt allein) und keine besondere Zuneigung gespürt. Er trinkt inzwischen, sieht etwas „kaputt" aus (ihr Wort), und sie hat Mitgefühl verspürt. Sie bedauert, für ihn kein Liebe spüren zu können.

Ein Jahr später hat sie ihren ersten festen Freund, diese Erfahrung läßt sie so berührt sein, daß sie den Wunsch hat, ihn dem Vater vorzustellen. In vollem Bewußtsein des Risikos besucht sie zusammen mit dem Freund den Vater. Sehr liebevoll ihm gegenüber zeigt sie ihm den Freund und sagt zum Vater: „Ich möchte gerne, daß du mir Glück wünschst, tust du das?" Der Vater war von diesem Wunsch offensichtlich sowohl überfordert als auch überwältigt. Er sagte es nicht, weinte aber sehr. Jetzt spürte die Tochter Liebe für den Vater, und daß er überhaupt Gefühle (Schmerz) zeigte, versöhnte sie.

Das Angebot an den Leser
Wählen Sie, wie stets an dieser Stelle, einen ruhigen Augenblick, und prüfen Sie Ihre Bereitschaft, sich auf das Thema der vielleicht nicht gelebten Liebe einzulassen.
Wenn Sie ein entsprechendes Anliegen oder Bedürfnis haben, dann fahren Sie mit den nachfolgenden Fragen fort:
– Wenn Sie sich an die frühe und spätere Kindheit erinnern: Wie haben die Eltern die Zeichen Ihrer Zuneigung oder Liebe empfangen und genommen? Unterscheiden Sie, wo sinnvoll, zwischen Mutter und Vater.
– Solche Zeichen sind z. B. (auf ganz verschiedenen Altersstufen): Ihr Strahlen oder Lachen in der Begegnung mit den

Eltern, Ihre kleinen Geschenke (Bilder malen, Blumen oder et-was Gebasteltes), Ihre Suche nach Nähe und Zärtlichkeit *geben* dürfen, Ihre Hilfsangebote an Mutter oder Vater in gleich welcher Situation (z. B. auch, wenn ein Kind merkt, daß es einem Elternteil nicht gut geht), Ihre kindlichen Einladungen, Mutter und Vater für Ihre Freude zu engagieren (ein Kind möchte seine Eltern meist glücklich „machen": Wenn dahin-ter auch das Bedürfnis nach „selbst glücklich sein wollen" *steht*, so ist das Anliegen doch auch das Teilhabenlassenwol-len, als Ausdruck der Liebe des Kindes zu Mutter oder Vater).
– Lassen Sie sich Zeit, um die angenehmen Erinnerungen von den möglicherweise unangenehmen zu unterscheiden.
– Wenn Ihnen wenig einfällt, kann es daran liegen, daß das Thema kein besonders relevantes für Sie ist, oder Sie erinnern sich einfach an weniger aus Ihrer Vergangenheit. In diesem Fall strengen Sie sich keineswegs an, etwas wachzurufen. Überlassen Sie sich bitte dem, was Ihnen einfällt, und so Sie Lust haben, bleiben Sie auch bei den nächsten Fragen dabei.
– Welche bestimmten Aspekte Ihrer Liebesäußerungen wurden also von Mutter und Vater aufgegriffen und mit „Widerhall" beantwortet?
– Haben Sie sich dabei aufgehoben, behütet, bestätigt oder gemocht gefühlt?
– Oder gab es (auch) Resonanzen auf Ihre Liebe, die Unbe-hagen oder andere Gefühle ausgelöst haben (z. B. wenn die Eltern zwar reagieren, aber eher mit Hohn, Spott, Abwehr, Distanz, Gedrücktheit, Feindseligkeit, Mißbrauch (sexuell und psychologisch) oder anderem)?
– *Wenn* dem so war, so lassen Sie sich wissen, welche Re-aktionen der Eltern es waren, die Unbehagen, Widerwillen, Angst oder sonstige Gefühle bei Ihnen hervorriefen.
– Gehen Sie dann noch einmal an den Anfang zurück: Wie versucht das kleine Mädchen oder der kleine Bub von da-mals seiner Zuneigung und Liebe Ausdruck zu geben, und wie sieht die Resonanz aus, wie fühlt sie sich an, und wie gut oder weniger gut geht es Ihnen damit?
– Würden Sie vom heutigen Standpunkt aus sagen, daß Sie zeitweise oder länger unter „Überfluß" litten bzw. einen sol-

chen erlebten: also das Gefühl von „Liebe, die nicht loszukriegen war" und sich in Ihnen versammelte, ohne abfließen zu können? (Bedenken Sie: Befassen Sie sich mit der Frage *nur*, wenn Sie angesprochen sind, ansonsten gehen Sie einfach weiter).

– *Wenn* Ihre Liebe Ihr Gegenüber (Mutter, Vater) nicht erreichte bzw. die Reaktion für Sie ungünstig oder schlimm war: Glauben Sie, daß dies für Ihre heutige Lebensgestaltung ungute Folgen hat? Sich also mit Situation und Menschen Ihres gegenwärtigen Kontextes in hemmender oder einschränkender Weise auswirkt?

– Lassen Sie sich kurz ahnen, spüren oder wissen, was diese Folgen sein könnten (z. B. Selbstwertproblematik, das Gefühl die eigene Liebe sei wenig oder gar nichts wert, Hypersensibilität gegen Zurückweisung und/oder Minderwertigkeitsgefühle in bezug auf das, was Sie zu geben haben (an Zuneigung, Liebe usw.).

Erlauben Sie sich dann die nachfolgende Ritualisierung an Mutter und Vater. Gehen Sie auch hier nur insoweit mit, als Sie Stimmigkeit erleben!

Das Problem:

„Liebe Mutter, lieber Vater,	(eher getrennt ansprechen)
ich habe geliebt,	(oder „gemocht", war zärtlich gestimmt oder ähnliches)
und du warst nicht da . . .	(abwesend, hast wenig oder nicht reagiert)
Ich war zugewandt, aber ich fand dich nicht, es war schlimm für mich,	(oder wenig) (*wie* war es evtl. schlimm oder anders unzuträglich)
und gefühlt habe ich . . .	(Haß, Zorn, Schmerz, Verlassenheit, Unwert, Alleinsein oder anderes)

Jetzt will ich . . . (oder)
nicht mehr . . .   (was fällt Ihnen dazu
                                 ein, ergänzen Sie, wenn
                                 Ihnen etwas einfällt . . .)
und ich glaube von mir . . ."   (auch hier: ergänzen Sie,
                                 was immer kommt)

Die Lösung:
"Liebe Mutter, lieber Vater,   (auch eher getrennt
                                 sprechen)
ich habe geliebt,
und meine Liebe war jung,   (die Liebe des Kindes)
du hast nicht genommen   (nicht gewußt wie,
                                 nicht gekonnt,
                                 nicht gewollt…)
und ich habe . . .   (ergänzen Sie: gelitten,
                                 angestaut, gewartet und
                                 anderes)
Sieh hier: (Geste der Hände wie
                                 zum Geben)
Dies ist die Gabe,   (der Liebe)
sie soll mir unbeschadet sein,   (ob du sie nimmst
                                 oder nicht)
und meine Liebe bleibt.   (bleibt als Liebe
                                 bestehen)
Ich löse mich nun . . .   (vom Zorn, Warten,
                                 Klagen in bezug auf die
                                 Eltern)
und lasse sie fließen,   (die Liebe)
wohin es sie zieht
und wo sie gilt.   (gern genommen wird)
Ich werde mir wert sein,   (auch mit meiner Liebe)
und dir will ich gut sein,   (ohne dir nachzutragen)
liebe Mutter, lieber Vater . . ."

Die letzten zwei Sätze fallen Ihnen u. U. schwer, versuchen Sie
sich an Ihnen: soweit für Sie zumutbar und zuträglich. Dann
lösen Sie sich auch hier ab und lassen wieder ausschwingen.

Jetzt sind Sie am Ende des ersten Teils des Buches angelangt.

Sie haben sich mit sich selbst befaßt, haben vielleicht dazugelernt, und Sie sind möglicherweise mit Aspekten unerfüllter Anliegen an die Vergangenheit in Kontakt gekommen.

Bevor Sie nun weitergehen, gönnen Sie sich nachfolgend bitte noch einen Spaziergang in die Positivaspekte der Geschichte mit Ihren Eltern. Es bereitet Sie auf das nächste Kapitel vor und läßt den Übergang einfach und geruhsam sein.

Entspannen Sie wie üblich, atmen Sie ein paarmal gut durch, und – so Sie möchten – schließen Sie für einige Sekunden die Augen.

Lassen Sie sich diesmal – anders als die vorausgegangenen Male – eine Landschaft erspüren und vor Augen haben, die *IHRE* Landschaft ist, also eine Ihnen angenehme oder geliebte Gegend. Lassen Sie sich dort sitzend oder liegend Platz nehmen, sich wohl fühlen und sich spürend aufnehmen:

Gerüche, Wind, Himmel, vielleicht Wasser und was immer die Umgebung prägen mag. Sehen Sie dann jenen Vogel am Himmel kreisen . . ., hoch oben . . ., ruhig . . ., getragen von seinen Schwingen, Wind und der Kraft des Flugs.

Ihm schauen Sie zu, während *er* mit seinem Blick auf Sie als Kind *und* Ihre Familie schaut und seinen Blick aufmerksam und wachsam schweifen läßt:

Was ist es, das er sieht, während die Zeit „wie im Fluge" vergeht und er Ihre Kindheit von

Beginn bis zu ihrem Abschluß ruhig überblickt?

Lassen Sie den Vogel vor allem sehen, was Ihre Eltern Ihnen an Positivem und Kräftigendem vermittelt haben: Was taten sie in Zuneigung und Liebe, wo waren sie *für* Sie da und *mit* Ihnen, wo gaben sie Halt, Ermutigung, Ruhe, Geborgenheit oder Freude? Was immer Ihnen einfällt, was immer der Vogel sieht, lassen Sie es sich spüren und wahrnehmen.

Ob es viel oder wenig, reich oder weniger reich war:

Während jener Vogel weiter kreist und in Ruhe schaut – auch auf Sie –, beginnen Sie ein kleines Wertschätzungs- und Ablöseritual (fahren Sie jetzt nur fort, wenn Sie möchten).

170

Es geht so:

„Liebe Mutter, lieber Vater,
ich habe gesehen . . .   (was damals war,
                                in Teilen oder auch
                                vollständiger)
ich habe gespürt . . .   (was erlebten Sie?)
Es war so . . . für mich.   (schön, freudig, hart,
                                traurig oder anderes)
Ich nehme es jetzt,   (falls Sie es bisher *nicht*
                                akzeptierten)
und ich danke dafür,   (versuchen Sie es, auch
                                wenn es schwerfallen
                                sollte, *etwas* Dankens-
                                wertes gibt es stets)
und ich achte euch als meine Eltern,
und ich lasse los von allem
Hader und Unbill . . .   (falls noch nicht
                                geschehen)
Es darf gewesen sein,   (= Anerkennung,
                                daß es so und nicht
                                anders war)
und ich stimme dem zu . . .   (= *Ja*-Sagen)
Das Beste von allem   (was ich bekam)
soll in meinem Herzen bleiben . . ."

Lassen Sie sich Zeit zum Nachwirken, ebenso zum Ausschwingen, und erlauben Sie sich dann, den Vogel – immer
noch kreisend – Richtung Horizont entschwinden zu sehen.
    Auch die Landschaft verblaßt, und Sie kehren an den
Ausgangspunkt zurück – immer noch entspannt – diesmal
aber wach und vielleicht berührt, erfrischt oder anderes.

V. Im Kraftfeld des familiären Systems

1. Einführung

Im ersten Teil des Buches ging es wesentlich um die Bedürfnisse des heranwachsenden Kindes und die grundsätzlichen Notwendigkeiten gelingender Erziehung.

Angesprochen war hier möglicher Mangel an Bedürfniserfüllung in der frühen Kindheit und daraus – unter bestimmten Bedingungen – erwachsende Folgen.

In den anfänglichen Kapiteln des Buches hatte ich erwähnt, daß bei diesen Bedingungen das soziale Umfeld, Gesellschaft, Kultur und Nation selbstverständlich eine wichtige Rolle spielen. Ebenso persönliche Faktoren wie Veranlagung und Streßverarbeitungsmodi (der eine Mensch ist physisch und psychisch robuster, der andere labiler gebaut u. ä.).

Weiterhin habe ich erwähnt, wie sehr Menschen auch unter Einfluß einer belasteten Kindheit durchaus nicht notwendigerweise traumatisiert und nachhaltig negativ beeinflußt werden: Oft kann aus erlittenem Leid auch eine sehr komplexe, durchhaltungsvermögende und reife Persönlichkeit hervorgehen.

Ich selbst halte es für sowohl unmöglich als auch für nicht nötig, hier genau unterscheiden zu wollen: Wichtig hingegen ist, was wir aus Freuden oder Lasten der Vergangenheit lernen, was und wie wir im konstruktiven und lebensförderlichen Sinne etwas daraus machen und wie wir uns in eine lohnenswerte und sinnvolle Lebensgestaltung einbinden.

Das gleiche gilt für die nachfolgenden Texte: Auch hier stehen im Hintergrund persönliche Veranlagung und die umgebenden Bedingungen einer Kultur und Gesellschaftsform.

Während aber im ersten Teil des Buches die persönliche Prägung durch Gegebenheiten der Vergangenheit (wesentlich elternbezogen) vorrangig war, so liegt im zweiten Teil des Buches der Schwerpunkt auf den wirkenden Schicksalskräften im familiären System.

Damit sind in den hier gemeinten Zusammenhängen bedeutsame und z. T. auch schwerwiegende Ereignisse gemeint, die, einmal geschehen, einen erheblichen Einfluß auf die weitere Entwicklung der nächsten Generationen haben können.

Aus welchen Gründen Menschen in einem Kraftfeld wie dem familiären eine so kontinuierlich wirkende Verbindung miteinander haben, und warum und auf welche Art Begebenheiten von Generation zu Generation einen solch spezifischen Einfluß nehmen – das dürfte sich unserem forschenden Verstand weitgehend entziehen. Dennoch ist das Phänomen des „Weiterwirkens" von manchmal Generation zu Generation nicht zu übersehen, und wir können gegen die Wirkungen letztendlich nichts tun. Doch können wir ihrer gewahr werden und dem kraftspendenden und segnenden Aspekt zur Entfaltung verhelfen.

Dazu nun zwei Beispiele (komprimiert wiedergegeben).
Auch hier gilt, wie im ganzen Buch: *Alle* Beispiele sind meinen Therapien der letzten Jahre entnommen und aus Datenschutzgründen in weniger wichtigen Merkmalen verfremdet.

Beispiel 1:

Julia, heute 21 Jahre alt, ist das erstgeborene Kind aus der ersten Ehe des Vaters. Unmittelbar nach ihrer Geburt stirbt die Mutter mit 34 Jahren den Kindbettod. Das Kind wird zunächst für ein halbes Jahr zu ihrer Tante (Schwester der Mutter) gegeben, danach heiratet der Vater erneut. Als Bauer ist er auf baldige Mithilfe auf seinem Hof angewiesen, er kann sich nicht leisten, lange ohne Frau zu bleiben. Es folgen noch drei Kinder der zweiten Ehe. Außer der zweiten Frau erfährt keines der Kinder vom Tod der ersten Frau. Die zweite Frau möchte ihre Familie nicht mit „so etwas" belastet sehen, die erste Beziehung des Vaters wird als „ging nicht gut, sie ist geschieden worden", beschrieben. Der Rest wurde (mit viel Mühe) von allen Beteiligten unter Verschluß gehalten.

Auch Julia glaubt bis zum 20. Lebensjahr Tochter der zweiten Frau zu sein, von ihr wird sie auch aufgezogen.

Beim Familiestellen (Julia ist 20 Jahre alt) zeigt sich eine hochemotionale Bindung von Julia zur ersten Frau: Letztere (Stellvertreterin) weint sehr. Julia weiß nicht, was los ist. Die Beteiligten (Stellvertreter und ich selbst) ahnen etwas als verborgen. Ich breche die Konstellation ab, Julia telefoniert am Abend mit ihrem Vater, er gerät unter Bedrängnis und sagt ihr die Wahrheit.

Bei der Weiterführung der Konstellation zeigt sich:

Abgesehen von Julias tiefer Erschütterung wird jetzt klar, was sie all die Zeit erlebte, ohne sich daraus einen Sinn machen zu können:

- Als werdende Krankenschwester hat sie entschieden, mit sterbenden Menschen arbeiten zu wollen.

- Sie hatte in dieser Familie ein Fremdheitsgefühl: Schon im Erstgespräch hatte sie gesagt, es „fehle ihr etwas", und ihre (vermeintliche) Mutter könne es nicht geben.

- Ein Gefühl, daß etwas nicht stimme und daß ihr etwas verborgen gehalten werde. Doch spürte sie die Abwehr des Vaters und fragte über die Jahre nicht mehr nach.

- Eine zunehmende Depressivität und „nicht wissen, wer ich bin" (deshalb kam sie in Therapie).

Hier zeigt sich, daß Menschen – auch ohne Entsprechendes zu wissen – über was auch immer für ein „Empfangsorgan" Verborgenes aufnehmen, darauf reagieren und es „irgendwie" austragen. Mit ihren Reaktionen war Julia die „zitternde Nadel am Kompaß" des Systems.

Beispiel 2:

Erwins Vater ist als einer der wenigen Überlebenden seiner Gruppe nach vielen Jahren Kriegseinwirkung und Gefangenschaft aus Rußland heimgekehrt. Der Vater, damals 42 Jahre alt (und Erwin 6 Jahre alt), kehrt wie gebrochen zurück und erzählt fast nichts von seinen Erlebnissen. Auf Nachfragen seiner Frau blockiert er stets: Alles „soll hinter ihm bleiben". Doch die schlimmen Ereignisse seiner Zeit im Krieg holen ihn ein: Nächtens schreit er, und tagsüber ist er geistig kaum verfügbar. Als der Sohn 17 Jahre alt ist, begegnet ihm der Vater nachts, als er nach Hause kommt: Seelisch aufgelöst und unter Alkoholeinwirkung läßt der Vater ihn wissen, daß er Erinnerungen hat, die „niemand verkraften" könne.

Als Erwin zur Therapie kommt, ist er 40 Jahre alt und hat starke Impulse, sich umzubringen. Er ist verheiratet, hat einen Sohn und eine recht gut verlaufende Ehe. Wie der Vater, so schweigt auch er sich über sein Innenleben aus.

Die Familienkonstellation und einige Vorarbeit lassen folgendes klar werden: Nach jener Nacht hat der Vater in der Folge erneut „verbissen" geschwiegen (sagt der Sohn aus der Erinnerung). Tage darauf ist er im Straßenverkehr unter ungeklärten Bedingungen verunglückt und an seinen Verletzungen sofort gestorben (mit 53 Jahren).

Beim Stellen der Familie „zieht es" den Sohn zum Vater hinüber. Dessen Stellvertreter ist in Aufruhr und sagt, „er halte es dort nicht aus, wegen dem, was war". Er will weg, und der Verkehrsunfall wird als möglicher Suizid wahrscheinlich.

Ebenso zeigt sich, daß der Sohn mit dem Schicksal des Vaters identifiziert ist: Er lebt die verborgen gehaltene Suizidalität des Vaters, und er hat, seit er jene Nacht mit dem Vater erlebte (ab 17 Jahren), eine starke Angstsymptomatik entwickelt. Diese hat sich dann über die Jahre gesteigert: Sie besteht in der scheinbar irrationalen Furcht, „getötet zu werden oder töten zu sollen".

Es zeigt sich hier, wie sehr der Sohn nicht nur mit dem Schicksal des Vaters verbunden ist, sondern auch dessen stets unter Verschluß gehaltenen Ängste auslebte: töten sollen und getötet werden.

Nach dem Therapieseminar sieht Erwin die gesamte Hinterlassenschaft seines Vaters durch: Er findet einen Brief an die eigene Mutter, den der Vater ihr nie weitergereicht hatte. Es ist ein Bericht über Tötungen, denen der Vater beiwohnen mußte, und zwei Erschießungen, die er tätigen sollte und sich weigerte.

Natürlich sind diese zwei Beispiele nur eine geringe Auswahl aus der Vielzahl möglicher Verstrickungen in familiären Systemen.

Doch sollte Ihnen hier auch nur beispielhaft ein erster Einblick gegeben sein.

2. Was in der Familie schicksalhaft wirken kann

Unter bestimmten Bedingungen neigen Ereignisse von schicksalhafter Tragweite dazu, sich in nachfolgenden Generationen durch Schwierigkeiten bei einzelnen oder mehreren Personen bemerkbar zu machen. Hier kommt es zu Einschränkungen in der Lebensgestaltung, die sich in verschiedenster Form zeigen können: angefangen von depressiven Neigungen über Angst, angestautem und zerstörerischem Potential, Gewaltimpulsen oder auch Selbstmordgefährdung. Ebenso persönliche, Partnerschafts-, Ehe- und familiäre Krisen. Häufig stehen auch psychosomatische Krankheiten durchaus in Zusammenhang mit ungelösten Verstrickungen im System der Ursprungsfamilie.

Wesentlich wirksame Dynamiken sind diese:
– Wenn in größerem Umfang *Unrecht oder Schuldhaftes* geschieht: z. B. jemand um sein Erbe betrogen wird, wenn ein Kind „untergeschoben wird" (also als Kind eines Mannes ausgegeben wird, von dem es nicht stammt) oder wenn Trennungen von ersten Partnern leichtfertig und verantwortungslos geschehen.

175

- Desgleichen wenn „*Dankesschuld*" aussteht: d. h., daß etwas zu Würdigendes oder eine dankenswerte Tat nicht mit Wertschätzung beantwortet wird (z. B. wenn Frau oder Mann dem jeweiligen Partner das Studium finanzierte oder in der Sorge und Pflege der Eltern Besonderes leistete).

- *Ausgrenzungen*: Oft werden Menschen aus dem Familienverband ausgeschlossen oder totgeschwiegen: z. B. die Tochter, weil sie ein uneheliches Kind bekam, der Vater, weil er als „nicht gut genug", nicht erfolgreich genug oder sonst mit „Makel" behaftet gilt. Ebenso die Ehefrau, deren Herkunft und Schichtzugehörigkeit nicht angemessen war (aus „einfachen" oder „niedrigen Verhältnissen"), oder andere Arten Menschen nicht zu wollen bzw. „wegzuisolieren". (Das ungewollte Kind, der „verrückte" Partner oder die „verrückt gewordene" Tante, der drogenabhängige Bruder oder der Vater, der sich umbrachte.)

- *Wenn jemand gehen will:* Nicht selten geschieht es, daß Mutter oder Vater (oder ein anderes Familienmitglied) „gehen" möchte: Manchmal z. B. in ein anderes Land, in die Heimat, zu dem, der ersten Geliebten oder zu einem Gestorbenen: So sieht man (z. B. in der Familienaufstellung) den Vater zu einem anderen Kontinent schauen (z. B. der Heimat seines Vaters), die Mutter sehnt sich nach ihrem verlorenen Geliebten (den sie nie bekam), oder sie möchte mit den toten Brüdern oder dem toten Vater eins sein und „auf der anderen Seite" sein.

Hier kann es geschehen, daß Kinder *stellvertretend* für Mutter oder Vater Tendenzen zum „Weggehen" haben: Sie werden lebensmüde, vielleicht suizidal, oder sie machen sich „dünn" (laut Bert Hellinger ist die Magersucht häufig ein solches Phänomen: Die Tochter will gehen, bevor der Vater geht oder nicht da ist. Ich selbst kann diese Sichtweise in vielen Fällen bestätigen).

- *Nichtwürdigung bis Verachtung:* Zuweilen werden verschiedene Mitglieder des Familiensystems ungenügend geschätzt oder auch mit Verachtung gestraft. Wertschätzung und Achtung ist dort angebracht, wo jemand sich Verdienste erworben hat oder in besonderer Weise gelitten hat. Ein „Verdienst" ist z. B. dort gegeben, wo die Schwester drei Kinder *ihrer* Schwester nach deren tödlichem Autounfall zu sich nahm oder die Mutter sich in besonderer Weise für ihre Kinder eingesetzt hat (z. B. kriegsbedingt auf der Flucht oder ganz einfach auf viel eigene Lebensgestaltung zugunsten der Kinder verzichtet hat). Ebenso macht sich die Tochter/der Sohn verdient, wenn sie/er Mutter oder Vater im Alter bei sich aufnimmt und pflegt.

Verachtung kann z. B. die Mutter dem Sohn entgegenbringen, wenn dieser nicht ihren Vorstellungen gemäß ist (sei es z. B. Homosexualität oder Drogensucht), oder der Mann erlebt Mißbilligung seiner Frau gegenüber und geht in der Folge heimlich und über Jahre fremd.

Auch solche Dynamiken neigen dazu, sich in Personen der nachfolgenden Generation in der einen oder anderen Weise „fortzupflanzen".

3. Die Bedingungen, unter denen sich Schicksalhaftes zuweilen ungut austrägt

An dieser Stelle möchte ich mit Nachdruck darauf hinweisen, daß Schicksalsträchtiges nicht notwendigerweise ungute Folgen haben muß. Im Gegenteil: Wenn Kinder über wichtige Ereignisse auf der generationsperspektivischen Linie informiert und aufgeklärt sind, dann neigen sie in der Regel *nicht* dazu, Vergangenes bei Eltern, deren Geschwistern oder den Großeltern aufzunehmen und in irgendeiner Form auszutragen.

Läßt die Mutter also den Sohn z. B. in angemessenem Alter und bei entsprechend psychologischer Reife wissen, daß der Vater im Gefängnis war oder ist, weil er einen Mord begangen hat, dann kann der Sohn sich damit auseinandersetzen und es *reifungsfördernd* in seinen Lebensplan integrieren. Oder: Läßt der Vater die Tochter wissen, daß von fünf Brüdern *er* der einzig Überlebende geblieben ist und alle Brüder im Krieg gefallen sind, so gibt er der Tochter Gelegenheit, dieser Brüder des Vaters zu gedenken, sich über sie zu informieren und sie Teil der Geschichte ihres Vaters werden zu lassen (und damit Teil *ihrer* Geschichte). So etwas wirkt dann stärkend und Ruhe gebend für das weitere Leben der Tochter.

Ebenso: Hat sich z. B. der erste Mann der Mutter nach deren (vielleicht leichtfertiger) Trennung von ihm umgebracht, so sollte dies für ein Kind dieser Beziehung und jeder nachfolgenden nicht tabuisiert sein: Je nach Lage der Dinge sollte Tochter und Sohn, in entsprechendem Alter, Gelegenheit haben, auch schlimme Ereignisse aufzunehmen, zu verkraften und als Teil dessen, was Leben ausmacht (dazu gehört auch der Tod), zu verstehen.

Dann zeitigen solche Ereignisse keine negativen Folgen, sondern haben einen angemessenen Platz in der Abfolgereihe von Ereignissen über Generationen hinweg.

Es gibt einige Faktoren, deren Gegebenheit der Wahrscheinlichkeit einer unguten „Austragung" in die nächste Generation hinein Vorschub leisten. Die wichtigsten seien hier genannt:

– *Tabuisierung* meint die „Unantastbarkeit" einer Sache oder Gegebenheit: also an derselbigen nicht zu rühren oder sie zur Sprache zu bringen (oft geschieht die Tabuisierung wie unbewußt). So kann der Mann die Existenz eines Sohnes aus erster Ehe „unter Verschluß halten", die Mutter tabuisiert das Thema Mißbrauch ihrer Schwester (weil sie sich z. B. ihres Vaters als Täter schämt), oder der Vater legt ein Sprechverbot über die schlimmen Erfahrungen, die er im Krieg machte. Mit der Tabuisierung gehen oft auch Verleugnungen einher: Der Vater leugnet z. B., daß er ein Kind aus einer vorangegangenen Beziehung hat, oder die Mutter leugnet z. B., daß ihr Bruder oder Vater sich umgebracht hat (und nicht – wie behauptet – ausgewandert ist).

– *Verheimlichung* ist der Tabuisierung ähnlich: Hier wird etwas einfach nicht mitgeteilt (meist bewußt), doch liegt kein „Verbot des Antastens" über der entsprechenden Angelegenheit: So erfuhr ein heute 36jähriger Klient mit 14 Jahren in der Schule, daß sein angeblicher Vater gar nicht sein leiblicher Vater war (von einem ferneren Verwandten und dort arbeitenden Lehrer, der sich ihm gegenüber „verplapperte"). Voller Empörung fragte er die Mutter, und diese deckte ihm erschrocken die Geschichte seiner Herkunft auf (hätte sie nachhaltig tabuisiert, wäre es so schnell zu keiner Aufklärung dieser Angelegenheit gekommen).

– Ebenso könnte von den Eltern der Tod eines Geschwisters verheimlicht werden (durch Krankheit z. B. gleich nach der Geburt), der Tod eines im Kriege gefallenen Bruders oder der Suizid des drogenabhängigen Onkels oder der Tante (Ausgrenzung als Akt der Verleugnung).

– *Leichtfertigkeit und Rücksichtslosigkeit*: Häufig kommt es

vor, daß unter letztlich menschenverachtenden oder mißachtenden Bedingungen mit bestimmten Mitgliedern der Familie
umgegangen wurde oder wird: Hat z. B. der Mann seine Freundin mit der Geburt des ersten Kindes „sitzen lassen" und sich
davongemacht, so ist dies eine Rücksichtslosigkeit, die kaum
verzeihbar, wenn auch vielleicht bei näherer Betrachtung verstehbar ist. Für die Mutter dürfte es schwer sein, das Kind unbe-
fangen anschauen zu können (insbesondere, wenn es ein Sohn
ist), und die Wahrscheinlichkeit liegt nahe, daß es hier für Mutter und Kind zu Belastungen kommt (z. B. wenn die Mutter im
Sohn den Partner sieht und ihm mit gleichen Gefühlen begegnet). Ähnliches gilt, wenn z. B. eine überansprüchliche Frau,
die an ihren Vater ungut gebunden ist, ihren Mann dauerhaft
niedermacht und verachtet, um ihn dann als „zu schlapp" zu
verlassen. Kinder, die aus einer solchen Beziehung hervorgehen
und zudem noch von der Mutter gegen den Vater eingenommen werden, haben in der Regel an den Folgen zu tragen.

4.   Zum Thema „Austragung"
*Wie Kinder von den Folgen der Tabuisierung, Verheim-
lichung oder Rücksichtslosigkeit betroffen sind*

Wie die Literatur von und über Bert Hellinger in vielerlei Weise
berichtet, haben Kinder eine nicht zu unterschätzende Neigung, Menschen ihres Familiensystems verbunden zu sein.
Das bezieht sich zunächst und oft an erster Stelle auf die Eltern
und gilt häufig aber auch den Großeltern und Geschwistern der
Eltern.
    Nicht nur lebt ja auch jede Gesellschaft und Kultur aus ih-
rer Tradition und ihrem Erbe heraus, sondern auch das einzelne Individuum baut auf seiner Geschichte und Herkunft auf,
setzt sich gleichsam aus derselben zusammen und gibt das ih-
re/seine an Wachstumspotential und Lebenswille dazu. So ist
ein jedes Menschenwesen auch eine „Komposition" aus den
Kräften des Hintergrundes, aus dem heraus es aufgewachsen
ist. Darf ein Kind diesen Kräften nicht verbunden sein, oder ist
der Zugang zu diesen ihm versperrt, so kann sich das in man-
nigfaltigster Weise auswirken und tut es auch.

So hatte z. B. ein Vater eine erste innige Liebesbeziehung zu einer Frau verheimlicht, die er ehedem nicht hatte heiraten dürfen (Standesunterschiede). Diese Frau heiratete ihrerseits erst recht spät. Die danach eingegangene Ehe des Vaters verlief eher schwierig, und als die Ehefrau nach vielen Jahren zufällig ein Bild der Geliebten fand, da war ihr klar, daß hier die Ursache der distanzierten Beziehung des Mannes zu ihr lag. Gleichzeitig sah der Vater in seiner Tochter Jasmin jene Geliebte und hielt sich – deshalb befangen – von der Tochter eher fern. Diese rätselte und warb, sah den Vater still leiden und lastete es sich an (später als Klientin), ihn nie wirklich froh gesehen zu haben. Auf diese Weise hatte sie sich unbewußt mit dem seelischen Bild des Vaters von seiner Geliebten identifiziert, und dies tat ihrer eigenen Entwicklung Abbruch. Überdies war die Beziehung zwischen Mutter und Tochter gestört, denn die Mutter, ebenfalls unbewußt, ahnte in ihrer Tochter die potentielle Konkurrentin. Und als schließlich die Tochter selbst heiratete, gelang es ihr nicht, ihrem Mann seelisch eng verbunden zu sein: Sie blieb innerlich an den Vater gebunden, wie auch dieser an seine Geliebte gebunden geblieben war. Jasmins Mann wiederum warb um seine geliebte Frau, die ihn aber immer wieder fern hielt und sich ihm nur oberflächlich nah erklärte. So litt der Mann ähnlich, wie auch die Mutter unter dem Verhalten des Vaters gelitten hatte, und die Geschichte wiederholte sich mit quasi geschlechtlich vertauschten Rollen: Wie die Mutter beim Vater gelitten hatte, so litt jetzt der Ehemann bei Jasmin, und wie der Vater seiner Frau nicht nah sein konnte, so konnte Jasmin ihrem Mann nicht nah sein.

Dieses Beispiel zeigt, wie sehr Unerlöstes in der Geschichte von Menschen – unter welchem Vorzeichen auch immer – eine Neigung zur „Fortpflanzung" hat:

Hier wird durch Kinder und Kindeskinder *aufmerksam gemacht, übernommen, fortgeführt und ausgelebt* (manchmal alles auf einmal). Kinder tun das im großen und ganzen aus einem sehr einfachen Grunde: Sie sind ihrer Vergangenheit stets liebend verbunden, und dies gilt um so mehr, je leidvoller die Geschichte einzelner Vorfahren gewesen sein mag. Dazu noch beispielhaft einige Erläuterungen:

● Wie Kinder aufmerksam machen auf oder übernehmen

Iris ist die dritte von drei Töchtern. Nachdem die Erstgeborene (Henriette) im Alter von 14 Jahren an Epilepsie starb, verkündete die Mutter, „nun keine Kinder mehr zu haben". Das erstgeborene Kind war unehelich geboren worden, und die Mutter hatte darum gekämpft, den Vater heiraten zu können. Dieser ließ sich auf Druck seiner Eltern hin

„überreden", nahm aber der Frau von Anfang an übel, ihn „gefangen-gesetzt" zu haben. Schon früh zerbrach die Ehe, der Vater kümmerte sich wenig um die beiden nächsten Kinder, und sehr bald ging er wie-derholt Außenbeziehungen ein. Die Mutter hatte am ersten Kind sehr gehangen (denn für dieses hatte sie die Heirat erfochten) und fühlte sich nach dessen Tod um ihre Mühsal betrogen. („Mein Liebstes ist mir genommen.") Hinzu kam ein mehr abwesender als anwesender Mann, der sich seinerseits um seine Freiheit betrogen fühlte. Die Mut-ter erbitterte sich sehr über ihren Ehemann, konnte aber weder mit Bitten und Flehen noch mit subtiler Anklage und ihrem Weh Verände-rung bewirken. So wurde sie schließlich depressiv und wendete sich von ihren beiden Nächstgeborenen (3. Iris) eher ab: Rein formal wurden beide versorgt, doch floß die Liebe der Mutter nur noch wenig, und ihr Lebenswille war gebrochen: Unbewußt wollte sie ihrer ersten Tochter nachfolgen und „bei ihr sein".

Ihr Verantwortungsgefühl verbot ihr einen Selbstmord, und so tat sie ohne Freude, was zu tun war: Sie zog die beiden Kinder groß, nicht ohne zu vermitteln, daß sie ohne Heirat und Kinder aus ihrem Leben „etwas hätte machen können". Als Iris mit 42 Jahren in ein Therapie-seminar kommt (später noch in die laufende Gruppe), ist sie ihrerseits schwer depressiv:

Sie versorgt inzwischen ihre krank gewordene Mutter, die nach der Trennung (durch den Ehemann veranlaßt) allein und vereinsamt in ei-ner kleinen Wohnung in ihrer Nähe lebt. Der Mutter fühlt sie sich ver-pflichtet („die hat was mitgemacht"), und zugleich zürnt sie Vater und Mutter wegen der „hoffnungslos versauten Ehe", unter der sie ewig gelitten hätte. Bei Nachfragen wird deutlich, daß Iris schon in jungen Jahren (ab 16 Jahre) Selbstmordimpulse hatte und mit 18 Jahren einen Selbstmordversuch unternahm: genau zu *der* Zeit, als es der Mutter besonders schlecht ging. Abgesehen von anderen möglichen Betrach-tungsweisen zeigt sich hier, daß die Tochter ihre Suizidalität von der Mutter *übernommen hatte* und sie stellvertretend auslebte (gemäß der Ritualisierung: „Mutter, bevor *du* gehst, gehe ich . . ."). Die „Austra-gung" geschah als Akt der Loyalität zur Mutter: Obwohl Iris keine sehr erfüllte Kindheit gehabt hatte, war sie der Mutter im Leid doch innig-lich verbunden: Sie sah sie dauerhaft gedrückt und übernahm nicht nur deren Lebensunmut, sondern auch deren Neigung zum Tode hin (sie war im übrigen unverheiratet: damit „kein Mann Gelegenheit be-käme, sie unglücklich zu machen").

Ganz anders ihre zweite Schwester Doris: Diese hatte sich – fru-striert von den häuslichen Bedingungen (und von der damaligen Aus-sage der Mutter: „ich habe keine Kinder mehr") – mit 18 Jahren „abge-setzt" und war zu einem Freund gezogen. Bis zu ihrem 39. Lebensjahr band sie verschiedenste Männer an sich und wußte sie dann gekonnt zurückzustoßen und ihnen Leid zuzufügen (u. a. indem sie ständig in

Dreiecksbeziehungen verwickelt war). Als ich mit Iris ihre Ursprungsfamilie stelle (symbolische Rekonstruktion der Kernfamilie mit Gruppenteilnehmern), wird klar, daß Doris sich an den Männern rächt: Sie zieht sie zu sich, um dann „zuzuschlagen" (Ausdruck von Iris beim Stellen), sie macht sie verwundbar, um dann zu verletzen. Doris wiederholt also (unbewußt) nicht nur in Teilaspekten das Verhalten des Vaters (Fremdgehen, Verachtung seiner Frau gegenüber), sondern rächt zugleich ihre Mutter und das ihr angetane Leid: Nur halten dafür Männer her, die im inneren Bild der Tochter (unbewußt) für den Vater stehen. Auf diese Weise macht sie auf das Handeln des Vaters *aufmerksam*, *erinnert* an das Leid der Mutter, und sie *übernimmt* die ungelebte Wut der Mutter auf ihren Mann (und trägt sie als Rache an verschiedenen Männern aus).

Das Beispiel zeigt die ganze Komplexität möglicher Verstrikkungen in familiären Systemen, in denen auf die eine oder andere Weise Unrecht geschieht: In diesem Beispiel durch den Mann, der sich seiner Frau und ihren Kindern nicht verbindlich erklärte und sie mehr oder weniger im Stich ließ.

Desgleichen geschieht in Familien in vielfältigster und variierendster Form: Der Sohn trägt die unverarbeiteten und nie geäußerten leidvollen Erfahrungen des Vaters im Krieg aus (sieht z. B. selbst wie ein gequälter und seelisch zerstörter Mann aus), oder die Tochter bleibt der Mutter loyal verbunden, die in ihrer Ehe nie glücklich wurde (indem sie ihrerseits sich in „verunglückende" Beziehungen zu Männern involviert).

5.   Das Wichtigste zusammengefaßt

Bedenken Sie immer wieder:
● Alle heutigen Erwachsenen sind auch Kinder *ihrer* Eltern und stets wie mit unsichtbaren Banden ihrer Ursprungsfamilie verbunden. Aus dem Boden dieser Geschichte mit all ihren Ereignissen und Schicksalen wachsen sie hervor.

● Je schicksalsträchtiger eine solche Geschichte ist, um so stärker wirken die Bande des Verpflichtetseins und der Liebe.

● Kinder – oft auf sehr verborgene Weise (z. B. Rebellion) – haben ein natürliches Bedürfnis, erlebter Pflicht nachzukommen und ihren Beitrag zum Glück der Eltern zu liefern: Werden diese als froh und zufrieden erlebt, so wird auch leichteren Herzens das eigene mögliche Glück genommen.

● Brechen Kinder die (äußeren und inneren) Bande zu ihren Eltern ab (aus Haß, Schmerz oder anderen Gründen), so kommt es oft auch zu einem innerseelischen Bruch: Man hat Eltern (und anderen wichtigen Personen im System) einen Platz im Herzen verwehrt, und dies macht eine ausgewogene und friedfertige psychische Entwicklung schwerer.

Bitte seien Sie erinnert: Niemand erwartet, daß Sie sich mit Ihren Eltern durchgängig gut verstehen, es geht darum, sie nicht aus dem eigenen Herzen *auszustoßen!*

● Wie dann der reale Kontakt gestaltet wird, ist Sache der eigenen Neigung, realer Verantwortung und vorhandener Möglichkeiten in Beziehung zum Gleichgewicht der eigenen und Ursprungsfamilie.

● In jede spätere Beziehung (der Eltern, Kinder usw.) fließen Ordnungen und Dynamiken der früheren mit ein.

● Auch deshalb lohnt es sich, Kinder über wichtige Schicksalsdinge im Ursprungssystem aufzuklären: Wer gehört zum System dazu? Was geschah mit einzelnen Mitgliedern, und was wurde aus ihnen (z. B. auch die leiblichen Eltern von Adoptivkindern)?

● Geschieht eine solche Information aus liebevoller und achtungsvoller Haltung, so verbindet man das Kind den positiven Kräften seiner Vergangenheit (selbst wenn sie schicksalsträchtig war und/oder Schlimmes passiert ist). Eine solche Verbindung nährt die eigene Seele, kräftigt den psychischen Haushalt und stabilisiert die Fähigkeit zu Ruhe und Ausgeglichenheit.

● Wird hingegen verborgen gehalten, verheimlicht, tabuisiert oder dauerhaft rücksichtslos gehandelt oder ignorant, so wird es dem Kind meist schwer, sich seelisch in positiver und achtungsvoller Weise seiner Vergangenheit zu verbinden: Man steht dann der „*Vervollständigung*" des Kindes im Wege: weil man die notwendigen und reifungsfördernden Verinnerlichungsprozesse stört, verhindert oder verzerrt.

● Wird dem Kind jene Schau auf die eigene Geschichte ermöglicht und gewährt (in angemessenem Alter und in passender altersgemäßer Weise), dann werden *„Austragungen"* unnötig: Ein solches Kind muß keine oder wird keine Auffälligkeiten entwickeln, um auf andere Menschen des Systems aufmerksam zu machen: Es übernimmt nicht Schicksalhaftes, es trägt Gefühle und/oder seelisch Unverarbeitetes anderer nicht aus oder führt es fort (z. B. „bevor du gehst, gehe ich").

● Dies gilt in sämtlichen schicksalsträchtigen Zusammenhängen „wie etwa Unrecht und Schuldhaftes, ungewöhnliche Tode, Verluste, Ausgrenzungen, Nichtwürdigungen und Stellvertretungen aller Art (auch stellvertretendes Gehen-Wollen für jemanden)".

6. Drei wirkende Ordnungsprinzipien

6.1   Geben und Nehmen im Ausgleich
6.2   Zugehörigkeit und Bindung
6.3   Der Vorrang des Vorausgegangenen

Wie in der Literatur von und über Bert Hellinger vielfach beschrieben, hat das familiäre System über Generationen hinweg eine ihm innewohnende Neigung zur Ordnung:

Diese Art von Ordnung ist von niemand bestimmt, in keinem Buch als „Gesetz" nachlesbar und von niemandem „verordnet". Ob dies für alle Gesellschaften und Kulturen gilt, will ich hier dahingestellt sein lassen. Doch – so meine ich – kann man dies vermuten.

Sie ist im System angelegt und wirkt in es hinein und durch es hindurch zum einzelnen hin. Es scheint wie ein fein reguliertes soziales Steuerungsprinzip zu sein, das dauerhaft und sinnhaft auf Ausbalancierung der Kräfte bedacht ist. So kann z. B. geschehenes Unrecht für die Dynamik des Systems und den Fortgang der Lebensvollzüge nicht ohne Antwort bleiben: Irgend jemand in einer der zwei oder gar drei nachfolgenden Generationen wird darauf aufmerksam machen: und dies häufig in problematischer Weise.

Ein ungewöhnliches Beispiel:

Isolde, heute 41 Jahre alt, ist mit 38 Jahren zu mir in die laufende Therapiegruppe gekommen. Seit vielen Jahren fürchtet sie, verrückt zu werden, und kann sich keinerlei Sinn daraus machen. Einiges Nachfragen und die Familienkonstellation (Arbeit mit realen Personen, die stellvertretend für die Familienmitglieder stehen) lassen folgendes ans Tageslicht kommen:

Die Mutter von Isolde hatte nach der Geburt ihrer drei Kinder (Isolde, damals 7 J., 4 J. und Säugling) eine Schwangerschaftspsychose mit langfristigem Psychiatrieaufenthalt. Der Vater nahm in dieser Zeit Kontakt zu einer früheren Geliebten auf und etablierte mit ihr eine stabile Lebensbeziehung. Fast unglaublich scheint es zu sein, daß sowohl Kinder als auch die Geliebte über Jahre vom Ehemann getäuscht wurden: Die Mutter sei krank (soweit stimmte das), könne nicht besucht werden (stimmte nicht) und brauche Ruhe (stimmte *so* nicht). Als die Mutter nach Monaten heimkehrt, erlebt sie beim Mann kühle Abwendung von ihr, und schließlich ahnt sie die Beziehung zur Geliebten. Der Mann leugnet, und auf einen Wutanfall (Verzweiflung) hin landet sie erneut in einer psychiatrischen Klinik. Danach entwickelt sich eine dauerhafte „Rein-raus-Karriere" (Psychiatrie), weder Kinder noch Geliebte erfuhren, was tatsächlich los ist. Der Vater läßt sich unter unklärbaren Umständen scheiden, die Kinder werden bei der Schwester des Vaters groß gezogen, und er heiratet die Geliebte (nach zwei Jahren ist die Ehe gescheitert). Um die lange Geschichte kurz zu machen:

Drei Jahre lang sehen die Kinder ihre Mutter nur vorübergehend, danach wehren sie ab und *wollen* die Mutter nicht mehr sehen. Diese lebt zu diesem Zeitpunkt in einer psychiatrischen Wohngemeinschaft und ist eine gebrochene Frau (depressiv und ohne Gegenwehr). In der Familie des Vaters gilt sie als unzurechnungsfähig, bei der Geliebten als schwerkrank (diese wurde aber mißtrauisch und wollte Aufklärung, daran zerbrach die Ehe).

Als die Kinder größer werden, fragen sie nach, der Vater erzählt viel Unwahres und hält die Kinder von der Mutter fern. Als Isolde zu mir kommt, hat sie ihre Mutter seit *10 Jahren* nicht mehr gesehen.

Hier zeigt sich beispielhaft, wie sehr das familiäre System „in Unruhe" bleibt, solange die Dinge und Verhältnisse nicht „in Ordnung" gebracht sind.

Nehmen wir an, daß der Vater zu einem früheren Zeitpunkt seine Kinder aufgeklärt und informiert hätte – das System hätte Frieden finden können, auch wenn das geschehene Unrecht nicht auszugleichen gewesen wäre. (Der Vater hätte seine Schuld eingestanden, er hätte sie tragen müssen ohne Widerwillen und den Kindern Gelegenheit gegeben, ihre emotionalen Reaktionen an ihn heranzutragen.)

„In Ordnung bringen" heißt dies: einen Prozeß fördern, der möglich macht, Verheimlichung und Tabuisiertes anzutasten und anzusprechen, es an das Licht der Wahrhaftigkeit zu halten und die Schleier des Verbergens zu lüften. **Dann darf sein, was ist,** und die Seele hat Gelegenheit, soweit als möglich, dem Gewesenen in Achtung zu begegnen, Schuld zu sich zu nehmen, wo es eine solche gibt, und Versöhnung anzubahnen, wo dies möglich und angebracht ist. Dann geschieht Frieden im Herzen, und oft wirkt dieser in das reale Familiensystem hinein: Spannung und Hader reduzieren sich, das System „atmet auf" und entspannt.

Ergänzen möchte ich hier noch folgendes:
Nicht in jeglichem Falle ist es gut, Tabuisierungen zur Auflösung bringen zu wollen:
Manches will und muß ruhen dürfen, und gewaltsame Versuche, das Verborgene und verborgen Gehaltene zu entschleiern, können ungute Effekte zeitigen.
Hier ist für sowohl den Laien als auch die Fachfrau/den Fachmann ein hohes Maß an Sensibilität im Umgang mit den familiären Kraftfeldern angesagt, und diese Sensibilität lebendig und stimmig in die Praxis umzusetzen ist nicht immer leicht.

Nun zu drei wichtigen Bereichen, in denen „die Ordnung" zu Hause sein möchte bzw. berücksichtigt werden will.

6.1   Geben und Nehmen im Ausgleich
Menschliche Beziehungen sind ein Zusammenspiel vielfältiger Bedürfnisse, Anliegen, Rechte und Verpflichtungen. Aufeinander bezogen zu sein dient dem menschlichen Überleben und unserer Entfaltung im Rahmen eines gegebenen Ordnungsprinzips.

Gemäß den geltenden Regeln eines Systems (hier das familiäre) müssen Geben und Nehmen dauerhaft und auf einem Zeitkontinuum betrachtet im großen und ganzen im Gleichgewicht sein: Boszormenyi Nagy nennt dies „Verdienstbuchführung" oder „Kontenausgleich". Eine solche Redlichkeit in der Beziehungsgestaltung ist durchaus nicht selbstverständlich, und es kommt zu Unruhe und Hader im System, wenn über lange Zeit der „soziale Gleichgewichtssinn" des Familienverbandes gestört ist.

Die Grundregel ist einfach: *Wer gibt, hat Anspruch, wer nimmt, fühlt sich verpflichtet!*

Das, im übrigen, ist aus meiner Betrachtung heraus einer der wichtigen Gründe, warum Menschen oft eine Scheu haben, sich geben oder beschenken zu lassen: Sie fürchten die Verpflichtung. Andererseits gibt es Menschen, die gern und ausschließlich in der Geberrolle bleiben (z. B. auch chronische Helfer): Sie haben es gern, wenn das Gegenüber *ihnen* verpflichtet bleibt, es erzeugt das Gefühl der Macht.

Im Rahmen allgemeiner Lebensgestaltung ist der Geben-Nehmen-Ausgleich wie selbstverständlich: Wir kaufen ein und bezahlen, wir laden zu einem Fest ein und werden unsererseits eingeladen, wir erweisen einen Freundschaftsdienst und gleichen ihn irgendwann aus.

Der Mensch hat ein natürliches Bedürfnis nach einem solchen Ausgleich, kommt er dem nicht nach, so fühlt er sich auf Dauer schlecht: Der ewig nur Nehmende verliert das Recht auf „Bekommen" und wird ausbeuterisch. Der ewig Gebende blutet sich aus, und von ihm ist es dauerhaft schwer zu nehmen, wenn *er* nicht auch nimmt.

Im Familienverband kann eine gesunde Verteilung von Geben und Nehmen z. B. so aussehen:
– Von fünf Kindern pflegte die Schwester über Jahre die kranke Mutter, dafür unterstützte sie der Bruder finanziell. Eine andere Schwester übernahm dafür an den Wochenenden zuweilen die Fürsorge für die drei kleinen Kinder der pflegenden Schwester.
– Oder der Bruder (Architekt) hilft beim Hausbau von Schwester und Schwager, und die Schwester (Heilpädagogin) kümmert sich um das behinderte Kind des Bruders.

Viele Beispiele könnten hier aufgeführt sein, wichtig ist vielleicht nur, die Idee verstanden zu haben..

Ansonsten möchte ich die Annahme wagen, daß ein jeder, der wach ist für seinen eigenen Kontenausgleich in bezug auf Familie und andere Menschen, ein ungefähres Gefühl für die Geben-Nehmen-Balance in seinen Beziehungen hat.

Kommt es nun in Familien über zwei bis drei Generationen hinweg zu starken Ungleichgewichten im Kontenausgleichsgefüge, so führt dies zu Störungen im System: In der Regel zeigt irgendwann ein Familienmitglied „Symptome":

Ein Beispiel:

In Georgs Familie sind über zwei Generationen hinweg (väterliche Linie) die Väter und Männer unter der Mißachtung ihrer Frauen gestanden. Diese heirateten zum großen Teil in bäuerliche Familien hinein und beklagten sich dann häufig über Mangel an Bildungsstand und „Lebensart" („außer schuften können die nichts"). In der männlichen Linie wiederum wußte sich kaum ein Mann recht zu wehren: Fast alle „fügten sich", ließen sich dominieren oder resignierten. Georg erinnert sich, wie oft er in seiner Kindheit (und später) die Mutter des Vaters zusammen mit deren weiblichen Geschwistern über die „Unfähigkeit" der Männer reden hörte: Sie galten als inkompetent und erfuhren in wenig bis nichts die Achtung der Frauen. Auch Georg (einziger Sohn) wird von der Oma (Vaters Mutter) eher zurückgewiesen, die Oma hält schon von ihrem Sohn nichts und ist sicher, daß „Georg auch nicht besser wird".

Georg ist in der Tat ein eher feingliedriger und wenig robuster Mensch, die Oma behauptet seinem Vater gegenüber, daß Georg „nicht mal zum Arbeiten tauge". Da der Vater sich nicht wehrt, wächst Georg mit entsprechend geschwächtem Selbstwert auf. Inzwischen ist er verheiratet und hat einen Sohn von fünf Jahren. Er selbst leidet zunehmend unter plötzlichen Wutanfällen seiner Frau gegenüber (letzthin schlug er sie zum ersten Mal) und findet, „das sei er nicht". Er hat recht: Es ist nur zu wenigen Teilen *seine* Wut; es ist die angesammelte Wut des Vaters, der sich nie wehrte oder aufbegehrte. Und nun lebt der Sohn stellvertretend für ihn (und andere abgewertete Männer) Zorn und Protest an einer Frau aus, die nur für jene anderen mißachtenden Frauen des väterlichen Systems steht und eigentlich nicht gemeint ist.

Hier gaben Männer ihre Arbeitskraft (im weiblichen System) und ihr Können. So sehr sie auch menschlich Fehler gehabt haben mögen: Ihre Leistung war nicht geachtet und wurde weder anerkannt noch ausgeglichen: Gründliches Nachfragen zeigt, daß sich viele Frauen, enttäuscht über bäuerliche Lebensart und -standard, verweigerten oder nur widerwillig beitrugen. (Hier findet man übrigens – auffällig genug – die umgekehrte Rollenverteilung vor: Ansonsten gelten Männer tendenziell eher als „sich Verweigerer", und die Frauen „opfern sich".)

Ich sprach zuvor von „Störungen" im System. Hier bestanden sie in der zunehmend gewalttätigen Wut von Georg gegen seine Frau:

Wesentlich war es die Wut des Vaters, und sie galt Frauen des väterlichen Systems.

Hier war der Versuch des *„Kontenausgleichs" mit falschen Mitteln* in Aktion: Der Sohn agierte statt seines Vaters (und anderer Männer), getroffen von seinem Zorn war die eigene Ehefrau, der das Aufbegehren ja nur stellvertretend galt.

Der Ordnung in diesem Beispiel eine Chance geben oder „es sich in Ordnung bringen lassen" heißt:

(Dies geschieht in meiner Praxis häufig mit dem Mittel des „Familiestellens". Es gibt auch andere Methoden, auf die ich hier nicht näher eingehen kann. Sie alle arbeiten mit „symbolischer Wiedergutmachung".)

– Ein *Eingeständnis* der betroffenen Frauen auf der weiblichen Linie (väterlicherseits), daß den Männern Unrecht geschah und sie das Ihre nicht genügend beitrugen. Auf diese Weise geschieht *symbolisch* Ausgleich (z. B. beim Familiestellen).
– Eine verbal geäußerte *Erkenntnis* des Sohnes (Georg) an den Vater, daß *er* es ist, der versuchte mit seinem Zorn Ausgleich zu schaffen (unbewußt) bzw. in den unausgewogenen Bilanzhaushalt des Geben-Nehmens zornig einzugreifen und Einhalt zu gebieten.
– Eine *„Rückgabe"* der übernommenen Wutgefühle an den Vater (symbolisch) bzw. die Distanzierung „von der Austragung".
– Ein *Bekenntnis* Georgs an seine Ehefrau über die „Verschiebung", die vorlag: Nicht *ihr* galt die Wut, sondern jenen anderen und mißachteten Frauen.

Im rituellen Vollzug klang dies bei Georg so (Teilnehmer der Gruppe stehen für die betroffenen Personen):

(Vor allem) Mutter des Vaters an ihren Mann:

„Du – ihr (Männer) standet im Schatten,   (wart abseits gestellt)
und wir (Frauen) halfen nach,   (werteten ab)
es war nicht recht
und manchmal gemein . . .,
es tut uns leid . . ."   (dies wird nur geäußert,
                                             wenn Bereitschaft auch
                                             offensichtlich ist)

Sohn Georg an den Vater:

„Vater, du hast gelitten,	(unter der Abwertung)
und ich habe genommen	
deine Wut,	(Hinweis auf die Austragung)
jetzt ist es genug,	
ich tat es für dich.	
Jetzt lasse ich los,	(die übernommene Wut)
Es ist nicht die meine . . .“	(sondern deine)
	(Schmerz, Mitgefühl, Abgrenzungswunsch)

Georg an seine Frau:

„Dich hat es getroffen,	(die Wut)
es galt nicht dir,	(sondern „jenen“)
verzeih, es soll nicht mehr sein . . .“	(er weint und ist gerührt)

Wie schon erwähnt, ist dies Lösungsritual eine symbolische Realisierung der Ordnung, wie sie hätte sein *sollen*, also gemäß gewesen wäre.

Wie so oft auch in anderen Fällen bewirkte sie im Herzen von Georg eine grundsätzliche Umstellung: Die Wut verlosch, die Beziehung zum realen Vater intensivierte sich, und sein Selbstwertgefühl als Mann stabilisierte sich. Die *Ebenbürtigkeit* des Mannes war wiederhergestellt.

6.2 Zugehörigkeit und Bindung:

Der Begriff Bindung bezieht sich auf die Verbundenheitsstrukturen im System und auf die Regeln, die hier gelten.

Prinzipiell hat ein jedes Familienmitglied ein Recht auf Zugehörigkeit, gleich ob es „anders ist“, abweichend oder krank (also z. B. andere Hautfarbe, unerwünschter Charakter, abweichende sexuelle Identität oder behindert).

Menschen fürchten sich im allgemeinen, ihr Recht auf Zugehörigkeit zu verlieren, denn seinem „Urgrund“ verbunden sein zu dürfen und zu können ist wichtiger Faktor in der Identitätsentwicklung (Wissen, woher man kommt, wer man ist und wohin man geht).

Die Angst vor Ausschluß läßt Menschen u. U. sehr fügsam werden: Sie passen sich an, verleugnen ihre Wesensmerkmale oder zeigen Unterwürfigkeit. Dies dient nicht nur der Aufrechterhaltung vermeintlicher oder tatsächlicher Akzeptanz und Zuwendung, sondern ist oft vielmehr ein Akt der Liebe:

Ein Kind ist häufig bereit, das eigene Glück oder auch Leben zu geben, wenn es glaubt, seiner Familie dienen zu können (tatsächlich oder vermeintlich). Das ist es auch, was Kinder häufig zu Ausbeutung prädestiniert: Ihre Loyalität ist groß, und hinter dieser und auch rebellischen Dynamiken steht oft nichts weiter als eine Treuebindung an die Eltern.

Gesunde Bindungen sind **Ver***bundenheiten, keine* **Geb***undenheiten*:

Die eigene Entwicklung **muß nicht und sollte nicht** auf Kosten von unzumutbaren Zugeständnissen an andere gehen!

Wer Handwerker werden will, sollte dazu die Möglichkeit haben und die Achtung der Eltern für diesen Wunsch (statt ihre *Verachtung*, weil ihm am Akademiker-Werden nicht gelegen ist).

Wer sich als lesbisch oder schwul identifiziert, sollte zumindest die Akzeptanz ihrer/seiner Eltern haben, wenn sie vielleicht auch „nicht verstehen" können (was ihnen, meine ich, zuzubilligen wäre).

Wer (wie heute weniger üblich) ein 5., 6. oder 7. Kind erwartet, muß sich vielleicht nicht freuen, doch sollte das Kind seinen Platz einnehmen dürfen und d. h.: dazugehören.

Die Grundregel ist einfach: *Jeder Mensch braucht und hat ein Recht auf Zugehörigkeit* zu seinem familiären System.

Wo Zugehörigkeit als Bindungsversuch verweigert wird, wo eine Person verleugnet, ausgeschlossen oder ausgestoßen wird, da gerät auf Dauer das System in Unordnung und aktiviert seine „ethischen Kräfte": Irgend jemand, irgendwann (meist eine oder zwei Generationen später) wird mit Symptomen oder Beschwerden auf das geschehene Unrecht aufmerksam machen oder an es erinnern.

Ein Beispiel:

Jolande ist 22 Jahre alt und hat ein paar Wochen altes Baby. Ihre Familienkonstellation zeigt, daß sie das Schicksal der ersten Beziehung des Vaters nachlebt (und dadurch an es „erinnert").

Sie selbst ist neben einem jüngeren Bruder einzige Tochter der Ehe der Eltern. Die Mutter heiratete den Mann, ohne zu wissen, daß es ein uneheliches Kind der ersten Beziehung gibt (ein Mädchen), und die Mutter dieses Kindes hatte der Vater seinerseits seiner Ehefrau gegenüber nur flüchtig erwähnt.

Nachdem die Frau der ersten Bindung des Mannes schwanger wurde, verlangte er die sofortige Abtreibung von ihr, denn „sie sei nicht die Mutter seiner Kinder". Noch während er in Beziehung zur ersten Frau lebte, hatte er sich in seine heutige Ehefrau verliebt und innerlich die Trennung von der ersten Beziehung beschlossen. Die Schwangerschaft war ein Schock für ihn: Er konnte die gesamte Angelegenheit nur abwehren.

Die Frau weigerte sich abzutreiben und warb wohl eine ganze Weile verzweifelt um ihn als Mann und Vater. Er verließ die Frau aber Hals über Kopf und kontaktierte sie forthin kein einziges Mal mehr. Lange hatte der Mann wohl gehofft, sie habe abgetrieben, zwei Jahre später (durch seine erste Frau und deren Anwalt aufgespürt) erfährt er von der Existenz seiner Tochter. Erneut schockiert verheimlicht er seiner zweiten Frau (damals Verlobte) das Vorhandensein seiner zweijährigen Tochter. Dies hält er viele Jahre durch, und ebenso hat er sich (außer seinen zu leistenden Zahlungen) jeden Kontakt zur ersten Frau und „deren" Kind verboten.

Als Jolande (2. Tochter) 18 Jahre alt ist, erklärt sie daheim, schwanger zu sein. Sie ist, bezogen auf ihren Freund, bindungswillig und möchte ihn als Partner, er aber scheut zurück („willst du nicht lieber abtreiben?"). Sie beschließt, das Kind ohne ihn zu bekommen, der Vater ist in Erinnerung an seine Geschichte außer sich und verlangt von der Tochter die sofortige Abtreibung. Daraufhin macht die Tochter einen (wenn auch leichten) Suizidversuch (sie nimmt Tabletten). Mutter und Sohn machen dem Vater Vorwürfe, die bis dahin einigermaßen stabile Ehe kriselt.

Als neun Monate später Jolande im Haus ihrer Eltern (auf eigenen Wunsch hin) ein gesundes Töchterchen entbindet, kommt es beim hoch angespannten und inzwischen mit Schuldgefühlen belasteten Vater zum Zusammenbruch: Er gesteht seiner Frau (und später seinen Kindern), ein Mädchen aus einer ersten unehelichen Beziehung zu haben.

Über viele Turbulenzen hindurch kommt es dann so: Seine zweite Frau ermutigt und drängt ihn, Kontakt zur ersten Frau und zu seinem Kind aufzunehmen. Auch Jolande ermutigt ihn. Der Vater hat Angst und zögert noch. Zu diesem Zeitpunkt stellt Jolande ihre Familie. Ihr eigenes Kind ist jetzt ein paar Wochen alt.

Hier geschah ein geradezu klassischer Fall von Ausgrenzung: Der Vater leugnete die Existenz seiner ersten Beziehung *und* seiner Tochter, er übernahm keinerlei Verantwortung, und nur gezwungenermaßen zahlte er für das Kind. Und auf eine Weise, die sich wohl jeden kognitiven Verstehens entziehen dürfte, wiederholte Jolande die Geschichte der Primärbeziehung ihres Vaters (ein Partner, der Abtreibung wünscht, der Rückzug des Partners *und* – wie die damalige Frau: Sie besteht auf dem Kind und bekommt es auch). Sie war mit der ersten Frau identifiziert und stand für diese.

Jolande zog ihr Kind im Elternhaus (von den Eltern unterstützt) heran, und als es drei Monate alt ist, sucht der Vater überraschend die erste Frau auf. Die Tochter dieser Beziehung ist inzwischen fast 21 Jahre alt, und die Mutter hat nie geheiratet. (Dem Kind hat sie gesagt: „Warte, er wird kommen, eines Tages kommt er.")

Um eine lange Geschichte kurz zu machen: Wenig später, nachdem der Vater seine Erstbeziehung und seine erste Tochter aufsucht, kehrt auch der Freund zu Jolande zurück (sie leben heute zusammen).

Der Vater hatte vom „Familiestellen" weder Ahnung, noch wußte er von seiner Tochter Jolande darüber. Aber *nach* dem Stellen der Lösungssätze vergingen keine zwei Wochen, und der Vater erzählte daheim betroffen und bewegt von seinem Besuch bei der ersten Frau und der ersten Tochter. Dann traf Jolande ihre Halbschwester, und sie lernten sich kennen.

Ein Jahr übrigens, nachdem Jolande ihre Familie gestellt hat, erfahre ich in einem weiteren Seminar, daß sie über den Kontakt zur Halbschwester von Suizidneigungen der Mutter erfahren hat: Diese hatte ihr einst gestanden, in der Zeit der Schwangerschaft „todunglücklich" gewesen zu sein und nur um des Kindes willen auf einen Selbstmordversuch verzichtet zu haben. Auch hier gibt es wieder eine seltsame „Parallelschaltung" von seelischen Dynamiken (bei der ersten Frau und Jolande).

Das Beispiel zeigt: Unerlöste Kräfte im System können nicht zur Ruhe kommen. *Wie* sich solche Unruhen und andere Dynamiken austragen und fortpflanzen, das dürfte unserem Fassungsvermögen letztendlich entzogen bleiben. Aber die tägliche Arbeit mit Klienten zeigt, *daß* das Unerlöste Mittel findet, auf sich aufmerksam zu machen und nicht ruht, bis einzelne (und sei es durch Symptome) wach und erschütterbar werden.

Anbei jetzt noch Auszüge aus den rituellen Lösungssätzen beim Familiestellen von Jolande.

Es sei noch einmal erinnert: Als Jolande ihr Ursprungssystem aufstellt, hat der Vater zwar der Ehefrau und den Kindern von der Existenz der ersten Frau und seiner ersten Tochter erzählt. Er hat aber noch keinerlei Kontakt zu beiden hergestellt.

Ritueller Satz des Vaters an die erste Frau:

„Liebe Rita,
es war furchtbar für dich, (die Stellvertreterin von
Rita schluchzte ohne Ende)

das habe *ich* dir angetan,
ich stehe dazu, und es war schlimm,
und ich trage die Folgen . . . (sei es die Ablehnung durch
die erste Frau, die Wut der

und die Schuld . . ."

Tochter oder was immer
kommen mag)
(d. h., er steht dazu)

An die erste Tochter:

„Liebe Jeanette,
dich wollte ich nicht,
dich habe ich verstoßen,

(das kann der Stellvertreter
kaum sagen, er ist von
Schmerz und Schuldgefühl
geschüttelt)

es tut mir sehr leid,
es war großes Unrecht . . .
was ich noch tun kann und darf,
das will ich versuchen."

(es könnte sein, daß er auf
komplette Ablehnung stößt,
das müßte er hinnehmen,
er hat jetzt keinen Anspruch
mehr, er kann nur bitten!)

An seine Frau:

„Auch dir tat ich unrecht,
ich habe verborgen
aus Eigennutz,

(er hatte Angst, seine
Verlobte würde die Heirat
absagen, wenn er die
Existenz eines Kindes
offenbart)

wenn du kannst,
ich bitte dich,
verzeih . . ."

Verzeihung ist nur angesagt, wenn das Unrecht oder die Schuld auch
eingestanden ist und wenn das „verzeih" kein leichtfertiger Versuch
ist, Schuld loszuwerden.

Das vorausgegangene Beispiel zeigt einen eher optimalen Ausgang: Die sehr reife Mutter von Jolande wußte ihren Mann in
der Zeit seiner Krisen gut zu nehmen. Sie ermutigte ihn, rang
mit ihm und entlastete ihn nicht unangemessen aus seiner
Schuld. Das half ihm zu tragen, was es zu tragen gab.

Die Beziehungen des Vaters zu Jolande, zu deren Kind *und*
zu seiner ersten Tochter entwickelten sich gut: Allerdings hatte

Jeanette es ihm nicht leicht gemacht und ziemlich lange gewütet. Zum Glück ließ er es zu und „zahlte den Preis".

Nicht immer gehen die Dinge so weitgehend gut aus, tun sie es aber, so können wir dankbar sein und es als ein Geschenk nehmen.

6.3   *Der Vorrang des Vorausgegangenen*
Hier geht es um das Vorrecht dessen, der aufgrund von z. B. Geburt oder zeitlicher Abfolgen als erstes kommt:

Die Grundregel ist einfach: *Wer zuerst kommt* (1. Kind, 2. Kind usw.) bzw. früher ist (1. Ehepartner z. B.), *gilt als vorgeordnet, was später kommt, ist nachgeordnet.*

Hier werden keine Machtverhältnisse etabliert, sondern Gesetzmäßigkeiten der Reihenfolge beobachtet und deren Verbundenheitsstrukturen erkundet:
So zeigt die Erfahrung (auch in meiner Praxis), daß keines der Kinder einer bestimmten Reihenfolge für ein z. B. totgeborenes und ausgeklammertes Kind stehen darf. Ist z. B. das behinderte Kind im Alter von fünf Monaten gestorben, so sollte es einen Platz im Herzen aller Familienmitglieder haben. Sein Tod darf weder tabuisiert noch verschleiert oder verheimlicht werden. Geschieht dies, so steht oft ein nachfolgendes Kind für das gestorbene und identifiziert sich prompt mit diesem (was zu entsprechenden Störungen und Symptomen im System und beim stellvertretenden Kind führen kann).
Desgleichen sollte auch die Vorrangstellung eines ersten Partners anerkannt sein: Wenn es frühere Beziehungen der Eltern gab, die emotional und im Sinne der Verbundenheit bedeutsam waren, dann sollten diese Beziehungen nicht ausgeblendet oder tabuisiert sein. „Bedeutsam" heißt in der Regel (Ausnahmen gibt es *stets*), daß entweder: dieser Beziehung ein Kind erwachsen ist, in dieser Beziehung (mit und ohne Heirat) eine Abtreibung stattfand oder der Grad der Innigkeit derart stark war (das mag Sexualität einbeziehen oder auch nicht), daß die „Bande der Verbundenheit" nicht irrelevant geworden sind oder inzwischen unbedeutend. Gibt es solche ersten Beziehungen als emotional gewichtig gewesen oder noch gewichtig, so müssen sie als vorhanden anerkannt, respektiert und, wo mög-

lich, „in Ehren gehalten" werden. Waren erste Beziehungen belastet, oder sind sie wenig gut oder schlimm zu Ende gegangen, so reduziert das die Kraft der Bindung in keiner Weise. Hier geht es dann darum, die Kräfte derart umzuwandeln, daß *Ver*bundenheit an die Stelle von *Ge*bundenheit tritt. Doch auch hier gibt es nur Grundregeln, die keine „Gesetze" sind. Oft, vor allem wenn in Partnerschaften Feindschaft und Unrecht geschah und dasselbige nicht zur Lösung kam, dann ist eine gute *Ver*bundenheit nicht mehr möglich, und die Lösung heißt: achtungsvolles und haderfreies Loslassen. Doch will, soll und muß die erste Bindung – so es eine war – anerkannt sein, und als solche schafft sie dann die Grundlage der Liebe zum nächsten Partner. Die Bindung bleibt, auf ihr und in Achtung vor ihr wächst jede weitere Liebe.

Wo in diesem Bereich ausgeblendet wird, etabliert sich zugleich die Wahrscheinlichkeit einer Identifikation eines der Kinder mit dem zuerst gewesenen Partner. Das Beispiel von Jolande (6.2) zeigt dies deutlich.

Anbei noch ein Beispiel zum Thema Vorrang des vorausgegangenen Kindes:

Hans und Erika haben sich lange ein Kind gewünscht. Als sie um die 37 Jahre sind, wird sie endlich schwanger und bekommt einen Sohn (Jochen). Mit zwei Jahren erkrankt dieser an Krebs und stirbt nach einer langen medizinischen Odyssee mit vier Jahren. Die Mutter ist verzweifelt, der Vater durch das Leiden von Kind und Ehefrau stark mitgenommen. Beide können sich gegenseitig nicht gut stützen: Sie bräuchte seinen Trost, und er nimmt den ihren nicht und stumpft emotional fast ab. Es dauert erneut zwei Jahre, bis Erika wieder schwanger wird. Beide verdrängen heftig den Tod des ersten Kindes und ziehen das zweite im Geiste des ersten auf. Für beide Eltern steht Achim (der zweite) für Jochen (den ersten). Das Kind ist sechs Jahre alt, da kommen beide zum Stellen der Familie (sie haben Beziehungsschwierigkeiten). Inzwischen gibt es ein drittes Kind, ein Mädchen mit drei Jahren. Als die Mutter die Stellvertreter für ihr Gegenwartssystem auswählt (Vater, Mutter, Kinder) stellt sie nur zwei Kinder. Als ich nachfrage, ob es besondere Ereignisse gibt, erwähnt sie das gestorbene Kind und meint: „Das gibt's doch nicht mehr, muß es dabei sein?" Die Konstellation zeigt Achim (den zweiten) am Platz von Jochen (dem ersten). In dieser Situation fühlen sich alle unwohl (auch das dritte Kind). Nach dem Umstellen (symbolisches Herstellen der gemäßen Ordnung) steht auch Jochen im Bild, fühlt sich einbezogen, und alle erleben (mit Schmerz) seine Zugehörigkeit. Das System kommt zur Ruhe und pendelt sich in dieser neuen Ordnung ein. Alle drei Kinder haben (nacheinander erstes, zweites, drittes) ihren Platz.

Anbei Auszüge aus der Ritualisierung der Lösungssätze:
Sowohl Hans als auch Erika an Jochen (getrennt gesprochen):

„Du bist der erste
und gehörst dazu,   (Schmerz bei beiden Eltern)
es war so schwer: (dein Tod)
Ich wollte vergessen . .   (Schmerz und Betroffenheit)
es tut mir leid . . .   (die Ausblendung)
jetzt bist du dabei   (gehörst dazu)
in meinem Herzen . . ."   (hast einen Platz und wirst nicht verdrängt)

Ebenfalls beide an das zweite und dritte Kind (Bub und Mädchen)
„Nicht dies ist dein Platz,   (der erste und zweite)
sondern jener wird es sein
von nun an,   (nämlich der zweite und dritte)
dies ist euer Bruder,   (Geste auf den ersten hin, und er ist tot, Tränen und freudige Rührung wir werden ihn bei uns haben bei allen)
im Herzen
und seiner gedenken . . ."   (Zustimmung der Kinder und Entlastung bei allen)

Ohne an diesem Platz näher auf die Probleme der Eheleute eingehen zu wollen, soll doch festgestellt sein, daß sie mit der „Un-ordnung" im System zu tun hatten: Jochen wurde von Achim ersetzt, er (Achim) war von der Mutter als Ersatz für den ersten Sohn genommen worden und hätte ihn auch vertreten. Doch die Korrektur ist dem weiteren Verlauf der Dinge vorerst nicht im Wege, und Achim kann *seinen* Weg suchen und finden.

7.   Wie die Seele sich bindet

Zwei wesentliche seelische Mechanismen gibt es, die in familiären Systemen eine Rolle spielen und im guten oder weniger guten Sinne ihre Wirkung tun:

      7.1   Identifikation
      7.2   Loyalität

7.1 Identifikation

Das heißt in den hier gemeinten Zusammenhängen: „*Werden wie* . . .": in Teilaspekten oder auch im ganzen bezogen auf das Denken, Fühlen und Verhalten eines Menschen.

Der Begriff „Identifikation" hat vielerlei Bedeutung in der allgemeinen Psychologie. Doch sei hier deutlich gemacht, wie sehr er zunächst einmal Bestandteil jeder *gesunden* und gelingenden Entwicklung eines heranwachsenden Menschen ist: Als Kind machen wir nach, bewundern und wollen „auch so sein". Wir lernen viel über diese Art des „Zu-sich-Nehmens" oder Verinnerlichens.

Als werdende und seiende Erwachsene identifizieren wir uns mit Menschen, Werten und Idealen und streben nach dem, was für uns „paßt", und bauen es in unser Werden und Sein ein.

Ungesund (man könnte auch sagen „lebensfeindlich") wird die Identifikation dort, wo sie auf Kosten der eigenen Reifungsprozesse geht und wir mehr in den Fußstapfen anderer stehen, als daß wir eigene Spuren setzen. Dann ist der Sohn z. B. mit dem Geliebten der Mutter identifiziert, das am falschen Platz stehende Kind mit dem gestorbenen Geschwister oder die Schwester mit der leidenden Mutter.

Dann fühlen und handeln und werden Menschen wie jene: vielleicht die Tochter depressiv und bitter wie die Mutter, der Sohn ähnlich gequält und verschlossen wie der Vater, und das Kind fängt an sich zu gefährden wie jenes Geschwister, das vor ihm an einem Unfall starb. Hier meint Identifikation dann gleichsam die *Überfremdung* durch eine andere Person.

Ungute Identifikationen *geschehen* einfach: Selten ist jemand daran „schuld", fast nie ist es ein bewußter Prozeß. *Doch können wir als Eltern auf die folgende Weise wachsam sein*:

– Haben unsere Kinder freien Entfaltungsspielraum, ohne werden zu müssen, wie *wir* uns das denken?

– Oder sollten sie werden wie *ich?* Wie *ich* sein wollte? Wie irgend jemand im System ist, war, hätte sein sollen?

– Warne ich sie davor, *nicht* zu werden wie . . . (z. B. der trinkende Vater, der angeblich mißratene Onkel oder die unzufriedene Ehefrau)?

Hier ist zu beachten: Wer ein Kind gegen jemand einnimmt oder aufhetzt (Partner, Bruder, Oma, Tante), treibt es in der Regel in die Arme derselbigen Person und regt damit negative Identifikation an: Nur allzuoft wandelt sich bei der betroffenen Person das „sei dagegen . . ." oder „sei nicht wie . . ." in ein „wenn du meinst, dann bin ich so . . ." oder „wenn du meinst, erst recht anders . . ." Hier wird die Identifikation zur *Gegen*identifikation, und zugleich geht es um zwei Seiten einer Medaille.

Ein Beispiel:

Ein Klient (48 Jahre) wurde von der Mutter früh gegen den Vater eingenommen: Dieser sei „unerträglich", ein Versager und Sturkopf, der Sohn möge bloß nicht werden wie er. Der Sohn gab „sein Bestes", wurde beruflich beeindruckend erfolgreich, um zum Zeitpunkt der Therapie festzustellen, daß er in vielen Aspekten seinem Vater immer ähnlicher geworden war und sich auch fühlte wie er.

Es ist also sinnvoll zu überlegen, ob wir eine Neigung hätten, in ein Kind jemand anderen „hineinzuschauen". Die Rede ist *nicht* von natürlicherweise auftretenden Ähnlichkeiten, sondern von, im Herzen vollzogenen, *Gleichsetzungen* mit Personen des familiären Systems: Warnen wir z. B. vor ihnen, so rechnen wir bereits mit der Identifikation und „beschwören" sie damit auch.

Hier sollte ein Kind vor allem in unserem Herzen „freigesprochen" werden: Sowohl aus der „werde so . . ."-Dynamik als auch aus der „werde nicht so . . ."-Dynamik.

Die erlaubende Haltung (aus der Elternperspektive) wäre:

„Du darfst *wählen*, wie du sein möchtest, schau auf das, was dir wichtig und wert ist, und davon kannst du nehmen, sei es, wer auch immer!"

Es mag verblüffen zu hören, wie sehr die Erlaubnis, werden zu dürfen „wie wer auch immer", das Kind zu einer viel freieren Entwicklung kommen läßt als jedes „*so* sollst du werden . . ." oder „bloß nicht *so* . . ." Das Kind braucht natürlich mögliche Orientierungen, doch sollten diese befreit sein von eigenen problematischen Anliegen.

Die Lösung für ungute Identifikationen
Aus der Perspektive des Kindes an seine Eltern (im ritualisierten Satz gesprochen):

„Liebe Mama, lieber Papa (oder: Mutter, Vater)
ich bin nicht jener,
ich bin nicht jene,   (was auch immer in
                                       Frage käme: Vater,
                                       Mutter, Schwester,
                                       Bruder, Oma, Opa usw.)
vielleicht bin ich ähnlich,
doch werde ich wählen,   (ob ich „das sein will")
und wo es mir recht ist,   (stimmig!)
will ich es lassen . . .   (dem zustimmen –
                                       oder auch nicht)
Ich gebe mich frei: auf *mich* hin . . .   (zu werden, was werden
                                       kann und darf)
und jener, jene soll meine
Achtung haben."   (egal wie dieser Mensch
                                       ist, Achtung verdienen
                                       wir in der Regel alle).

Abschließend eine, aus dem Herzen geborene, „Grundregel"
im Umgang mit Identifikation:

Wo Achtung und/oder die Liebe fließt, wendet sich *keine* Identifikation ins Unheilvolle (Ungesunde), **sondern macht stark und vollständig.**

7.2   Loyalität

Das heißt in den hier gemeinten Zusammenhängen: „*Treuebindung an . . .*", bezogen auf wichtige Menschen des Systems, sehr oft auf die Eltern.

Der Begriff sollte wie auch der vorausgegangene (Identifikation) zunächst neutrale Bedeutung haben: Menschen haben ein natürliches Bedürfnis, in Treue verbunden zu sein, und wer diese Verbundenheit nirgendwohin spürt (in Familie oder anderen sozialen Systemen), der dürfte sowohl etwas einsam als auch mehr oder weniger wurzellos sein.

„Loyalität" ist auch jenes Band, mit dem wir uns z. B. politisch, im sozialen Engagement oder in Freundschaften als *verbindlich* erklären. Ich selbst glaube, daß sie einer der *Tragpfeiler der Liebe* ist: in jeglichen Zusammenhängen, aber ganz besonders im familiären System. Hier meint Loyalität um so mehr:

Redlichkeit (im Sinne des Systems!), *verpflichtet sein* (den Normen und Regeln des Systems) und *Verbindlichkeit* in der Gestaltung von Beziehungen (nach den Vorstellungen des Systems!).

Hier sei angemerkt, daß sich Normen, Regeln und Vorstellungen im System über Generationen vermitteln und jeweils mehr oder weniger offen weitergereicht werden. Sie gelten, und doch ist es schwer auszumachen, von wem her was gilt – es gilt eben – und:

Wir müssen – jeder für sich – und in Verantwortung den Mitgliedern der Familie gegenüber und in bezug auf uns selbst Entscheidungen für oder gegen die Loyalität (wie das System sie sieht!) treffen.

Tun wir dies gut ausgewogen, und gehen wir fair und liebevoll mit getroffenen Entscheidungen um, so nehmen die Dinge in der Regel einen guten Verlauf, wo nicht, kann es zu Schwierigkeiten kommen, oder es etablieren sich Probleme.

Ein Beispiel:

Sofie, einzige Tochter der Eltern, ist knapp 23 Jahre alt und studiert nach dem Willen der Eltern Jura. Schließlich besteht sie das Examen, stellt kurz darauf fest, daß „dies nicht meine Bestimmung ist", macht die Eltern freundlich damit vertraut, daß sie diesen Weg *nicht* gehen wird. Jurist zu werden war der unerfüllte Traum des Vaters, ein Onkel (Bruder des Vaters) ist ein hochrangiger und anerkannter Anwalt. Der Beruf hat auch sonst Tradition: In der Linie des Vaters gibt es noch zwei Juristen. Die Nachricht der Tochter erschüttert den herzkranken Vater, für ihn ist ein Lebenstraum zerstört. Die Mutter, besorgt um ihren Ehemann, signalisiert der Tochter (verbal und averbal) schuld am Tod des Vaters zu sein, „falls dieser dabei draufgehe". Sie ist wütend auf die Tochter und will ihre Loyalität *erzwingen*.

Die Tochter hat sich schließlich sehr verantwortlich *gegen* die vom System erwartete Loyalität entschieden, sie stand aber ihrem, zunächst untröstlichen Vater mit Liebe zur Seite und *lebte ihre Treue im Fluß ihrer Achtung vor dem* **Wunsch** *des Vaters*. Der Mutter gegenüber hat sie sich sehr entschieden abgegrenzt – ruhig und unerschütterbar.

Frage an den Leser: Angenommen, es beträfe Sie, und der Vater wäre ernsthaft herzinfarktgefährdet, was täten *Sie?*

Gesund (entwicklungsförderlich) ist die Loyalität, solange sie von der entsprechenden Person *frei* gewählt ist: eine daraus erwachsende Verpflichtung also nicht auferlegt, sondern *selbst* entschieden ist. Dann ist die Einhaltung dieser Treue eine *aufrichtige Zustimmung* und keine blinde Anpassung an die Wünsche anderer.

Ungesund (oder lebensfeindlich) ist eine Loyalität, die Ergebnis einer „Auferlegung" ist und die *zugleich* aus angepaßtem und reflexionslosem Herzen geschieht: Hier übernimmt jemand *keine* Verantwortung für den gewählten Weg, sondern unterwirft sich mehr oder weniger blind den Wünschen und „Herantragungen" anderer.

Am Beispiel Sofie: Sie hätte, blind unterworfen, ihren Weg als „werdende Juristin" beibehalten können, das hätte die Eltern zufriedengestellt, aber ziemlich sicher nicht sie.

Sie hätte – „sehenden Auges" und in Freiheit entschieden – Juristin werden können, um die Gesundheit des Vaters nicht gefährdet sehen zu müssen. Dann hätte sie eine selbstverantwortliche und deshalb nicht (unbedingt) wachstumshemmende Entscheidung getroffen: Doch hätte sie einen Preis bezahlt. Sie hätte sich *auch* gegen die „Auferlegung" wehren können mit anderen Mitteln, als sie es tat (nämlich fairen): Dann wäre sie wütend, rebellisch, gedrückt oder jammrig geworden. Auch dies wäre eine ungute Lösung ohne die Wahrnehmung eigener Verantwortung.

Worum es mir hier geht: Nicht, *was* wir entscheiden, ist einzig und allein wichtig, sondern der Geist, in dem wir es tun (letztlich liebevoll oder lieblos).

Was zu beachten ist: Wer meint, Loyalität einklagen zu wollen (z. B. fordernd, jammernd, drohend), der kann nicht gewinnen. Er erntet ungute Anpassung (Unterwerfung und/oder Rebellion) und hemmt Entwicklung.

Das heißt nicht, daß wir mit Anliegen hinter dem Berg halten müßten: Nur dürfen sie nicht zur verpflichtenden „Auferlegung" werden.

Auch Loyalitäten *„geschehen"* einfach: Menschen auferlegen sie, Menschen fügen sich dem, Menschen entscheiden sich selbst dafür (auch *ohne* daß es an sie heran getragen wird).

Doch können wir *als Eltern wachsam sein auf die folgende Weise:*

– Sind wir willens, gelegentlich die für uns geltenden Normen, Regeln und Ansichten zu bedenken, und

– sind wir bereit, dieselbigen nicht unreflektiert auf unsere Kinder zu übertragen:

– Sind letztere frei, „ja" und „nein" zu sagen, und sind sie frei, eigene Entscheidungen zu treffen (altersgemäß natürlich).

– *Wenn* unsere Kinder einen anderen als den von uns richtig geheißenen, gewünschten und erhofften Weg gehen – haben wir Neigungen „aufzuerlegen"? Also z. B. zwingend, subtil erpresserisch, klagend oder anklagend, fordernd oder drohend zu sein? (Wenn hier ein „ja" kommt, dann täten Sie sich einen großen Gefallen, Abschied von jenen Verhaltensweisen und Einstellungen zu nehmen, es tut ein wenig weh, fördert aber eigenes Frohwerden erheblich.)

– Nehmen wir die Treueangebote unserer Kinder als Ausdruck ihrer Liebe an (z. B. wenn diese sich kümmern, mit uns leiden oder für uns etwas „opfern" wollen)?

– Sind wir in der Lage, Treueangebote dennoch freundlich zurückzuweisen, auch dann, wenn sie unsere Wünsche treffen? (Ein Klient wurde Pfarrer einzig seiner Mutter zuliebe – seine Gebundenheit war derart stark, daß er willens war, dafür unglücklich zu werden.)

Die erlaubende Haltung wäre (aus der Elternperspektive):

Deine Liebe sehe ich, und sie rührt mich, ich nehme sie gerne. Doch in nichts werde ich ein (wie auch immer geartetes) Opfer von dir annehmen, *wenn* es deine Entwicklungswege einschränkt.

Was du für mich tun willst, tue als Zeichen deiner Liebe, Dankbarkeit oder Anerkennung. Doch soll es dir zum Wohle und Wachstum gereichen, unabhängig davon, ob es mich mehr oder weniger freut.

Hierbei ist zu ergänzen, daß Eltern an ihre Kinder im Rahmen des „Geben-Nehmen-Ausgleichs" sehr wohl zu Recht gewisse Ansprüche haben dürfen: z. B. auch Achtung, Respekt, vielleicht sogar auf eine gewisse Dankbarkeit und auch Sorge bei Krankheit im Alter. Nur ist hier kein Maßstab festlegbar, und was immer gilt, kann nicht „auferlegt" werden, sondern ist Sache einer „Ethik des Systems *und* des einzelnen" (damit meine ich hier: eine in Reife selbstentschiedene Moral, der ich mich gern *und* willig füge).

Die Lösung für ungute Loyalitäten
aus der Perspektive des Kindes an seine Eltern (im ritualisierten Satz gesprochen):

1.)   Wenn Sie sich in einer Treueverbindung sehen, die in
Ordnung ist und angemessen (für die Eltern *und* Sie):

„Liebe Mama, lieber Papa	(oder: Mutter, Vater),
für dich tue ich dies gern,	(was Sie tun für die
	Eltern)
es soll dir zum Guten gereichen,	
und auch mich darf es stärken . . .	
zuweilen ist es nicht leicht,	(*falls* dem so ist!)
doch ich stehe dazu	
und gebe euch gern.	(was ich gebe)

2.)   Wenn Sie sich ungenügend verpflichtet haben und unter
Verweigerung standen oder noch stehen (bei lebenden oder auch
nicht mehr lebenden Eltern):

„Liebe Mama, lieber Papa	(oder: Mutter, Vater),
es war nicht genug,	(was ich gab)
es hat nicht gereicht,	(für mich, für euch)
ich wollte – konnte – habe nicht . . .	(getan, was *meiner*
	Meinung nach zu tun
	gewesen wäre oder
	zu tun ist)
jetzt sollt ihr mich haben	
als euer Kind,	(gilt für die lebenden
	Eltern)
das meine will ich geben	
in Liebe und Achtung vor euch . . .	
in meinem Herzen hole ich nach . . .	(gilt den toten Eltern)
und es tut mir leid . . ."	(lassen Sie sich *fühlen*!)

3.)   Wenn Sie *ungut gebunden* sind in Loyalität: Sich also
opfern (ohne zustimmen zu können), sich unterwerfen, ungut
anpassen, auf eigene Entwicklung unzumutbar verzichten bzw.
etwas tun, das im Übermaß geschieht oder unangemessen oder
(versteckt?) wütend ist:

„Liebe Mama, lieber Papa (oder: Mutter, Vater),
es ist zuviel, (was ich tue)
so tut es nicht gut, (oder *wie* ich es tue)
der Preis ist zu hoch, (das Opfer zu groß)
meine Liebe soll bleiben,
doch mein Tun (z. B. Besuche, Pflege,
Anrufe usw.)
will ich bändigen,
soweit es geht ... (*wenn* es geht)
So es euch schmerzt, (oder andere emotionale
Reaktionen)
tut es mir leid,
von Herzen will ich euch gut sein ..."

Abschließend eine „Grundregel" im Umgang mit Loyalitäten:

Die Loyalität ist *immer* eine aus der Liebe geborene Dynamik: gleich, ob sie auferlegt oder selbstentschieden gelebt wird (oder **beides**). ***Weil* sie aus der Liebe geboren ist, kann *nur* die Liebe sie auch erlösen, dort, wo sie in *Ge*bundenheit gelebt wird oder wurde** (= ungute Bindung).

***Fließt* die Liebe, und erfüllen wir in ihr das uns Notwendige, Machbare und Angemessene, dann stärken wir die *Ver*bundenheit und stärken uns im Kraftfeld gelebter und gewollter Treue: und dies läßt uns ruhige und gute Gefühle haben.**

8. Heilende Kräfte im System

Es gibt einige Haltungen und Gefühle, die grundsätzlich einen heilenden Effekt haben. Man könnte sie fast als eine Art Lebensphilosophie betrachten und in vielerlei Situationen und Zusammenhängen in Anwendung bringen.

In bezug auf den Frieden mit den Eltern sind sie von unschätzbarem Wert, lehren sie uns doch die Ruhe des Herzens und die Versöhntheit der Seele.

Manche der Haltungen unterscheiden sich nur qualitätsmäßig voneinander, es ist schwer, den Unterschied beschreiben zu wollen, und deshalb vertraue ich hier Ihrem gefühlsgesteuerten Unterscheidungsvermögen und verzichte auf ausführlichere Beschreibungen.

8.1 Respekt, Achtung und Würdigung

Hier geht es um die prinzipielle Anerkennung der Eltern als jene, die uns das Leben gaben und ermöglichten.

Welcher Qualität dies Leben in unseren Kindesjahren auch gewesen sein mag: Stets lassen sich manche oder viele Dinge finden, die eine sogeartete Anerkennung möglich machen. Sie plaziert uns in eine uns angemessene Position und betont die Rolle des Kindes als im wesentlichen nehmend und die Rolle des Elternteils als im wesentlichen gebend. („Ich nehme, und du gibst.")

Respekt, Achtung und Würdigung sind Aspekte der Ehrerbietung, die *nicht* unbedingt Liebe im eigentlichen Sinne meinen müssen:

Liebe ist zusätzlich seelische Hingewendetheit in einem ganz besonderen Grad der Nähe. Doch die oben genannten Gefühlsausformungen können sehr wohl auch aus Abgrenzung oder Abstand heraus *er*lebt und *ge*lebt werden, und die Liebe ist keine notwendige Voraussetzung für sie. Sie zielen nicht nur auf das Gewordensein durch unsere Eltern ab, sondern gelten ebenso deren Engagement und Durchhaltevermögen, ihrem Einsatz für uns, mancherlei Verzicht, der für sie gewesen sein mag, und ihrer Art, uns geliebt zu haben oder zu lieben.

Zuweilen gilt die Achtung auch ihren gewesenen Leidens- und/oder Schicksalserfahrungen, die ja keineswegs nur mit uns als Kindern zu tun haben mögen und die dennoch berücksichtigt sein wollen.

8.2 Danken

meint wiederum jene besondere Haltung der Achtsamkeit, die Empfangenes zu schätzen und zu nehmen weiß. Auch hier läßt sich bei allem, das *uns* in der Vergangenheit belastet haben mag, stets Dankenswertes finden. Dies „etwas", das unseren Dank verdient, sollte auch gesehen werden und, wo möglich und angebracht, auch an die Eltern kommuniziert werden.

Es hat mich im Laufe meiner über zwei Jahrzehnte langen Praxistätigkeit immer wieder berührt, wie sehr Eltern sich durch den ehrlich ausgedrückten Dank ihrer Kinder bewegen und bereichern lassen können.

8.3 Demut

ist die Haltung jener „Ehrerbietung", die das Haupt zu neigen vermag, ohne sich zu unterwerfen. Die Demut sagt: Diesen (oder jenen) Grad an Bescheidenheit lebe ich, so ist es richtig, und dem was unabänderlich ist, beuge oder füge ich mich.

Hier ist von zentraler Bedeutung, daß der Begriff von z. B. religiös negativ geprägten Menschen nicht mißverstanden wird: Zu oft haben Menschen Demut mit der Selbstaufgabe der Persönlichkeit gleichgesetzt oder mit einem Akt der Unterwerfung unter andere Menschen. Genau *das* kann Demut niemals sein!

Gern benenne ich es so: Eine wahrhaftige Demut bleibt im vollen Besitz der eigenen Würde: Sie beugt das Haupt und bleibt in der Seele doch aufrecht. Sie weiß, wovor sie sich beugt und warum, und sie ist gegen Erniedrigung in gewissem Sinne gefeit: *weil* die Demut eine der stärksten Kräfte gegen die Macht der Unterwerfung ist.

8.4 Die Bitte um den Segen

Ein jeder von uns hat seine ganz eigene Vorstellung zu dem, was Segen meinen mag. Es dürfte wohl eine Kraft ganz besonderer Art sein, die nicht nur Wohlwollen und liebevollste Gesonnenheit transportiert, sondern zugleich mit Potential verbindet, das aus reiner Seele und großer Tiefe kommt. Diese Tiefe ist vielleicht ebenso „Höhe", so wir denn annehmen mögen, daß Segen stets aus einer Kraft fließt, die wesentlich nicht aus uns ist.

Bittet also das Kind (z.B. symbolisch in einer Familienkonstellation) um den Segen des Vaters, so ist dies in der vollziehenden Person ein seelischer Prozeß, der diese segnende Kraft zu ihr zieht und im Herzen wirken läßt. Ein solches Geschehen stabilisiert und richtet auf und verbindet den Kräften des Vaters und dem, was hinter ihm steht (*seine* Familie).

Viele Eltern wissen, was es heißt, ein Kind real (ausgesprochen) oder innerseelisch (als stilles und gedachtes Geschehen) zu segnen: z. B. bei einer Taufe (geführt durch den Geistlichen), bei der Heirat oder auch nur, wenn das Kind das Elternhaus verläßt.

Der Segen heißt dann: „Hier ist mein Wohlwollen, meine Kraft, meine besten Wünsche. Und ich verbinde dich all dem,

aus dem weitere Kraft erwächst (die Vorfahren, ,gute Geister'
oder auch Gott)."

8.5 Gelingende Liebe als Mitgefühl, Loyalität und Verbundenheit

Ebenso heilend ist die Liebe in ihren verschiedenen Bandbreiten. Hier ist wesentlich das Mitgefühl als anteilnehmendes Mitschwingen gemeint, das nicht *für* den anderen fühlt, sondern *mit* ihm (also nicht Stellvertretung, sondern Mitgehen). Desgleichen schafft die gesund gelebte Treue jenes Verpflichtungsgefühl, das uns geben lassen möchte, was angemessenerweise gegeben sein will. Es ist eine in Freiheit getroffene Verbindlichkeitserklärung an das, was wir als richtig und stimmig empfinden (z. B. den Eltern helfen in schwierigen Lebenslagen, emotional beistehen, für sie sorgen im Alter usw.).

Unseren Loyalitätsgefühlen können wir nach Wahl nachkommen und gemäß handeln. Doch außer diesem „gesunden Verpflichtungsgefühl" geht eine weitere Qualität damit einher oder gar darüber hinaus: die Liebe. Sie meint hier die zärtliche Hinwendung zu den Eltern und jene tiefe Verbundenheit, die auch über die Ferne hinweg Nähe spüren läßt.

Diese Liebe, so meine ich, kann von keinem Elternteil seinen Kindern gegenüber verlangt oder eingeklagt werden, dazu hat niemand das Recht (dies gilt – manchmal bedauerlicherweise – auch anders herum: Kein Kind sollte *verlangen*, daß die Eltern lieben, aber es darf hoffen und wünschen, daß es geschieht).

Doch *wenn* die Liebe des Kindes zu den Eltern hin fließt, durch was auch immer in Bewegung gesetzt, so ist dies wie ein Reinigungsprozeß: Es klärt die Seele, es macht das Herz voll und reich, und es lehrt die Demut in ihrer höchsten Form. So ist die Liebe eines der heilendsten Gefühle überhaupt, und dies gilt natürlich auch in anderen Zusammenhängen als nur denen zwischen Kind und Eltern.

8.6 Vollständigkeit und Vervollkommnung

Sobald wir den wichtigen Menschen unserer eigenen Geschichte „einen Platz in unserem Herzen" gegeben haben (gleich ob sie leben oder nicht mehr leben), *vervollständigen* wir uns. Es ist, als würden wir durch die bewußte und achtungsvolle Wahrnehmung dieser Menschen uns selbst „erweitern", uns ihrer Kraft, ihren Möglichkeiten und ihrem Segen verbinden. Dies ist – erstaunlicherweise – sehr oft unabhängig davon, wie sie sich im einzelnen uns gegenüber verhalten oder gezeigt haben. Es ist sogar vielfach davon unabhängig, ob sie wenig oder gar nicht verfügbar waren (z. B. bei Abwesenheit oder Adoption). Der Akt des „Aufnehmens in das eigene Herz" ist ein Vollzug, der letztendlich nur bei einem selbst liegt und in dem Maße gelingt, wie die Seele auf diesen Akt hin ausgerichtet und engagiert ist.

Was die „Vervollkommnung" betrifft: Niemand natürlich ist je vollkommen. Und doch können wir – in Demut – ein gewisses Maß an Ausreifung anstreben und uns vervollkommnen. Dies meint z. B. auch Schattenseiten der eigenen Persönlichkeit anzunehmen und, wo nötig, lösungsorientiert damit umzugehen.

Jegliche vollzogene Akzeptanz nun unseren Eltern gegenüber bewältigt zugleich auch deren Schattenanteile, soweit wir durch diese geprägt sind: Indem wir ihr „So-Sein" würdigen und annehmen, lösen wir uns zugleich von ihnen ab, und Wiederholungen auf der gleichen Schicksalslinie werden unnötig und unwahrscheinlich.

Hier ist allerdings auch Vorsicht geboten: Denn Akzeptanz heißt *nicht:* mit allem einverstanden sein, sich niemals wehren oder für sich geradestehen. Es heißt lediglich, Achtung haben vor dem, was war und ist, und es meint den prinzipiellen Respekt vor dem So- oder Anders-Sein des Gegenübers.

Auch dies dürfte in mehr Zusammenhängen gelten als nur in denen zwischen Eltern und Kind.

8.7   Zustimmung zu dem, was war, ist und sein wird
Niemand von uns ist je in der Lage, Vergangenheit rückwirkend anders zu gestalten, als sie war. Wohl wünschten wir zuweilen, „noch einmal ganz von vorne anfangen zu dürfen". Doch ist uns dies nicht gegeben, und wir haben zuletzt mit den Dingen zu leben, wie sie sind: mit *unseren* Qualitäten und Schwächen und desgleichen mit denen der anderen. Wo wir in dieser Weise offen sind, werden wir aus unseren Fehlern lernen und gewonnene Erkenntnisse in gegenwärtiger Lebensgestaltung auch umsetzen können.

Eine Klientin erzählte gegen Ende der Therapie, daß sie es nie für möglich gehalten hätte, ihren Eltern je wieder mit Freundlichkeit zu begegnen (sie hatte eine sehr schwierige Kindheit gehabt). Doch habe sie gelernt, sich gegen ihre Vergangenheit nicht zu wehren, sondern sie als Teil des Bodens zu betrachten, auf dem sie gewachsen ist und aus dem heraus sie ihr eigenes Wachstum nun zu lenken vermag. Sie fürchte nun auch die Zukunft nicht mehr (sie lebte derzeit in problematischer Ehe) und fühle sich auch einer möglichen Trennung gewachsen.

Was die Zustimmung zu dem, „was sein wird", betrifft: Wir können es so wenig wissen, wie wir die Vergangenheit, in der wir lebten, verändern können.

Doch das „ja" zu dem, was war, kräftigt Einsicht und Gestaltungsfähigkeit für die Gegenwart, und zugleich stärkt eine solche Gegenwart die Zuversicht und das Vertrauen auf eine uns mögliche Zukunft hin. Wer gelernt hat, in wichtigen Dingen „zuzustimmen", und dabei das Mögliche möglich werden läßt, der kann auch die *Grenzen* des Möglichen akzeptieren: vom Standpunkt der Gegenwart aus gesehen sowohl bezüglich der Schau auf die Vergangenheit als auch bezüglich der Schau auf eine noch unbekannte Zukunft.

9. Das Angebot an den Leser

Der nun folgende Teil gibt Ihnen nochmals die Möglichkeit zu einer kleinen Reise durch Ihre eigene Vergangenheit. Lesen Sie gern die Anleitung, und spüren Sie dann nach, ob Sie, geführt durch die Fragen und rituellen Vollzüge, mitgehen möchten. Auch hier mag manches für Sie stimmig oder auch weniger stimmig oder passend sein. Folgen Sie Ihrem Gefühl, und schließen Sie sich dort an, wo es für Sie interessant oder auch wichtig ist.

Wenn Sie Lust haben, können Sie die Antworten auch mitschreiben, um selbst besser den Überblick zu behalten.

Lassen Sie sich jetzt an Ihre Ursprungsfamilie denken, und spüren Sie die Präsenz der dort wichtigen Menschen (in Zusammenhang mit dem Titel des Buches hier hauptsächlich bezogen auf Eltern, deren Geschwister und Großeltern). Während diese vor Ihrem inneren Auge entstehen: Halten Sie seelisch den Abstand, der Ihnen zu diesen Menschen nötig oder wichtig erscheint (seelisch näher dran oder auch weiter weg)!

Soweit Ihnen möglich und zugänglich, gehen Sie dann auf die weiteren Fragen ein.

– Gibt es Ihrer Meinung nach in der Ursprungsfamilie Neigungen, wichtige Ereignisse unter Verschluß bzw. tabuisiert zu halten?

– Wenn ja, glauben Sie, daß Sie von diesen unausgesprochenen Dingen wissen sollten? Solche Dinge können sein:

– angetanes Unrecht und Schuld als Folge, ungewöhnliche Tode (Kindbettod, gestorbene Kinder, Tod im Krieg, durch Unfall, in der Psychiatrie oder durch Selbstmord), erste Beziehungen der Eltern, die als Bindung noch wirken und nicht bewältigt sind, Vertreibungen oder Flucht, Verluste schwerwiegender Natur (wie etwa Heimatverlust oder der Verlust der Eltern in jungen Jahren). Solch wichtige Ereignisse *können* bis in die dritte Generation (Eltern, Großeltern und Urgroßeltern) bedeutsam sein.

– Für die einzelne Person läßt sich in der Regel die Spur der Schicksalswirkungen über die Eltern, deren Geschwister und die Großeltern aufnehmen. Ebenso spielt natürlich die eigene Geschwisterreihe eine Rolle (gibt es da Schicksalhaftes?) und die u. U. nachfolgende Generation.

– Haben Sie sich je liebevoll oder freundlich für wichtige, auch schicksalsträchtige Ereignisse in der Geschichte Ihrer Eltern interessiert?

– Würde es sich lohnen (so Vater und/oder Mutter noch leben), hier nochmals oder erstmals Interesse anzumelden? (In der Regel erzählen Eltern gern darüber, dann nämlich, wenn sie keine versteckten oder offenen Anklagen der Kinder hören.)

– Wenn die Eltern nicht mehr leben oder schweigen wollen (was auch immer für Gründe das haben mag) und auch über weitere Verwandte wichtige Dinge nicht erfragt werden können: Sind Sie bereit, sich auch *damit* zu versöhnen und nur so lange zu suchen, wie sich auch etwas finden läßt? (Darüber hinaus kann es schnell zur Qual werden.)

– Soweit Sie im Augenblick oder auch zu einem anderen Zeitpunkt Zugang dazu haben:

– Was sind u.U. schicksalsträchtige Dinge, von denen Sie *spüren*, daß sie sich im familiären System auswirken und möglicherweise auch Sie prägen? (Es ist hier wichtig, seinen *Spür*sinn walten zu lassen, nicht aber an erster Stelle rational vorzugehen.)

– *Wenn* Sie glauben, in irgendeiner Form ungut oder Ihnen zum Nachteil geprägt zu sein: Wie sehen Sie diese Prägung, bzw. wie macht sie sich für Sie erlebbar?

– Glauben Sie oder spüren Sie, Erfahrungen Ihrer Eltern in irgendeiner Form auszutragen: deren erlittenes Leid zu fühlen, ungut gebunden zu sein (abhängig oder auch rebellisch) oder etwas zu Ende führen zu müssen oder zu wollen, das in der Linie der Eltern angefangen hat und nicht „gut ausgegangen" ist?

– *Wenn* dem so wäre, so nehmen Sie sich ein paar Augenblicke Zeit, und lassen Sie sich Ihre Gedanken und Gefühle dazu sammeln und evtl. aufschreiben.

– Die Art, *wie* wir uns als Kinder binden, ist häufig durch den seelischen Mechanismus der *Identifikation* (werden wie . . .) oder den der *Loyalität* gegeben (treu bleiben, mehr als gut ist für die eigene Entwicklung). Prüfen Sie, ob Sie hier eine Neigung haben, fortzuführen oder auszutragen, was lange vorher begonnen hat: also z.B. unbewältigten Schmerz oder Wut der Eltern mit sich zu tragen, an Ihren Verpflichtungsgefühlen zu scheitern (zu viel oder zu wenig tun mit dem Resultat des z.B. schlechten Gewissens) oder sonst in irgendeiner Form übermäßig gebunden zu sein.

– Nehmen Sie sich danach Zeit, folgendes anzuspüren:

– Gleich, ob Ihre Eltern noch leben oder nicht: Sind Sie im großen und ganzen mit ihnen versöhnt und in Frieden, oder gibt es noch unbewältigten Zorn, Hader, Nachtragen, Anklage oder unbewältigter Schmerz (es mag sein, daß es mehrere oder wenige dieser Dinge sind oder auch keine)?

Wie auch immer Sie geantwortet haben: Ich biete Ihnen jetzt ritualisierte Sätze an, die zu einer Lösung beitragen können oder eine solche bestätigen und bekräftigen.

Da ich natürlich Ihre Geschichte nicht kenne, sind die Lösungsvorschläge allgemeiner Natur. Im ersten Teil des Buches haben Sie möglicherweise schon Erfahrung damit gesammelt.

Auch hier gilt: Lassen Sie sich nur so weit durch mich führen, wie Ihnen angenehm und stimmig ist. Es kann sein, daß Sie Schmerzliches, Wehmütiges und/oder auch Freudiges und Beglückendes erleben:

Lassen Sie all das in Ihrem Körper auftauchen, spürbar werden, in Schwingung geraten und dann nach und nach abfließen.

Atmen Sie jeweils immer wieder gut durch:

Es wird den energetischen Durchfluß fördern und die nachfolgende Entspannung und Ruhe erleichtern.

Bedenken Sie erneut, daß es sich hier um *symbolische* Vollzüge handelt, die dazu dienen, Ihr inneres Gleichgewicht zu stabilisieren und Ihren innerseelischen Bezug zu den Eltern zu verbessern, zu harmonisieren und – wo diese noch leben – auch real eine Bereicherung der Beziehung zu bewirken.

Sprechen Sie mit dem nun folgendem Text Mutter und Vater getrennt an:

„Liebe Mutter, lieber Vater,
dies ist für dich . . .   (die nun folgenden Sätze)
das will ich sagen
und mich befrei'n
sowohl *von* dir   (wo notwendig)
als auf dich *hin* . . .   (soweit es sich richtig
                                                      anfühlt und dran ist)

Ich schau' zurück
und sehe mich und dich . . .   (Mutter und Vater)
und will in alledem
vollständig und in Ruhe sein.   (versöhnlich)

Wo du geschwiegen hast,   (z. B. Tabus jeglicher Art)
da will ich gerne ruhen lassen,
so ich kann,   (soweit es mich nicht
                                            betrifft)

und wo ich fragen will,   (*weil* es mich betrifft)
da tue ich's in Liebe . . .
Und wo es deines ist,   (an schicksalsträchtigen
                                            Dingen)

da lasse ich's bei dir . . .,
und wo es auch zu *mir* gehört,
da bitte ich: Laß du mich sprechen (mich aussprechen und
                                            fragen)
und sei für mich da.   (wenn die Eltern tot
                                            sind als symbolischer
                                            Vollzug im Herzen)

Wo Unrecht war   (den *Eltern* Unrecht
                                            geschah, untereinander
                                            oder durch andere)

und Tod und Schmerz,   (z. B. Krieg, Verluste
                                            von Menschen durch
                                            Unfall, Selbstmord
                                            oder anderes)

da will ich, so ich darf und kann,   (soweit die Eltern es
                                            zulassen)

an deiner Seite sein,   (tröstend, mitfühlend,
                                            beistehend)

und wenn du nicht mehr lebst,   (eines Tages, oder die
                                            Eltern gegenwärtig
                                            nicht mehr leben)
so will ich freundlich an dich denken . . .

Und wo ich ähnlich bin wie du,   (im Verhalten, Ge-
                                            fühlen oder Schicksal)

da löse ich ganz sanft
mein eigenes Dasein von dir ab   (Abgrenzung)
und lasse dich in meinem Herzen wissen:
Ich steh' dazu, es darf so sein   (die Ähnlichkeit)
in diesem oder jenem . . .   (was es auch wäre)

Ich achte und ich schätze dich
in allem, was du warst und bist:
So lebe ich, was mir geworden
und gegeben ist,   (von den Eltern, in gut
                                    und weniger gut)

und mach das Beste draus,
auch dir zu Ehren . . .

Und wo ich treu und allzu treu
an dich gebunden war (bin),   (*falls* es so war)
da will ich jene Bande lösen
und meines Weges gehen
und bitte dich um deinen Segen . . .

Du sollst in meinem Herzen sein
und ich dir gut verbunden.

Und wo noch Klage,
Zorn und Schmerz
vielleicht in *meiner* Seele ist,
wo Unrecht oder Unglück
mir geschah,
da nehme ich es hin . . .,   (auch wenn es
                                    schwerfallen sollte)
so gut ich kann . . .,
und lasse allen Hader fallen . . .

Du sollst ein guter
Boden unter meinen Füßen
sein und werden,
durch dich will ich gekräftigt sein . . .

Dein Leid kann ich nicht tragen
und nicht dein Schicksal teilen,   (indem ich es
                                    übernehme)
doch meine Zugewandtheit
will ich geben,
und Frieden soll in meinem Herzen sein . . .

Ich stimme zu und lasse los . . .   (was es auch sein mag, das gut ist, loszulassen)

Was immer war, das darf gewesen sein . . .,
in Liebe will ich neu beginnen . . ."

Dieses Satzritual kann gerne und nach Bedarf auch an nachfolgenden Tagen erneut gesprochen werden.

Sie werden feststellen, daß jedes erneute Sprechen – so Sie dem Vollzug seelisch zustimmen – eine andersgeartete Schwingung in Gang bringt und erneut „Reinigung" oder auch *Be*reinigung zur Folge hat.

Irgendwann ist das Mögliche und vielleicht auch Notwendige geschehen und emotionale Gestimmtheiten schwingen aus.

Dann bleibt die Kraft und der Segen, der „in den Dingen" ist und von Herzen wünsche ich Ihnen eine dergestalte oder ähnliche Erfahrung.

Jedes Wort ist eine Beschwörung,
welcher Geist ruft,
ein solcher erscheint.

Novalis

216

Literaturliste zum Buch: Frieden finden mit den Eltern

William G. Gray, Magie: Das Praxisbuch der magischen Rituale, Goldmann Verlag, München 1992
Albert Pesso, Introduction to Pesso Boyden System Psychomotor, Published and distributed by PS Press, Franklin, New Hampshire 1994
Bert Hellinger, Gesamtliteratur als Grundlage

Lebenshilfe von Herder

Hans Jellouschek
Wie Partnerschaft gelingt – Spielregeln der Liebe
Beziehungskrisen sind Entwicklungschancen
160 Seiten Klappenbroschur
ISBN 3-451-26660-1
Über die Kunst als Paar zu leben und miteindander glücklich zu werden.

Verena Kast
Vom Sinn der Angst
Wie Ängste sich festsetzten und wie sie sich verwandeln lassen
Band 5525

Mit tiefenpsychologischem Scharfblick analysiert Verena Kast die
Dynamik, die Angst zum lebensbestimmenden Element macht. Ein
grundlegendes, gut zu lesendes Werk zur Thematik Angst.

Ian Stewart/Vann Joines
Die Transaktionsanalyse
Eine Einführung
Band 5523

Das Standardwerk der Transaktionsanalyse. Unverzichtbar für
Therapeuten, Laien und jeden, der die TA näher kennen lernen möchte.

Daniela Tausch-Flammer/Lis Bickel
Jeder Tag ist kostbar
Endlichkeit erfahren – intensiver leben
Band 5522

Die Autorinnen laden ein, auch im Alltag die Tiefe, Fülle und Schön-
heit des Lebens zu spüren. Übungen für eine neue Lebensperspektive.

Attila Bencsik
Zu den inneren Orten der Kraft
Energiequellen erschließen
Band 5505

Attila Bencsik führt zu Fantasiereisen durch die eigene Seelenland-
schaft, auf denen wir Kraft mobilisieren und Energiequellen erschließen
können.

HERDER spektrum

Verena Kast
Loslassen und sich selber finden
Die Ablösung von den Kindern
Band 4910

Sich loslassen und sich als Erwachsene neu begegnen. Phasen und
Chancen im Ablösungsprozeß von den Kindern.

Verena Kast
Sich wandeln und sich neu entdecken
Band 4905

Leben heißt: wachsen und sich neu entwickeln. Ein Aufbruch zu neuer
Lebensleidenschaft.

Verena Kast
Sich einlassen und loslassen
Neue Lebensmöglichkeiten bei Trauer und Trennung
Band 4888

Den Blick nach vorn richten, eine neue Lebens-Leidenschaft entwickeln:
Das sind Chancen, die das Leben auch im Loslassen reicher machen.

Ingrid Riedel
Lebensträume – Lebensräume
Stufen inneren Wachstums
Band 4903

Träume eröffnen oft Lösungsperspektiven. Wie dies gelingen kann,
zeigt Ingrid Riedel in ihrem neuen Buch. Es wird möglich, neue Räume
zu entdecken, sowohl in der eigenen Seele, als auch in der äußeren
Wirklichkeit.

Viktor E. Frankl
Psychotherapie für den Alltag
Band 4896

Sinn gibt es nicht auf Rezept. Jeder muß ihn für sein Leben selber
suchen. Einsichten zu den großen Themen des Lebens.

HERDER spektrum

Viktor E. Frankl
Zeiten der Entscheidung
Hrsg. von Elisabeth Lukas
Band 4861
Eine Zusammenfassung der zentralen Ideen und Hilfestellungen des
Begründers der Logotherapie.

Viktor E. Frankl
Das Leiden am sinnlosen Leben
Psychotherapie für heute
Band 4859
„Hier geschieht (was so oft versprochen und selten eingehalten wird)
echte Lebenshilfe!" (Bücherbord).

Joachim Engl/Franz Thurmaier
Wie redest du mit mir?
Fehler und Möglichkeiten in der Paarkommunikation
Band 4887
Wie man – statt in Vorwürfen steckenzubleiben – richtig spricht und
zuhört, Gefühle und Wünsche ausdrückt, Probleme in konstruktiver
Weise löst.

Gerhard Lenz/Gisela Osterhold/Heiner Ellebracht
Erstarrte Beziehung – Heilendes Chaos
Band 4876
Einführung in die systemische Paartherapie und -beratung
Die bewährte Alternative in der Paartherapie: Die systemische Therapie
ordnet und heilt – durch wohldosiertes Chaos.

Rosmarie Welter-Enderlin
Deine Liebe ist nicht meine Liebe
Partnerprobleme und Lösungsmodelle aus systemischer Sicht
Band 4836
Die bekannte Paar- und Familientherapeutin zeigt, dass Krisen in der
Partnerschaft auch Chancen sein können.

HERDER spektrum

Karl Heinz Brodbeck
Mut zur eigenen Kreativität
Wie wir werden, was wir sein können
Band 4804
Die inspirierende Kraft der Achtsamkeit bewußt hinsetzen. Ein faszinierender Weg zu Vielfalt, Spontaneität und Neuem in unserem Leben.

Wolf Jordan
Aus Eifersucht kann Liebe werden
Wie Partner zu neuem Vertrauen finden
Mit einem Vorwort von Hans Jellouschek
Band 4776
Warum ist jemand eifersüchtig? Und wie kann sich ein Paar aus dieser Verstrickung befreien? Wolf Jordan zeigt Wege, die zu neuem partnerschaftlichen Vertrauen führen.

Josiane de Saint-Paul
Nutzen Sie Ihre Chancen mit NLP
Lebensziele entdecken und verwirklichen
Band 4645
Oft stehen wir uns selbst mit eingeschränkten Denkgewohnheiten im Weg. NLP hilft, mehr aus unserem Leben zu machen.

Andrea Hesse
Schatten auf der Seele
Wege aus Angst und Depression – Meine Erfahrungen mit Therapien
Band 4510
Eine Betroffene zeigt, wie es gelingen kann, die Zwischentöne im Leben zu integrieren.

Gina Kaestele
Umarme deine Angst
Neun Helfer zur Verwandlung von Hilflosigkeit und Angst
Das praktische Selbsthilfeprogramm
Band 4179
Die erfahrene Therapeutin zeigt, wie sich Unsicherheit und Angst in positive Kraft verwandeln lassen.

HERDER spektrum

Rüdiger Rogoll
Nimm mich, wie ich bin
Lieben und Lassen in der Partnerschaft
Band 4102

Rüdiger Rogoll entwirrt die komplizierten Regeln von Psychospielen in der engen Beziehung zwischen Menschen.

Rüdiger Rogoll
Nimm dich, wie du bist
Wie man mit sich einig werden kann
Band 4046

Transaktionsanalyse konkret: Wer innere Konflikte aufarbeitet, kommt auch mit seinen Mitmenschen besser zurecht.

Werner Rautenberg/Rüdiger Rogoll
Werde, der du werden kannst
Persönlichkeitsentfaltung durch Transaktionsanalyse
Band 4062

Dieses Buch hilft, die eigene Lebensgeschichte zu entziffern und alle Möglichkeiten zur persönlichen Entfaltung zu nutzen.

Gillian Holloway
Der Traumführer – Wege zum Selbst
Fünf Schritte, die Botschaft der Träume zu entschlüsseln
Band 4644

Seriös und informativ. Mit Hinweisen für ein Traumtagebuch und vielen Symboldeutungen.

Wilhelm Freund
Jeder Traum hat seinen Sinn
Logotherapeutisches Traumverstehen
Band 4635

Träume weisen auch nach vorne: In ihnen kann sich die Lösung eines Problems zeigen oder ausweglos scheinende Umstände können neu erhellt werden. Ein unverzichtbares Traumbuch für alle, die dem Sinn ihres Lebens auf der Spur sind.

HERDER spektrum